Ulrike Scheuermann | Ingeborg Schürmann
Krisenintervention lernen

Edition Sozial

Ulrike Scheuermann | Ingeborg Schürmann

Krisenintervention lernen

12 Fälle aus der psychosozialen Praxis

4., überarbeitete und erweiterte Auflage

Die Autorinnen

Ulrike Scheuermann, Diplom-Psychologin und Sachbuchautorin, hat nach dem Medizin- und Psychologiestudium den Berliner Krisendienst mit aufgebaut und dort zehn Jahre gearbeitet. Sie ist seit 25 Jahren in ihrer eigenen Praxis tätig und bietet zudem in ihrer esencia Akademie psychologische Seminare und Ausbildungen an. Als Emotionscoach hilft sie ihren Klient:innen dabei, ein ausgeglichenes und intensives Gefühlsleben nachhaltig zu etablieren. www.ulrike-scheuermann.de

Ingeborg Schürmann, Dr. phil., Diplom-Psychologin, ist Verhaltenstherapeutin und hat zunächst in unterschiedlichen psychosozialen Einrichtungen gearbeitet. Sie war über dreißig Jahre als Wissenschaftlerin an der Freien Universität Berlin tätig, mit den Lehr- und Arbeitsschwerpunkten Klinische Psychologie, Gemeindepsychologie, psychosoziale Beratung, Krisenintervention und Supervision. Derzeit ist sie Redakteurin im Forum Gemeindepsychologie.

Einschließlich der 3. Auflage der Publikation war Stefanie Kunz Mitautorin.

Dieses Buch ist erhältlich als:
ISBN 978-3-7799-6921-1 Print
ISBN 978-3-7799-6922-8 E-Book (PDF)

4., überarbeitete und erweiterte Auflage 2022

in der Verlagsgruppe Beltz · Weinheim Basel
Werderstraße 10, 69469 Weinheim

Herstellung und Satz: Ulrike Poppel
Druck und Bindung: Beltz Grafische Betriebe, Bad Langensalza
Beltz Grafische Betriebe ist ein klimaneutrales Unternehmen (ID 15985-2104-100)

Printed in Germany

Weitere Informationen zu unseren Autor:innen und Titeln finden Sie unter: www.beltz.de

Inhalt

Krisenintervention lernen „per Buch" – Einleitung

Als wir im März 2020 eine E-Mail von unserem Lektor im Posteingang entdeckten, in der er uns eine vierte, grundlegend überarbeitete Auflage dieses Buches vorschlug, hat vor Schreck erst einmal keine von uns dreien geantwortet. Die Corona-Pandemie hielt die Welt und so auch uns in Atem. Ein Jahr später waren wir so weit. Wie wichtig – auch und gerade in Zeiten globaler Krisen – das Wissen und die Kompetenzen zum Umgang mit Krisen sind, war inzwischen mehr als deutlich und hat uns motiviert, die Überarbeitung und Aktualisierung in Angriff zu nehmen und das Buch in vielen Aspekten neu zu gestalten.

Wir haben ein Kapitel zur Krisenintervention bei globalen Krisen neu geschrieben. Dieser zwölfte Lernfall ist hoch aktuell, bezieht er sich doch auf die Corona-Pandemie und den Ukraine-Konflikt. Diese beiden Krisen haben existentielle Ängste ausgelöst, die nicht nur die Klient:innen, sondern auch die Helfenden vor neue Herausforderungen stellt, und zum Teil völlig neues Handeln erfordert. Auch auf die ‚Gefahr' hin, dass diese Krisen hoffentlich bald überholt sind, haben wir uns entschieden, die globale Krisenerfahrung mit aufzunehmen. Denn wir können vermuten, dass die Menschen in Zukunft weiterhin globale Herausforderungen bewältigen müssen bzw. damit konfrontiert sein werden.

Diese vollständig überarbeitete 4. Auflage bezieht sich in Konzeption und Umsetzung auf die ersten drei Auflagen, die aus dem engagierten Austausch von zwei Praktikerinnen und einer Wissenschaftlerin entstanden sind. Das aktuelle Buch haben wir – zwei der ehemaligen drei Autorinnen – im Licht neuer Erkenntnisse grundlegend überarbeitet und erweitert. Mit Stefanie Kunz fühlen wir uns weiterhin verbunden und erinnern uns gerne und mit Dankbarkeit an die produktive und inspirierte Zusammenarbeit zurück.

Das Autorinnen-Team verkörpert damals wie heute ‚in persona' eine Perspektiven-Verschränkung von Theorie und Praxis entsprechend dem inhaltlichen Aufbau des Buches: Die Diplom-Psychologin Ulrike Scheuermann war ein Jahrzehnt in der Krisenintervention in einem Krisendienst tätig und brachte schon für die erste Auflage zusammen mit ihrer Kollegin Stefanie Kunz praxisnahe Sichtweisen aus ihrer langjährigen Erfahrung mit Menschen in Krisensituationen in die Diskussion ein. Die dritte Autorin, Ingeborg Schürmann, steuerte als Wissenschaftlerin mit dem Schwerpunkt im Fach Klinische Psychologie die wissenschaftlich-theoretische Perspektive bei und verfügt zugleich ebenfalls über langjährige Praxiserfahrungen in verschiedenen Beratungseinrichtungen. Damit wurden auch die Schreib-Schwerpunkte der Autorinnen gesetzt.

Für wen ist dieses Buch und was kann es für Sie leisten? Wir haben ein Lernbuch konzipiert und umgesetzt, mit dem Sie, neben anderen Bausteinen, die praktische Krisenintervention vorbereiten und begleiten können, und es richtet sich an alle, die in ihrer beruflichen Praxis mit Krisen ihrer Klient:innen oder Patient:innen[1] konfrontiert sind. Überwiegend sind das Mitarbeiter:innen psychosozialer und psychiatrischer Einrichtungen und anderer medizinischer Einrichtungen; aber auch Studierende – beispielsweise der Psychologie, der Sozialpädagogik, der Theologie und der Medizin – werden später in ihrem Beruf immer wieder auch vor Krisensituationen ihrer Klient:innen stehen. Auch in Arbeitsbereichen, die mit dem Gesundheits- und Sozialsystem lediglich assoziiert sind, sind Krisen relevant: Mitarbeiter:innen der Polizei, des Bundesgrenzschutzes und des Rettungssystems wie etwa der Feuerwehr müssen mit Krisen ihrer jeweiligen Gegenüber umgehen.

Eine praxisnahe Einführung in Krisenintervention sollte in die Anwendung einführen und zugleich die unterschiedlichen theoretischen Diskurse und Erkenntnisse aus der Wissenschaft aufzeigen, die zur Krisenthematik aktuell sind. Denn auch daraus können Sie wichtige Impulse für Ihre Arbeit und ein umfassendes Verständnis von Krisenintervention mitnehmen. Wir möchten, dass Ihnen das Lesen Spaß macht und Sie sich die für Sie interessanten Themen heraussuchen können, ohne dass Sie dadurch etwas für Sie Wichtiges verpassen: Wenn Sie gerne mithilfe von Fallbeispielen lernen, müssen Sie nicht unbedingt den theoretischen Hintergrund lesen und umgekehrt. Sie können auch ein für Sie interessantes Interventionsprinzip her-

---

1 Wir haben uns in diesem Buch für eine neuere Variante der gendersensiblen Schreibweisen entschieden und setzen einen Doppelpunkt nach einer männlichen Bezeichnung oder dem Wortstamm und vor die weibliche Endung, um deutlich zu machen, dass wir alle Geschlechter adressieren.

ausgreifen, ohne das dazu gehörige Fallbeispiel zu lesen. Entsprechend haben wir uns für eine fallorientierte Gliederung entschieden – anstatt uns mit dem traditionellen Schema über die Theorie der Praxis zu nähern.

Wir möchten Sie beim Erlernen von Krisenintervention unterstützen und auf die Praxis vorbereiten. Das heißt: Sie lernen leicht verständlich und zugleich umfassend Theorie- und Handlungswissen über Krisenintervention kennen und finden Fallschilderungen als Modelle erfolgreicher Krisenintervention, die durch ihre anschauliche und lebensnahe Schilderung möglichst weitgehend ‚miterlebt' werden können. Durch die Form der Erzählung machen wir deutlich, dass jede Intervention offen ist, also auch anders hätte verlaufen können; dennoch ist sie in ihrem Ablauf begründet. Die Lernfälle beinhalten Allgemeines, vermitteln spezifisches Wissen zu Problemlagen, Störungsbildern und Grundlagen der Krisenintervention – und sie repräsentieren ‚Typisches', weil wir die Fälle als Prototypen entwickelt haben – es sind also keine ‚echten' Klient:innen: Wir haben jeweils mehrere Fälle aus unserer Praxis aufgrund didaktischer Überlegungen zu einem prototypischen Fall mit charakteristischen Merkmalen zusammengefügt und typisierend verdichtet. Sie werden somit nie eine reale Person erkennen. Alle Klient:innen bleiben in ihrer Anonymität vollständig geschützt.

Wir unterstützen Sie mit den Lernfällen dabei anregend und motivierend, das theoretisch vermittelte Wissen anwenden zu können. Die Grenzen des Lernens durch Lesen sind uns dabei bewusst – Lesen ist *ein* Weg, um sich einem Thema lernend zu nähern. Nicht fehlen darf die praktische Umsetzung des neu Aufgenommenen, die Erfahrung durch Ausprobieren und die kollegiale Auseinandersetzung und Reflexion. Das thematisieren wir auch im letzten Kapitel des Buches.

Unser Theorie-Praxis-Verständnis lehnen wir an Beck und Bonß (1989) an: ‚Verwendung als Verwandlung'. Wir übertragen die Theorie nicht einfach auf die Praxis oder stülpen sie ihr über, sondern wir bewerten sie nach praxisbezogenen Kriterien, wählen Teile davon aus und gestalten damit einen neuen Bezug. So entsteht eine kreative Interaktion zwischen Theorie und Praxis.

Der Aufbau der Lernfälle

Die zwölf Lernfälle bilden typische Themen und die wichtigsten Interventionsansätze der Krisenintervention ab. Jeder Lernfall besteht aus dem Fallbeispiel, einem Interventionsprinzip und dem wissenschaftlichen Literaturexkurs.

Die Lernfälle im Überblick:

Fallbeispiel – Prototyp	*Interventionsprinzip*	*Literaturexkurs*
• Kontaktaufnahme • Klient:in präsentiert Problem • Reflexion der Beraterin • Intervention • einzelne Interventionsschritte →	• jeweils ein Interventionsprinzip • repräsentiert zentrale Ziele und Methoden der Krisenintervention • über das jeweilige Fallbeispiel hinausgehend →	• relevante Diskurse in der Literatur ermöglichen Einordnung der Themen in den größeren Forschungskontext • gibt zusätzliche Impulse für die Intervention

Im Mittelpunkt stehen die *Fallbeispiele,* orientiert an einer spezifischen Krise. Wir haben Geschichten erzählt, anhand derer Sie die Komplexität, aber auch Begrenztheit von Praxis erahnen können. Wir möchten Sie damit einladen, sich mit einer Problemlage auseinanderzusetzen, wollen aber nicht suggerieren, es gäbe nur eine Lösung und der vorgeschlagene Weg wäre der beste. Jeder Fall ist immer einzigartig und entwickelt sich aus der Persönlichkeit und Interaktion der Personen und der vorliegenden Krise. Er hat aber für Sie insofern Bedeutung, als er Entscheidungen der Problembearbeitung nachvollziehbar macht und so zur Reflexion einlädt. *Jedes Fallbeispiel* besteht aus ...

- einem Einstieg mit dem ersten Eindruck von der Klientin, dem Klienten, bei der sie oder er sein Problem beschreibt.
- einer Reflexion der Beraterin, bei der Sie Einblick in den gedanklichen Prozess der Beraterin auf der Metaebene erhalten. Wie sieht die Beraterin ihr Gegenüber und dessen Situation? Sie finden Gedanken, Gefühle und erste Interventionsideen der Beraterin. So können Sie nachvollziehen, warum die Beraterin in diesem Fall so und nicht anders gehandelt hat.
- der Intervention mit den Interventionsschritten für den jeweiligen Fall, wie bereits erwähnt ohne Anspruch auf Allgemeingültigkeit – dazu ist Krisenintervention ein zu differenziertes Geschehen, das immer sorg-

fältig den Eigenheiten der beteiligten Personen, der Situation, dem Setting und den Grenzen einer Krisenintervention Sorge tragen muss.
- dem weiteren Verlauf und dem Abschluss der Krisenintervention, manchmal mit einer Vereinbarung für eine Fortsetzung des Gesprächs, mit einer Weiterempfehlung oder mit einem Ende bei einem einmaligen Gespräch. Auch ein abruptes Ende ohne einen befriedigenden Abschluss kommt vor, wenngleich nicht erwünscht.

Die *Interventionsprinzipien* behandeln jeweils ein grundlegendes Prinzip, mit dem in der Krisenintervention interveniert wird. Es ist jeweils angelehnt an das Fallbeispiel, jedoch verallgemeinert und auf andere Fälle anwendbar und schlägt so – neben dem Literaturexkurs – die Brücke zu allgemeinen Überlegungen.

Die Erklärungsmodelle und Konzeptionen im *wissenschaftlichen Literaturexkurs* sollen Ihnen helfen, Krisenintervention in einem weiteren Rahmen zu verstehen und das Wissen für die Praxis zu nutzen. Dabei favorisieren wir eine Vielzahl der theoretischen Modelle und Handlungskonzepte. Wir fühlen uns keiner therapeutischen Schulenorientierung verpflichtet, sondern haben unterschiedliche klinische und psychologische Modelle und weitere sozialwissenschaftliche Erkenntnisse begründet ausgewählt.

Ein *Kapitel zur Theorie der Krisenintervention* gibt zum Abschluss nach den zwölf Lernfällen einen Überblick über die aktuellen Diskurse zum Thema Krise und Krisenintervention.

Wir hoffen, Ihnen mit diesem Buch viele Anregungen zu geben und Mut zu machen, dass Krisenintervention lernbar ist. Neben der professionell erlernten Krisenintervention verfügt jede und jeder über Kompetenzen für Krisenintervention im unterschiedlichen Ausmaß, und ein Team, das sich austauscht, ergänzt und unterstützt, wird zur Entwicklung der Einzelnen beitragen. Teamarbeit und Supervision werden daher für Sie zentral bei dieser Tätigkeit sein.

Nun wünschen wir Ihnen neue Erkenntnisse beim Lesen und Anwenden – und natürlich Erfolg und jene Freude, die entsteht, wenn bei Ihren Klient:innen neue Entwicklungen im Umgang und mit der Krise sichtbar werden, an denen Sie Ihren Anteil hatten.

Ulrike Scheuermann und Ingeborg Schürmann

1 Lernfall ‚Trennung'
Trennungen passieren – und sie lösen starke Krisen aus

1.1 Die Fallgeschichte

Der Einstieg

Der große Mann steht in einem zu weiten Mantel mit hängenden Schultern in der Tür zum Krisendienst. Ich schätze ihn auf Ende vierzig. Er schaut mich kurz an und blickt dann hinter mir suchend im Eingangsraum umher. Seine Hände sind ständig in Bewegung.

„Ich würde gerne mit jemandem sprechen", sagt er leise. Als ob er sich schämt, registriere ich als ersten Eindruck, zusammen mit der nervösen Unruhe und Anspannung, die von ihm ausgeht. Ich begrüße ihn und bitte ihn nach einigen Wortwechseln zum Wetter und der Kälte draußen in den Beratungsraum. Als er dort im Sessel sitzt und wir ins Gespräch eingestiegen sind, erzählt er mit leiser, fast flüsternder Stimme:

„Es ist leider so, dass ich nicht mehr richtig schlafen kann. Ich bin abends sofort weg, weil ich so übermüdet bin, aber mitten in der Nacht wache ich mit Herzklopfen auf und liege stundenlang wach. Morgens bin ich dann wie gerädert. Essen kann ich auch nicht mehr richtig, habe in den letzten Wochen bestimmt 15 Kilo abgenommen und der Dickste war ich ja schon vorher nicht. Konzentrieren geht eh nicht mehr, ich bin eigentlich kaum noch arbeitsfähig."

„Was war denn der Auslöser für all das?", frage ich vorsichtig in eine kleine Redepause hinein, nachdem er fast atemlos erzählt hat.

Er atmet lange ein, als ob er für den nächsten Satz Anlauf nehmen muss.

„Also. Meine Frau hat sich von mir getrennt. Ich kann an nichts anderes mehr denken. Ich kann es immer noch nicht fassen. Nach sieben Jahren wunderschöner Beziehung."

Er erzählt weiter, ich frage immer wieder nach und erfahre nach und nach mehr über ihn und die Beziehung.

Herr Johann ist 46 Jahre alt. Seit 15 Jahren ist er als Lehrer an einem Gymnasium tätig. Er kommt zum Gespräch, weil sich seine Frau, mit der er seit sieben Jahren zusammen ist, für ihn völlig überraschend von ihm getrennt hat. Diese Trennung ist nun Auslöser einer massiven Krise bei ihm.

Er lernte seine zehn Jahre jüngere Frau kennen, als sie noch Betriebswirtschaft studierte und er schon seit vielen Jahren als Lehrer tätig war. Sie bewunderte ihn für seinen Intellekt und schätzte seine lebenserfahrene und väterliche Art. Sie forcierte auch die Heirat und das gemeinsame Wohnen. Er genoss es, in der Rolle des ‚starken Mannes' eine jüngere attraktive Frau an seiner Seite zu haben. Im Lauf der Jahre veränderte sich die Rollenaufteilung. Frau Johann bekam eine Stelle in einer großen Firma. Sie war sehr erfolgreich und stieg schnell zur Führungskraft auf. Herr Johann hat in seinem Beruf geringere Karrierechancen und die Tätigkeit als Lehrer mit vielen lauten und „schwierigen" Schüler:innen befriedigte ihn immer weniger. Er erlebte sich im Vergleich zu seiner Frau zunehmend als defizitär und entwickelte Konkurrenzgefühle gegenüber ihren Kollegen: Waren sie charmanter, interessanter, „besser" als er? Er zweifelte an seiner Attraktivität und der Echtheit der Liebe seiner Frau und wurde eifersüchtig. Immer wieder unterstellte er ihr, sie würde ihn mit Kollegen betrügen. Er besprach diese Ängste und Vorwürfe mit niemandem sonst.

So entstand offensichtlich ein Gefälle in der Beziehung, das beide nicht thematisierten, und Herr Johann wurde emotional immer abhängiger von seiner Frau. Sie war der Mittelpunkt seines Lebens, nur mit ihr teilte er seine Gefühle, Probleme und persönlichen Belange. Er vernachlässigte seine sozialen Kontakte zu Freund:innen und Kolleg:innen, klammerte sich emotional zunehmend an seine Frau und wünschte sich ständige Nähe. Seine Frau hatte wohl ein paar Mal versucht, mit ihm darüber zu reden, fiel ihm in unserem Gespräch ein, doch er war nicht darauf eingegangen und sie hatte nicht darauf bestanden. Bei Herrn Johann verstärkte sich im Verlauf dieser Dynamik die emotionale Abhängigkeit noch, und sein Selbstwertgefühl nahm stetig ab.

Erst vor kurzem hatte sie ihm erzählt, dass bei ihr das Bedürfnis nach Unabhängigkeit und Autonomie immer mehr gewachsen war, sie fühlte sich abgestoßen von seiner anhänglichen Art, bis hin zu ihrem plötzlichen und endgültigen Entschluss, sich zu trennen.

Mir fällt auf, dass Herr Johann trotz dieser Dynamik im Gespräch ein idealisiertes Bild der Beziehung zeichnet, indem er seine Frau und die gemeinsame Beziehung als nahezu vollkommen darstellt: „Alles hat gestimmt, es war eine wunderbare Beziehung." Sexualität habe es zwar schon lange nicht mehr gegeben, dies habe aber nie zu Konflikten geführt. Beide seien in einer Atmosphäre der Harmonie und Geborgenheit miteinander verbunden gewesen. Gegenseitiges Verstehen und Aufeinander-Eingehen, intellektueller Austausch und Inspiration, Ergänzung und Gemeinsamkeiten beschreibt er als ideal und in dieser Weise noch nie erlebt. Er grübelt deshalb über die wahren Gründe der Trennung, seine Gedanken kreisen unablässig um seine Frau und den Wunsch, sie ‚zurückzuhaben', er verdächtigt sie einer heimlichen Affäre, auch wenn sie das verneint.

Als ich ihn frage, ob er mit anderen in seinem sozialen Umfeld darüber spricht, verneint er. Er glaubt, seine sozialen Kontakte zu lange vernachlässigt zu haben, als dass er jetzt noch um Hilfe bitten und sich vertrauensvoll an jemanden wenden könnte. Sehr deutlich sind seine Scham und Gekränktheit darüber, nun gegenüber anderen als ‚der Verlassene' dazustehen.

Herr Johann wünscht sich, dass ich ihm sage, was er jetzt tun kann, damit es ihm wieder besser geht. Er denkt dabei vor allem daran, dass ich ihm als Frau vielleicht Rat geben könne, wie er seine Frau zurückgewinnen kann.

Reflexion der Beraterin

Während sich der Kontakt mit Herrn Johann im Gespräch langsam verbessert und er mich mit der Zeit auch direkter ansehen kann, bin ich mit verschiedenen Eindrücken und Gefühlen beschäftigt, aus denen ich Rückschlüsse und Arbeitshypothesen für die weitere Intervention entwickele.

Herr Johann macht auf mich den Eindruck, enorm unter Druck zu stehen. Er vermittelt gleich mit den ersten Sätzen, dass alles hochdramatisch sei. Dieser Druck und die Dramatik vermitteln sich mir sehr direkt auf der Gefühlsebene: Ich merke, wie ich selbst eine Aufregung und Unruhe verspüre, verbunden mit dem Druck, ‚etwas zu tun für Herrn Johann, und zwar schnell'. Sobald mir dies bewusst wird, plane ich für den weiteren Gesprächsverlauf, ausdrücklich für Ruhe und ,Entschleunigung' zu sorgen und eine zunehmend ruhige Atmosphäre zu schaffen.

Sein Schock über die plötzliche Trennung, andauernde Verzweiflung, komplette Ratlosigkeit und tiefe Gekränktheit, verbunden mit einer Verhaltenheit der Gefühle, lassen bei mir innerlich die Alarmglocken läuten: Herr Johann scheint mir prädestiniert für eine Suizidgefährdung zu sein. Ich behalte im Kopf, eine eventuelle Suizidalität abzuklären. Ich weiß, dass es wichtig ist, auf subtile Andeutungen suizidaler Gedanken zu achten und sie aufzugreifen und zu thematisieren. Ich werde zudem auch nachfragen, wenn er Suizidgedanken selbst nicht thematisieren sollte.

Die Intervention

Vertrauensvolle Gesprächsatmosphäre schaffen

Am Beginn des Kontaktes und des nachfolgenden Gespräches geht es wie bei jedem persönlichen Gespräch besonders darum, eine vertrauensvolle Gesprächsatmosphäre zu schaffen. Damit ist eine ruhige und beruhigende, konzentrierte Stimmung gemeint, in der die Klientin oder in diesem Fall der Klient spürt, dass seinen Problemen und Gefühlen Zeit und Aufmerksamkeit gegeben wird. Dieser vertrauensvolle Kontakt kann gleich beim Öffnen der Eingangstür beginnen. Mit einer freundlichen Begrüßung, vielleicht einigen beiläufigen Hinweisen wie dem Angebot, den Mantel am Garderobenhaken aufzuhängen, entsteht der erste positive Kontakt. Diese lockere Kontaktaufnahme bietet sowohl Klient:in als auch Berater:in die Möglichkeit, einen ersten Eindruck voneinander zu gewinnen und sich innerlich auf das Gegenüber einzustellen. Schon die Begrüßungssituation ist also ein wichtiger Teil der Intervention, der den folgenden Gesprächsverlauf beeinflussen kann und zugleich erste Anhaltspunkte für die Befindlichkeit des Klienten liefert.

Ich bitte Herrn Johann in den Beratungsraum und biete ihm an, in einem der Sessel Platz zu nehmen. Ich frage ihn, ob er einen Tee oder etwas anderes trinken möchte. Er nimmt erfreut an und bedankt sich vielfach. Mit dem Tee in der Hand entspannt er sich nach kurzer Zeit sichtlich und lehnt sich im Sessel ein wenig zurück. Jetzt erst beginnt er, um sich zu blicken und den Raum wahrzunehmen, wozu er sich in der anfänglichen Nervosität keine Zeit genommen hatte. Ich habe den Eindruck, er ist ‚angekommen'. Nun können wir weiter ins Gespräch einsteigen.

Situationsanalyse

Am Beginn jedes – vor allem des ersten – Beratungsgespräches steht das aufmerksame Zuhören, um sich ein umfassendes Bild der momentanen Situation der ratsuchenden Person zu machen. Dazu begebe ich mich als Beraterin in konzentrierte Aufnahmebereitschaft und sammle alle nonverbalen und verbalen Informationen und Signale. Die gestellten Fragen helfen Herrn Johann, in den Erzählfluss zu kommen und kreisen das zentrale Thema ein. „Was war für Sie heute der Anlass, zur Beratung zu kommen? Welche Lebensbereiche sind für Sie zurzeit vor allem problematisch?" Die Fragen nähern sich dabei zunehmend dem Kern. Die Fragen werden im Gesprächsverlauf immer spezifischer, richten also den Fokus zunehmend auf das zentrale Thema der Beziehung, etwa so: „Wie hat sich die Beziehung denn entwickelt? Wie beschreiben Sie die momentane Situation in Ihrer Beziehung? Welches sind dabei die besonders problematischen Themen? Was vermuten Sie als Auslöser für den Trennungswunsch Ihrer Frau?"

Zieldefinition für das Gespräch

Im Weiteren versuche ich, das Ziel Herrn Johanns für dieses Gespräch herauszufinden, so mit folgenden Fragen: „Was möchten Sie heute in dem Gespräch für sich klären bzw. erreichen? Womit wollen Sie am Ende des Gespräches hier weggehen?" Herr Johann äußert sein Anliegen, von mir einen Rat zu bekommen, wie er seine Frau zurückgewinnen könne. Diesen Wunsch muss ich erst einmal ablehnen. Ich erkläre ihm, dass Tipps in der Regel wenig weiterhelfen oder kontraproduktiv sind, weil es nicht seine eigenen Lösungsansätze sind, ich mir erst ein Bild von der Situation machen möchte und dass ich ihm helfen kann, einen für ihn passenden Weg gemeinsam mit ihm zu entwickeln. Er definiert schließlich mit meiner Unterstützung folgendes Ziel: „Ich möchte hier im Gespräch klären, welche Zukunft die Beziehung zu meiner Frau haben kann. Und wie ich die nächste Zeit überstehen kann, ohne zu verzweifeln."

Realistische Einschätzung der Trennungssituation

Wir sprechen also erst einmal genauer über die momentane Situation in seiner Beziehung: Herr Johann erwähnt wiederholt, er wolle seine Frau zurückgewinnen. „Ich verstehe einfach nicht, was sie plötzlich hat. Was hat sie sich bloß dabei gedacht, sie kann mich doch nicht so ohne Vorankündigung verlassen. Was habe ich denn Falsches getan? Nichts! Ich glaube deshalb nicht, dass sie es wirklich ernst meint." Ich frage ihn, was seine Frau in Bezug auf ihren Trennungswunsch geäußert hat. Er antwortet erst einmal gar nicht, sondern schaut ins Leere. Zögernd erzählt er dann: „Sie hat gesagt, es gibt für sie kein Zurück mehr und dass ihre Entscheidung feststeht. Sie sagt, ihr ist klar geworden, dass ich nicht bereit zu Veränderungen sei. Seit Jahren hätte sie sich mit mir darum bemüht, nun könne sie nicht mehr. Ich habe keine Ahnung, was sie mit dem jahrelangen Bemühen meint, wirklich keinen Schimmer. Ob sie es sich wohl noch einmal überlegen wird?"

Herr Johann sitzt nun stumm und mit grüblerischem Gesichtsausdruck da.

Ich frage nach: „Wenn Sie diese Aussagen Ihrer Frau noch einmal genau überdenken, wie schätzen Sie dann jetzt die Chancen ein, sie zurückzugewinnen?"

Dies ist ein entscheidender Wendepunkt im Gespräch. Wirkte Herr Johann bisher sichtlich bemüht, seine Emotionen zu beherrschen, so verändert sich diese Haltung auf meine Frage hin: Er stockt und wirkt zunehmend hilflos, traurig und ängstlich. Es vergehen nochmals einige Minuten. Schließlich sagt er sehr leise: „Ich kriege sie nicht zurück, ich weiß es."

Daraufhin beugt er sich ruckartig nach vorn und stützt den Kopf in die Hände. Ich bin mir nicht sicher, ob er weint und was in ihm vorgeht und frage deshalb nach.

Unterstützung des Gefühlsausdrucks

„Was geht jetzt gerade in Ihnen vor?"

Herr Johann räuspert sich, schnupft und wischt sich mit verschämter Geste Tränen vom Gesicht.

„Schlecht geht's mir, schlecht. Es tut so weh, sie ist doch meine große Liebe."

Herr Johann erzählt von der Liebe zu seiner Frau. Dabei stehen ihm immer wieder Tränen in den Augen. Ich höre zu und lasse ihm Zeit, äußere mein Verständnis und Mitgefühl, ohne Antworten von ihm zu forcieren. Parallel zur Aufmerksamkeit für Herrn Johann erinnere ich mich an eigene Erfahrungen mit Trennung. Dieses Erinnern ist eine wichtige Grundlage, um sich in die Gefühle eines anderen Menschen einfühlen zu können. Ich vergegenwärtige mir nebenbei, was ich damals selbst erlebt habe. Das erleichtert mir ein Verstehen seiner Gefühlslage.

Die Realisierung der offensichtlichen Endgültigkeit der Trennung löst bei ihm dann im weiteren Verlauf verschiedenste Reaktionen aus: Trauer und Schmerz, Verzweiflung und ein Eindruck von Hoffnungslosigkeit mit suizidalen Gedanken, dazwischen für kurze Momente auch Wut und nochmals Aufbegehren gegen die Entscheidung seiner Frau.

Als er gerade sehr verzweifelt wirkt, erinnere ich mich, dass ich eine eventuelle Suizidalität abklären wollte. Auf meine Nachfragen hin, ob er sich mit Suizidgedanken beschäftige, bejaht er dies, kann mir aber überzeugend vermitteln, dass dies nur Gedankenspiele sind, die nicht mit konkreten Plänen der Umsetzung verbunden sind: „Das würde ich niemals wirklich tun, es ist nur manchmal tröstlich, daran zu denken."

Um Herrn Johann den Zugang zu seinen Gefühlen zu erleichtern, war es hilfreich für ihn, ihm verschiedene Gefühle sozusagen ‚anzubieten', auf die er sich dann beziehen konnte: „Es ist ja normal, dass man in einer Trennungssituation mit ganz unterschiedlichen Gefühlen zu tun hat. Man ist vielleicht verzweifelt und traurig, man fühlt sich hilflos und gekränkt, oder aufgebracht und wütend. Oft gehen die Gefühle auch durcheinander und wechseln ständig, so dass man kaum hinterherkommt." Ich benenne auch meine Gegenübertragungsgefühle, um ihm damit eine weitere Möglichkeit zu geben, seine Gefühle zu überprüfen: „Ich spüre bei mir einen Ärger auf Ihre Frau, dass sie sich so plötzlich von Ihnen trennt: Könnte es sein, dass das auch mit einem Ärger von Ihnen gegenüber Ihrer Frau zu tun hat?"

Und tatsächlich: Nachdem Herr Johann erst immer wieder weint, findet er darüber zunehmend Zugang zu einer verhaltenen Wut: Er empört sich beispielsweise darüber, so von seiner Frau überrumpelt worden zu sein, anstatt dass sie ihn kontinuierlich konfrontiert hätte.

Nach ungefähr einer Dreiviertelstunde merke ich, dass meine Konzentration nachlässt; auch bei ihm nehme ich Anzeichen von Erschöpfung wahr. Ich nehme dies als Hinweis, das Gespräch zum Ende zu führen.

Strukturierung der nächsten Tage, Vereinbarung von Folgegesprächen

„Herr Johann, wir haben jetzt sehr vieles besprochen und ich würde gerne zum Ende kommen. Zum Abschluss möchte ich aber noch mit Ihnen besprechen, wie bei Ihnen die nächsten Stunden und Tage aussehen. Was machen Sie in dieser Zeit? Was könnte Ihnen Halt geben? Wohin können Sie sich wenden? Gibt es jemanden, der oder die Sie unterstützt, wo Sie sich aufgehoben fühlen? Gibt es vielleicht Freunde oder Freundinnen, Angehörige oder Kolleginnen, Kollegen?"

Herr Johann fällt in sich zusammen, als ich das Gesprächsende ankündige und äußert nachdrücklich, dass es ihm weiterhin schlecht gehen wird und dass er keine anderen Menschen außer seiner Frau hat, an die er sich wenden könnte. Ich nehme dabei eine vorwurfsvolle Erwartungshaltung mir gegenüber wahr. Es ist deutlich, dass er eigentlich nicht gehen will. Es wirkt auf mich, dass er nun im übertragenen Sinn an mir zieht, womit er vermutlich ein Verhalten vermittelt, dass seinem Beziehungsverhalten gegenüber seiner Frau entspricht.

Ich biete ihm Folgegespräche an, da offensichtlich ist, dass die Trennungskrise für ihn weiterhin akut ist. Ein Termin in fünf Tagen erleichtert ihn offensichtlich sehr und er äußert, dass es seine Angst mindert, allein dazustehen und ihm Halt gibt.

Dennoch versucht er, mich mit neuen Gesprächseinstiegen in der Beratungssituation zu halten. Ich muss wiederholt auf das Gesprächsende hinweisen, bis er schließlich abrupt aufsteht und nach seinem Mantel greift. Ich begleite ihn zum Ausgang. Dort verabschiedet er sich kurz angebunden, bedankt sich jedoch noch und bezieht sich auf den vereinbarten Folgetermin.

Weiterer Verlauf der Krisenintervention

An das erste Beratungsgespräch mit Herrn Johann schlossen vier Folgegespräche über einen Zeitraum von neun Wochen an. Das erste Folgegespräch war nach fünf Tagen angesetzt, die weiteren folgten in zunehmend größeren Zeitabständen.

Im Verlauf dieser Krisenbegleitung wurde deutlich, dass Herr Johann in der Beziehung zu seiner Frau eigene Interessen, Ansichten und Freundschaften, die ihm vor Beginn der Beziehung wichtig gewesen waren, zunehmend vernachlässigt und schließlich aufgegeben hatte. Er war so sehr an den Vorgaben seiner Frau orientiert, dass er sich nur noch als Teil der Beziehung und nicht mehr unabhängig davon erlebte. Wir bearbeiteten dieses Thema im Verlauf der weiteren Gespräche intensiv. Im ersten Gespräch wäre dieser Fokus noch fehl am Platze gewesen – Herr Johann war zu diesem Zeitpunkt vor allem mit der Realisierung der Trennung und dem daraus resultierenden emotionalen Chaos beschäftigt.

Im zeitlichen Verlauf rückte die Wiederentdeckung eigener Ressourcen in den Vordergrund, da Herr Johann zunehmend unter der inneren Leere litt. Wie konnte er Zugang zu seinen Ressourcen – eigene Interessen, Bedürfnisse, Stärken und Neigungen – finden und diese wiederbeleben? Daneben waren die schmerzlichen Gefühle der Trauer, Wut, Kränkung und Machtlosigkeit aufgrund der Trennung ein wichtiges Thema.

Am Ende der Gesprächsreihe geht es Herrn Johann besser als zu Beginn, sein akuter Krisenzustand hat sich deutlich entspannt. Er hat wieder „mehr Boden unter den Füßen“, wie er es ausdrückt. Er isst regelmäßiger und verliert nicht mehr weiter Körpergewicht. Außerdem gibt es wieder Nächte, in denen er durchschläft, was er als emotional sehr stabilisierend erlebt. Er behält sich die Möglichkeit vor, eine Psychotherapie zu beginnen, um seiner Art der Beziehungsgestaltung intensiver nachzugehen. Erst einmal will er jedoch versuchen, alte vernachlässigte Freundschaften wieder aufleben zu lassen und sich ein soziales Netz aufzubauen, das ihn in seiner Krisensituation stützt und auffängt und auch darüber hinaus ein wichtiger Teil seines Lebens werden soll.

1.2 Interventionsprinzip ‚Ressourcenorientierung‘

In Krisensituationen haben Menschen häufig keinen Zugang zu ihren sonst vorhandenen Fähigkeiten und Handlungsmöglichkeiten oder anderen Ressourcen, mit denen sie in ihrem Alltag Herausforderungen bewältigen und Probleme lösen.

Deshalb ist eine zentrale Aufgabe der Berater:innen – natürlich nicht nur bei Trennungskrisen –, Menschen dabei zu unterstützen, nicht wahrgenommene Ressourcen zu entdecken bzw. vorhandene zu aktivieren. Wenn jemand, wie Herr Johann mit der Trennung von seiner Frau, einen tiefgreifenden Ressourcenverlust erlitten hat, ist dies besonders wichtig. Herr Johann ist mit dem Beziehungsverlust konfrontiert, und seine Frau war die einzige Bezugsperson. Schon seit längerem hatte er sich aus seinen anderen sozialen Beziehungen zurückgezogen. Außerdem hat in dieser Situation auch sein Selbstwert gelitten.

Eine Haltung der Helfenden, die auf die Ressourcen der ratsuchenden Person fokussiert, ist also äußerst bedeutsam, um den Betroffenen zu stabilisieren. Das folgende Verständnis von Ressourcenorientierung hilft dabei:

Eine Ressourcenorientierung verbindet sich mit der Überzeugung der Helfenden, dass Menschen neben Problemen immer auch über Ressourcen verfügen. Es gilt, sie zu entdecken, zu aktivieren und zu fördern. Die Helfenden verfügen über eine Ressourcensensibilität, also einen Sinn und ein Bewusstsein für die Möglichkeiten und Ressourcen sowohl der Klient:innen als auch für die eigenen Ressourcen.

Wichtig ist also, dass dieses Verständnis nicht nur durch wissenschaftliche Studien gestützt ist, sondern auch durch praktische Erfahrungen der Helfenden in der Auseinandersetzung mit eigenen Ressourcen und denen von Klient:innen. Oft genug erfährt man in der Arbeit, dass Menschen plötzlich scheinbar aus dem Nichts heraus Kräfte und Ideen entwickeln und anschließend überraschend produktiv handeln. Je mehr man ihnen dies von Beginn an zutraut, desto leichter wird man dabei helfen können, solche Ressourcen zu fördern.

Definition und Klassifikation von Ressourcen

Doch was sind Ressourcen eigentlich und wie kann man sie einordnen? Es gibt – wie so oft in der wissenschaftlichen Literatur – unterschiedliche Definitionen. Bei Willutzki (2003) finden wir eine Definition, die wir für die Praxis gut nutzen können:

Ressourcen sind Güter, die in Bezug auf ein gesetztes Ziel – sei es von Individuen, Gruppen oder Institutionen – von diesen als positiv und funktional bewertet werden.

Güter sind dabei nicht per se Ressourcen, sondern sie werden erst dann zu Ressourcen, wenn sie eine Funktion in Hinblick auf die Zielerreichung erfüllen. Wichtig ist dabei festzuhalten, wer diese Einschätzung trifft, welche Beurteiler:in bzw. welches Wertesystem kommt dabei zum Zuge? Ist es die ratsuchende oder die helfende Person? Die Vielfalt von Zielen ist unendlich, und so ist auch das Spektrum, was Ressourcen sein können, riesig. Erst mit einer Klassifizierung kann man sich wissenschaftlich und praktisch darüber verständigen.

Eine häufige Unterscheidung wird zwischen personalen und Umwelt-Ressourcen getroffen. Personale Ressourcen können nach Antonovsky (1987) persönliche Fähigkeiten, körperliche Gesundheit und ethische oder religiöse Werte sein. Aber auch die Erfahrung durchgestandener Krisen, eine zuversichtliche Lebenseinstellung sowie die Fähigkeit, schwierige Lebensumstände zu ertragen, gehören dazu. Man kann personale Ressourcen kategorisieren in kognitive Ressourcen wie z. B. Wissen und Bildung als auch Zukunftsoptimismus und Selbstwert, in emotionale Ressourcen und günstige Persönlichkeitseigenschaften wie z. B. emotionale Stabilität, in Handlungsressourcen und Bewältigungsstile und in interaktionelle psychische Ressourcen (siehe Schubert u. a. 2021). Umwelt-Ressourcen finden sich in erster Linie im Bereich der zwischenmenschlichen Beziehungen, aber beispielsweise auch in Form finanzieller Sicherheit.

Weitere Klassifizierungen können sein (siehe auch Schürmann 2006, S. 853):

- *Subjektive und objektive Ressourcen:* Hier geht es um die Unterscheidung zwischen Innen und Außen: Was nimmt jemand überhaupt als Ressource wahr und was nicht? Was sehen andere als Ressource?
- *Optimierbare und nicht optimierbare Ressourcen:* Wo lässt sich etwas verbessern, so etwa bei Herrn Johann die emotionale Stabilität? Was hingegen kann man nicht mehr optimieren wie z. B. die Qualität der ehelichen Beziehung von Herrn Johann, da seine Frau in eine Verbesserung keine Hoffnung mehr setzt?
- *Singuläre und vernetzte Ressourcen:* In einer Krisensituation helfen eine Reihe von Ressourcen wie eine Beratung, die Hoffnung auf bessere Zeiten, der Spaziergang mit einer Freund:in. Erst das Zusammenspiel aller Ressourcen ermöglicht eine Veränderung.

- *Stabile und variable Ressourcen:* Die ruhige Wohnung, die Erholung ermöglicht, ist eine stabile Ressource. Alles, was sich verändern lässt, so etwa die Art der Kontaktaufnahme, ist eine variable Ressource.
- *Verfügbare und nicht verfügbare Ressourcen:* In der Krisenintervention wird man auch über verfügbare Ressourcen sprechen: Was kann jemand in Zukunft anders machen, so dass neue Ressourcen verfügbar werden. Ebenso fragt man: Welche Ressourcen sind aktuell schon verfügbar?

Ein wesentliches Ziel von Krisenintervention ist es, Menschen in schwierigen Lebenssituationen wieder zu stabilisieren. Im Rahmen einer qualitativen Metaanalyse von gelungenen Hilfeprozessen konnten Mühlmeyer-Mentzel u. a. (2016) zeigen, dass aus Sicht von Klient:innen dieser gelungene Hilfeprozess auf drei Ressourcen aufbaut: einem fürsorglichen Angebot, einem aktivierenden Angebot und einem den gesamten Prozess tragenden positiven Beziehungsangebot.

Sehen wir uns jetzt einmal an, welche Ressourcen speziell in einer Trennungs- oder Verlustkrise eine Rolle spielen können.

Das ‚Wir' auflösen, das ‚Ich' wiederentdecken

Der Verlust eines Partners oder einer Partnerin ist vor allem deshalb so schwer zu bewältigen, weil sich im Laufe der Beziehung wenigstens eine ‚konstruktive' Symbiose herausgebildet hat (Ruppert 2010). Wenn zwei Menschen sich entscheiden, eine Beziehung als Paar einzugehen, stehen sie vor der Aufgabe, ein ‚Wir' zu bilden und dabei das ‚Ich' zu bewahren. Mit dem ‚Wir' beschreiben wir ein Identitätsgefühl der Zusammengehörigkeit mit der Partner:in. Das ist anfangs eine neue und in jedem Fall eine wichtige Ressource für das Paar. Es kann die Gemeinsamkeiten in der Beziehung auf allen Ebenen betreffen, also beim Denken, Fühlen und Handeln. In Abgrenzung dazu verstehen wir das ‚Ich' als ein Identitätsgefühl unabhängig vom Partner, der Partnerin. In einer Beziehung das ‚Ich' zu bewahren heißt, einen Zugang zu autonomen, also eigenständigen Impulsen zu haben und darüber entscheiden zu können, ob man diesen nachgehen möchte oder nicht.

Bei einer Trennung ist nun die zu bewältigende Aufgabe, das ‚Wir' wieder aufzulösen und das ‚Ich' zu bewahren bzw. wieder zu entdecken. Massive Krisen treten bei diesem Prozess oft dann auf, wenn bei der Bildung des

‚Wir‘ zu viel vom Eigenen aufgegeben wurde, wenn auf jegliche autonome Impulse zugunsten eines ‚Wir‘ verzichtet wurde. Das zeigt sich oft darin, dass die eigenen Freunde, vor der Beziehung wichtige Hobbys und eigene Interessen vernachlässigt wurden. Im Gespräch mit Menschen in einer Trennungskrise wird dann deutlich, dass es einen starken Anpassungsprozess an Werte und Vorstellungen der Partnerin, des Partners gegeben hat. Dieser Prozess der Selbstaufgabe wird von den Betroffenen oft als *nicht* schmerzlich beschrieben – im Gegenteil – sie hätten für diese Liebe gerne vieles aufgegeben. Der Wunsch nach enger Gemeinsamkeit kann derart groß sein, dass im Verlauf der Beziehung die eigenen Bedürfnisse immer mehr in den Hintergrund treten.

Bei einer Trennung ist der Abschied vom gemeinsamen ‚Wir‘ immer ein schmerzlicher Prozess. Zur bedrohlichen Krise wird er dann, wenn die Betroffenen merken, dass neben dem gemeinsamen Leben nichts mehr existiert, was sie trägt. Herr Johann beschreibt dies als „große Leere“, „dass da gar nichts mehr ist und auch in Zukunft nichts mehr sein wird.“ Dieses Gefühl der Leere ist etwas anderes als das Gefühl der Trauer, das Bestandteil fast aller Trennungsprozesse ist, deshalb sollten wir es auch klar abgrenzen: Trauer ist schmerzlich, bedeutet aber nicht zwangsläufig ein krisenhaftes Erleben.

Ist dieser eben geschilderte Prozess schon weit fortgeschritten, kann es hilfreich sein zu fragen, welche Interessen oder Kontakte jemand vor der Beziehung hatte und an welchem Punkt diese aufgegeben wurden. Dies kann dabei unterstützen, sich selbst – zumindest für kurze Momente – wieder unabhängig vom verlorenen Partner zu spüren. Die Klient:innen können so an alte Interessen anknüpfen und haben gleichzeitig die Möglichkeit zu reflektieren, wie es zu dieser Selbstaufgabe kommen konnte. Dies wiederum beinhaltet die Chance, sich in einer nächsten Beziehung durch mehr Bewusstheit besser zu schützen.

1.3 Literaturexkurs zu Trennung

Das Ende einer nahen, intensiven Beziehung ist immer eine einschneidende Lebenserfahrung, sei es nun eine Paarbeziehung, eine innige Freundschaft, die intensive Beziehung zum Bruder, zur Mutter oder einer Kollegin. Eine Trennung ist mit erheblichen emotionalen, oft auch organisatorischen und finanziellen Belastungen verbunden. Sie kann die Bewältigungsmöglichkeiten überfordern. Dann ist die Trennung der Anlass für eine Lebenskrise.

Die gesellschaftliche Perspektive

Dabei haben wir es in unserer Gesellschaft und damit im öffentlichen Diskurs häufig mit widersprüchlichen Botschaften zu tun, vor allem in Bezug auf Trennung von Paaren: Trennung ist eine inzwischen gesellschaftlich akzeptierte Normalität, wenn Paare ihre Konflikte nicht lösen können oder die Liebe erkaltet. Dennoch haben die meisten Menschen das Ideal einer dauerhaften und glücklichen Partnerschaft im Kopf: mit romantischer Liebe, emotionaler Erfüllung, gegenseitiger Bedürfnisbefriedigung und immerwährender sexuelle Zufriedenheit. Dieses Ideal ist eine Illusion. Die Scheidungszahlen sind zwar seit 2005 von 51 % auf 38 % (statista 2021) gefallen, aber es hat längst eine Deinstitutionalisierung des bürgerlichen Ehe- und Familienmusters stattgefunden, eine Pluralisierung der Lebensformen (Peuckert 2012). Die Zahl der Single-Haushalte nimmt immer weiter zu (T-Online 2022). Die Alleinlebenden sind die häufigste Gruppe aller Haushalte, in Berlin ist sogar jeder zweite Haushalt ein Single-Haushalt. Dabei sollte man aber nicht vergessen, dass ein Single-Haushalt durchaus bedeuten kann, dass man eine feste Partnerschaft hat, aber alleine lebt. Es gibt den Trend des ‚Living apart Together'.

Selbst wenn also in der Gesellschaft auf Trennung und Scheidung immer seltener mit Diskriminierung geantwortet wird, so erleben die meisten Menschen diese Erfahrung dennoch als persönliches Scheitern und einen tiefen Einschnitt in ihrem Leben. Sie müssen nicht nur den Verlust eines – zumindest ehemals – geliebten Menschen verkraften, sondern häufig auch das Scheitern des eigenen Lebensmodells, in dem die glückliche Partnerschaft einen zentralen Stellenwert hatte.

Für viele Menschen ist deshalb bei der Bewältigung dieser Lebenskrise professionelle Hilfe sinnvoll. So lassen sich oftmals negative Auswirkungen von Trennung und Scheidung verhindern oder abmildern, etwa psychische Störungen oder gar Suizide. Das Suizidrisiko bei Männern ist doppelt so hoch bei in Trennung lebenden Männern als bei den Verheirateten. Sie sind eher vulnerabler, da sie wie Herr Johann in der Ehe weniger die sozialen Kontakte pflegen. Zudem werden 2/3 % aller Scheidungen auf die Ehefrau zurückgeführt (Seubert 2013). Hingegen – wie im Lernfall ‚Gewalt gegen Frauen' ausgeführt wird – ist eine Trennung/Scheidung für eine Frau als eine Hochrisikosituation für Gewalterfahrungen anzusehen.

Gesellschaftliche Relevanz und die Notwendigkeit, mit professioneller Hilfe zu begleiten, gewinnt das Thema Trennung auch deshalb, weil in vielen Fällen minderjährige Kinder und Jugendliche betroffen sind. Laut statistischem Bundesamt sind es 119.106 Kinder und Jugendliche im Jahr 2020. Je nachhaltiger es den Erwachsenen gelingt, die Krise zu bewältigen, umso besser können sie ihre Kinder unterstützen, deren Trennungsprozesse zu durchleben und umso weniger müssen sie ihre Kinder zusätzlich durch Kämpfe zwischen den ehemaligen Partner:innen belasten, die oft auf dem Rücken der Kinder ausgetragen werden.

So haben Kinder die Möglichkeit, aus bewältigten Trennungen zu lernen und können erfahren, dass die Trennung einer Partnerschaft eine mögliche und nicht zerstörerische Erfahrung im Leben ist, und dass durch Trennung die einzelnen Beziehungen zu den Eltern sich zwar verändern, aber nicht geschwächt werden, sondern sogar neue, gute Qualitäten dazukommen können. Um dies zu erreichen, sollten Eltern ihre Kinder rechtzeitig über die Trennung informieren. Der verlassene Elternteil sollte sich nicht als Opfer gebärden und Trost beim Kind suchen, es damit überfordern und es in Loyalitätskonflikte stürzen. Das Kind sollte wissen, wie es nach einer Scheidung weitergeht und es keine Schuld an der Scheidung hat

Kindern überwinden innerhalb von zwei bis drei Jahren eine Trennung der Eltern und es kann deshalb eine „Desasterperspektive" (d.h. eine Trennung hat langfristig überwiegend negative Folgen) nicht aufrechterhalten werden (Bastine 1998). Allerdings ist die Varianz der Folgen hoch: Manche Kinder werden traumatisiert, andere sind wieder gut angepasst (Walper 2013). So sind Kinder unter bestimmten Bedingungen in der Lage, positiv Trennungen zu bewältigen, auch wenn diese Erfahrung Auswirkungen auf ihr ganzes Leben hat (Stolz 2009).

Trennungsgründe

Eine Umfrage zu Trennungsgründen im Jahr 2019 (statista 2019) führt an erster Stelle als Grund an, dass einer in der Beziehung unglücklich war, gefolgt davon, dass die Gefühle zueinander nicht mehr bestanden, man sich auseinandergelebt hatte, einer fremdgegangen ist, es unterschiedliche Zukunftsvorstellungen sich entwickelt hatten, einer sich in jemand anderes verliebt hat etc. Härtere Gründe sind Gewalt, Schulden, ständiger Streit, Sucht. Die Liste ließe sich noch erweitern, ist zudem zeitabhängig, da sich die Erwartungen an Partnerschaft im Laufe der Zeit ändern und bei Scheidungen die Gesetzeslage eine Rolle spielt. An das Leitbild Ehe knüpfen sich immer wieder andere Erwartungen und Ansprüche. Heutzutage richten sie sich auf eine affektiv-emotionale befriedigende Partnerschaft. Scheidungen sind heute leichter, da das Schuldprinzip entfällt und die ökonomische Abhängigkeit der Frau in der Regel nicht mehr besteht und Kinder kein großer Hindernisgrund für eine Scheidung sind (Sabas 2021). Aber wenig Veränderung gibt es in einem Punkt: Der verlassenen Person fallen häufig keine hinreichenden Trennungsgründe ein. Sie hat vermutlich Signale, die vorher gegeben wurden, nicht ausreichend beachtet oder aus Angst vor Veränderung oder Trennung vermieden, kritische Punkte oder Signale vom Partner zu bemerken

Trennung und Scheidung: ein schwerwiegendes Lebensereignis

Eine Beziehungsauflösung kann mehr oder weniger schwer wiegen. Die Bedeutung, die die Beziehung im Leben der Person hatte, bestimmt das Ausmaß der Folgen mit. Auch Trennungserfahrungen in der Biografie spielen eine Rolle. Sind gemeinsame Kinder oder andere Personen mit betroffen, müssen mitunter weitere Trennungen bewältigt werden. Scheidung im Gegensatz zur Trennung ist noch zusätzlich durch die juristische Auseinandersetzung belastet. Bei Auflösung eines gemeinsamen Haushaltes oder Vermögens kommen weitere Belastungen hinzu, die Ängste auslösen und überfordern können. So beeinträchtigt in der Regel eine Beziehungsauflösung das psychische und körperliche Befinden der Betroffenen. In der wissenschaftlichen Literatur werden als Trennungsreaktionen bei Erwachsenen häufig Ängste, Einsamkeit, Depressionen, Ärger, geringer Selbstwert, Schlafstörungen, Einbußen der Arbeitskraft und weitere Gesundheitsprobleme angegeben. Als besonders belastet gelten jene, deren Abhängigkeit von ihrem Partner stark ausgeprägt ist und die nicht über eigenständige soziale Kontakte verfügen – wie in unserem Fallbeispiel. Für Männer ergaben Untersuchungen eine engere Beziehung zwischen Scheidung und psychopathologischen Störungen (Bastine 1998, S. 491). Diese gravierenden Folgen für Männer sind möglicherweise auch dadurch zu erklären, dass diese weniger Freunde haben, die sie stützen können. Der berühmte Psychologe Dunbar, der viel zum Thema Freundschaft geforscht hat, schreibt, dass die Anzahl und Qualität der Freundschaften, die wir haben, einen größeren Einfluss auf unser Glück, unsere Gesundheit und sogar unser Sterblichkeitsrisiko hat als alles andere, außer das Rauchen aufzugeben (Dunbar 2021).

Entscheidend für die Bewältigung der Krise ist, welche informellen und formellen Hilfen die Betroffenen erhalten und auf welche persönlichen Ressourcen sie zurückgreifen können. Betroffene, denen unterstützende Bezüge fehlen, werden diese Krise schwerer bewältigen. Soziale Unterstützung dient als Puffer und/oder unterstützt das individuelle Bewältigungshandeln. Ihr Wert liegt in der Vielfalt, Verfügbarkeit und Alltagsnähe. Das heißt oft: Je mehr Menschen da sind, die helfen können, desto leichter kann man verschiedene Hilfepotenziale auf unterschiedliche Personen verteilen: Die eine hilft bei der Kinderbetreuung, ein anderer berät bei finanziellen Fragen, eine dritte gibt am Telefon emotionale Unterstützung. Sozial eingebunden zu sein und sich auch so zu fühlen, befriedigt das Bedürfnis nach Zugehörigkeit und Geborgenheit (Scheuermann 2022). Dieses Bedürfnis ist für uns Menschen existenziell wichtig. Sich getrennt und einsam zu fühlen, löst Stress und seelische Schmerzen aus, auf längere Sicht ist es mit vielen Gesundheitsrisiken verbunden. Die Helfenden können vermitteln, dass das Geborgenheits- und Zugehörigkeitsgefühl vielleicht mit der Trennung verlorengegangen ist, die Betroffenen es aber mit der Zeit in anderen sozialen Zusammenhängen wieder erfahren können. Alle Studien kommen hier zu demselben Ergebnis: Für Gesundheit und ein langes Leben sowie für Zufriedenheit, also langfristiges Lebensglück, zählt die Qualität der Beziehung, nicht die Beziehungsform (Holt-Lunstad u. a. 2015, Schröder 2020). An die Stelle des verlorenen Partners kann zum Beispiel eine beste Freundin treten, mit der sich der Kontakt intensiviert.

Und noch etwas ist wichtig zu vermitteln: Trotz erheblicher Belastungen, die mit einer Trennung verbunden sind, sollten wir als Beratende auch die langfristig positiven Konsequenzen thematisieren, die in einem Spannungs- und Konfliktabbau, mehr Selbständigkeit sowie in einer Neuorientierung liegen und die auf lange Sicht zu einem befriedigenden Leben führen können. Die Problemperspektive war in der Literatur lange Zeit vorherrschend und kann auch zu einer selbsterfüllenden Prophezeiung führen.

Der Trennungsprozess

In der Literatur wird der Trennungsprozess häufig in Phasen aufgeteilt, so in eine Ambivalenz- und Entscheidungsphase, eine Trennungs- und Scheidungsphase sowie eine Nachscheidungsphase. Wir sehen uns hier die Phaseneinteilung nach Kahlenberg (1993) genauer an.

Trennungsprozess bei Initiatoren der Trennung

- *Distanzierung:* Zunehmend werden die negativen Seiten des Partners wahrgenommen und die Hoffnung auf Veränderung schwindet, die innerliche Distanzierung nimmt zu. Gefühle von Angst vor der Trennung und Schuldgefühle erschweren den Trennungsentschluss.
- *Erleichterung:* Die Auflösung der Beziehung wird als Erleichterung empfunden.
- *Zweifel:* Der Verlust wird wahrgenommen, positive Erinnerungen treten auf und damit Zweifel an der Entscheidung.
- *Innere Versöhnung:* Es kommt zur inneren Loslösung und die positiven Gefühle können zugelassen werden, da die frühere Beziehung ihre Bedeutung für die eigene Identität verliert.

Trennungsprozess bei Verlassenen

- *Ungläubigkeit:* Nach dem Verlassenwerden zweifeln die Verlassenen an der Endgültigkeit dieses Entschlusses. Erste Ängste treten auf, durchsetzt von Phasen der Hoffnung.
- *Verzweiflung:* In Auseinandersetzung mit der Endgültigkeit der Trennung treten heftige Gefühle auf, wie in unserem Fallbeispiel beschrieben. Idealisierungen des verlorenen Partners werden verstärkt.
- *Aggression:* Neben Trennungsschmerz taucht Wut auf den Partner auf. Er wird nicht mehr idealisiert. Die Betroffenen fangen an, positive Seiten ihrer neuen Situation zu sehen.
- *Gestaltung eines neuen Lebens und einer Neuorientierungs- und Selbstfindungsphase:* Die Verlassenen beginnen ihr Leben neu zu gestalten und eine von der Partnerschaft unabhängige neue Identität aufzubauen.

Trennungsprozess bei Kindern und Jugendlichen

Kinder und Jugendliche können bei der elterlichen Trennung oder Scheidung mindestens fünf Übergänge erleben: die Zeit *vor* der Trennung, die Desorganisation während der Trennung/Scheidung, das Experimentieren mit Bewältigungsstrategien, die Reorganisation der Familie in einem Ein-Eltern-Haushalt und später möglicherweise der Wiedereintritt in eine Zwei-Eltern-Familie mit dem neuen Lebenspartner des Elternteils (Bastine 1998, S. 474, Textor 1991).

Trennungsgeschichte

Eine Trennungsgeschichte zu konstruieren, in denen die jeweiligen Anteile der Partner an dem Scheitern der Beziehung deutlich werden, gelingt erst nach einer gewissen Zeit. Wir können Sie auch als Indikator für eine gelungene Trennung ansehen. Ein Blick zurück – und nicht nur im Zorn – ist Teil der Trennungsbewältigung.

Krisenintervention bei Trennungen

Krisenintervention setzt häufig dann an, wenn die Trennung bereits vollzogen ist. Sie kann aber auch in Anspruch genommen werden, wenn das Paar sich noch im Prozess der Entscheidung und damit in der Ambivalenzphase befindet. Eine Möglichkeit wäre zum Beispiel eine Mediation als Konfliktlösung durch Vermittlung in der Trennungs- bzw. Scheidungsphase. Beratungsangebote sind sinnvoll für alle Betroffenen (allein oder zusammen) in der Vortrennungs-, Trennungs- und Nachtrennungszeit.

Folgende Themen und Aufgaben sind für die Krisenintervention bei einer Trennung relevant.

- *Ansetzen an der aktuellen Trennungsphase, die ja mit sehr unterschiedlichen Gefühlen und Aufgaben verbunden sind:* Handelt es sich um Verlassene oder Initiator:innen, die jeweils andere Belastungen haben?
- *Zulassen von Schmerz, Trauer, Wut, Ambivalenzen und anderen belastenden Gefühlen bei den Verlassenen:* Wie eine Untersuchung der Lancaster University bei 184.000 Beiträgen in Online-Foren festgestellt hat, leiden Männer nach einer Trennung mehr als Frauen (https://zeitpunkt.ch/herzschmerz-trifft-maenner-staerker). Das hat

unter anderem damit zu tun, dass Frauen über ihren Kummer sprechen oder umgekehrt natürlich, dass es Männern viel schwerer fällt, zu reden und sich mit ihren Gefühlen zu konfrontieren. Das kann in einer Krisenberatung heißen, dass betroffene Männer weniger gewohnt sind, über ihre Probleme zu reden, und daher besonders viel Unterstützung brauchen.

- *Heraushelfen aus einer Opferrolle und damit auch aus der Wut über den Partner, die Partnerin:* Beziehungen sind keine Einbahnstraße und beide Partner haben einen Anteil am Ende einer Beziehung, auch wenn dieser unterschiedlich ausfallen kann.
- *Suche nach sozialer Unterstützung – praktisch und emotional:* Anregungen gibt hierzu auch das Interventionsprinzip ‚Netzwerkintervention' im zweiten Lernfall.
- *Allmähliche Realisierung der Endgültigkeit der Trennung und des Scheiterns der Beziehung:* Solange dies nicht geschehen ist, wird der Verlassene sich hauptsächlich damit befassen, wie er seine Partner:in wieder zurückgewinnen kann. Ist das nicht realistisch, behindert es die Bewältigung der Ablösung und den Aufbau eines neuen Lebens.
- *Umgang mit dem Alleinsein und Gefühlen von Einsamkeit und Sinnlosigkeit:* Einsamkeit ist, wie Ulrike Scheuermann in ihrem Buch ‚Freunde machen gesund' (2021) mit Bezug auf neuere Studien ausführt, ein bedeutsamer Stressfaktor, der bei längerer Dauer die Gesundheit gefährden kann und mit seelischem Schmerz verbunden ist. Es kann auch zu einer Einsamkeitsspirale kommen (S. 65 ff.), ein Mechanismus, der den Betroffenen immer mehr aus dem Kontakt reißt: Misstrauen, Missdeutungen im sozialen Kontakt, Abweisung anderer, Negativität, Selbstbezogenheit und schließlich Rückzug sind die Stationen in die Einsamkeit. Aber es gibt auch ein Weg zurück, der in der Krisenberatung eingeschlagen werden kann.
- *Aufbau eines eigenen sozialen Netzwerkes, neuer Interessen und Aktivitäten, um der Einsamkeit vorzubeugen:* Der intimen Einsamkeit, die durch den Verlust der Partner:in eingetreten sein kann, ist sicher schwerer zu entkommen als der Freundschaftseinsamkeit und der kollektiven Einsamkeit, der Einsamkeit in Gruppen (Scheuermann 2021, S. 54 ff.). Die meisten Menschen haben Kontakte, die ausgebaut werden könnten.
- *Besinnen auf eigene Ressourcen und Stärken – siehe Ressourcenorientierung.*

- *Neuorientierung, Gestaltung eines neuen Lebens:* In der Regel braucht es ein Jahr, bis die Trennung überwunden ist, aber die Unterschiede dabei sind groß. Es spielt auch eine Rolle, ob man von der Trennung der Partner:in überrascht ist.
- *Entwerfen einer Trennungsgeschichte:* Dabei geht es um die Aufgabe von Idealisierungen, Verteufelungen und einseitigen Schuldvorwürfen und Schuldübernahmen.
- *Versöhnung und Herstellen einer neuen Basis:* Dies ist vor allem wichtig, wenn gemeinsame Kinder da sind.
- *Auf weitere Hilfen hinweisen:* In diesem Zusammenhang kann es für die Klient:innen durchaus nützlich sein, sie auf Online-Foren zu verweisen – als Zusatzangebot wie auch auf spezialisierte Beratungsstellen und auf Ratgeberbücher insbesondere zu rechtlichen Scheidungsfragen.

Literatur

Antonovsky, A. (1997): Salutogenese. Zur Entmystifizierung der Gesundheit. Tübingen: dgvt-Verlag.

Bastine, R. H. (1998): Klinische Psychologie. Bd. 1, Stuttgart: Kohlhammer, 3. Aufl.

Dunbar, R. (2021): Friends: Understanding the Power of Our Most important Relationships. Little: Brown.

Holt-Lunstad, J./Smith, T. B./Baker, M./Harris, T./Stephenson, D. (2015): Loneliness and Social Isolation as Risk Factors for Mortality. A Meta-Analytic Review. Perspectives on Psychological Science 10, 227-237.

Kahlenberg, E. (1993): Die Zeit allein heilt keine Wunden. Der Einfluss sozialer Unterstützung auf den Prozess der Trennungsbewältigung bei Frauen. Pfaffenweiler: Centaurus.

Mühlmeyer-Mentzel, A./Schürmann, I. (2016): Die Klientenperspektive auf therapeutische Prozesse – ein Ressourcenprozessmodell. Verhaltenstherapie & Psychosoziale Praxis, 48(1), 41-58.

Pawlik, V. (2019): Was waren die Gründe für die Trennung? https://de.statista.com/statistik/daten/studie/1034490/umfrage/umfrage-zu-trennungsgruenden-in-deutschland-nach-geschlecht [13.1.22]

Peuckert, R. (2012): Familienformen im sozialen Wandel. Berlin: Springer.

Ruppert, F. (2010): Symbiose und Autonomie. Göttingen: Klett-Cotta.

Sabas, N. (2021): Ursachen von Trennung und Scheidung. In Zerrüttete Beziehungen – Verletzte Kinderseelen. Berlin: Springer, 29-32.

Scheuermann, U. (2021): Freunde machen gesund. München: Knaur Balance.

Schröder, M. (2020): Wann sind wir wirklich zufrieden? Überraschende Erkenntnisse zu Arbeit, Liebe Kindern, Geld. Berlin: Bertelsmann.

Schubert, F. C./Knecht, A. (2015): Ressourcen – Merkmale, Theorien und Konzeptionen im Überblick. DOI:10.13140/RG.2.2.30527.71849 [pdf] ssoar.info [9.10.2021]

Schürmann, I. (2006): Forschung im Feld Psychosozialer Beratung mit dem Schwerpunkt Ressourcenorientierung. Verhaltenstherapie & psychosoziale Praxis, 2006, (4) S. 847-862.

Seubert, S. (2013): Suizidpotential auf Grund von Trennung und Scheidung für Erwachsene und Kinder. https://www.isuv.de/alle-rubriken/post/detail/News/sandra-seubert-suizidpotential-auf-grund-von-trennung-und-scheidung-fuer-erwachsene-und-kinder/ [9.10.2021]

Statista (2022): https://de.statista.com/statistik/daten/studie/76211/umfrage/scheidungsquote-von-1960-bis-2008 [13.1.2022]

Statistisches Bundesamt: Ehescheidungen und davon betroffene Kinder (2020): https://www.destatis.de/DE/Themen/Gesellschaft-Umwelt/Bevoelkerung/Eheschliessungen-Ehescheidungen-Lebenspartnerschaften/Tabellen/ehescheidungen-kinder.html [13.1.2022]

Stolz, C./Strini, M. (2009): Kindheit Im Schatten des Elternkonfliktes von Trennung und Scheidung. Diplomica Verlag.

Textor, M. (1991): Trennung – Scheidung. In Textor, M./Bostelmann, A. (Hrsg.). Das Kita-Handbuch. https://www.kindergartenpaedagogik.de/fachartikel/psychologie/43 [10.10.2021]

T-Online zum Single-Haushalt (2022): https://www.t-online.de/leben/liebe/id_88926436/singlehaushalte-in-deutschland-zahl-der-alleinlebenden-ist-2019-gestiegen.html [13.1.22]

Walper, S./Fichtner, J./Normann, K. (Hrsg.) (2013): Hochkonflikthafte Trennungsfamilien. Forschungsergebnisse, Praxiserfahrungen und Hilfen für Scheidungseltern und ihre Kinder. Weinheim, Basel: Beltz Juventa.

Willutzki, U. (2003): Einige Bemerkungen zur Begriffsklärung. In Schemmel, H./Schaller, J. (Hrsg.): Ressourcen. Ein Hand- und Lesebuch zur therapeutischen Arbeit. Tübingen: dgvt-Verlag, 91-110.

2 Lernfall ‚Akute Suizidalität'
Mehr als „nur" Suizidgedanken – wenn Menschen sich selbst gefährden

2.1 Die Fallgeschichte

Der Einstieg

Die Frau am Telefon spricht mit aufgeregter, zittriger Stimme: „Guten Tag, hier ist Frau Fuhrmann. Ich habe Ihre Telefonnummer hier in meinem Notizbuch gefunden. Eine Bekannte hat mich gerade angerufen. Sie sagt, sie hat viele Tabletten genommen, weil sie nicht mehr leben will. Mehr weiß ich nicht, und ich schaffe es nicht, mich jetzt um sie zu kümmern. Ich bin doch schon bald achtzig. Könnten Sie da etwas unternehmen?"

Ich antworte ihr: „Ja, da sind Sie bei uns richtig. Gut, dass Sie anrufen. Wir können uns darum kümmern, wenn eine akute Gefährdung Ihrer Bekannten vorliegt – außer, die Tabletten zeigen schon Wirkung, dann sollte sofort die Feuerwehr gerufen werden."

Ich erfrage einige weitere Informationen. Frau Fuhrmann hat erst vor wenigen Minuten mit ihrer Bekannten Angelika telefoniert und empfand sie klar, auch ohne verwaschene Stimme. Ich frage sie deshalb nach der Adresse ihrer Bekannten und versichere mich ihrer Zustimmung, dass ich sie als Melderin nennen darf.

„Ja bitte?", Frau Mohr meldet sich am Telefon mit leiser Stimme und ich stelle mich als Mitarbeiterin des Krisendienstes vor.

„Guten Tag, Frau Mohr. Ihre Bekannte, Frau Fuhrmann, hat gerade bei mir angerufen, weil sie sich große Sorgen um Sie macht. Sie sagt, Sie wollten nicht mehr leben und hätten deshalb Tabletten genommen?"

„Also, dazu habe ich sie nicht angerufen, dass sie das gleich weitererzählt."

„Stimmt es denn, dass Sie Tabletten genommen haben?"

„Ach was, na ja, nur ein paar zur Beruhigung, das geht dann schon wieder."

„Wie heißen denn die Tabletten, die Sie genommen haben?"

„Das sind nur Beruhigungstabletten, von meinem Hausarzt verschrieben. Die soll ich nehmen, wenn ich aufgeregt bin. Ich komme gerade nicht auf den Namen."

„Wie viele haben Sie denn davon genommen?"

„Na, den Rest, was noch in der Packung war."

„Haben Sie denn die Verpackung noch da?"

Frau Mohr schweigt auf meine Frage. Sie will anscheinend nicht offen mit mir sprechen, sie scheint mich jedoch auch nicht belügen zu wollen. Ich merke, wie ich dadurch unruhig werde, da ich im Unklaren und somit in Sorge um Frau Mohr bleibe.

„Frau Mohr, holen Sie doch bitte die leere Tablettenpackung zum Telefon."

Frau Mohr hat mindestens sieben Valium-Tabletten genommen, normalerweise noch keine gefährliche Dosis, doch im Alter von über 70 Jahren sind Komplikationen nicht auszuschließen und ich bin mir nicht sicher, ob Frau Mohr mit der Tablettenmenge untertreibt. Frau Mohr ist sich ihrer Gefährdung offensichtlich bewusst, lehnt jedoch jedes Hilfsangebot ab. Erst als ich sie vor die Alternativen: Feuerwehr- oder Krisendienst-Einsatz stelle, stimmt sie letzterem zu. Ich verabrede mich mit der diensthabenden Ärztin des Krisendienstes vor dem Haus von Frau Mohr.

Hausbesuch mit Bereitschaftsärztin

Ich treffe unsere Bereitschaftsärztin vor dem Haus der Klientin und wir besprechen uns kurz, unter anderem, wie wir uns verständigen, wenn möglicherweise deutlich wird, dass eine Klinikeinweisung vonnöten ist.

Frau Mohr begrüßt uns mit leiser Stimme und bittet uns herein. Sie ist eine zierliche kleine Frau mit weißem Haar, akkurat gekleidet. In der Wohnung ist es sehr ordentlich und sauber. Wir setzen uns um den Couchtisch und beginnen das Gespräch mit ihr. Zuerst fragt die Ärztin genau nach, wie viele Tabletten Frau Mohr genommen habe. Frau Mohr zeigt bereitwillig die Packung und wir rekonstruieren zusammen, dass sie weniger Tabletten eingenommen hat, als erst im Telefongespräch angenommen. Nachdem die Ärztin einige einfache Tests mit Frau Mohr durchgeführt hat, um die eventuelle Beeinträchtigung durch die Medikamente zu testen, schätzt sie ihren Zustand als genügend stabil ein, um erst einmal in Ruhe ein Gespräch zu führen.

„Frau Mohr, wie sind Sie denn nun eigentlich darauf gekommen, diese Tabletten zu nehmen? Können Sie uns dazu etwas erzählen?"

Frau Mohr spricht anfänglich sehr zögerlich, taut dann jedoch zunehmend auf und erzählt ihre Geschichte, als sie merkt, dass wir bereit sind, uns Zeit zu nehmen und ihr zuzuhören.

Frau Mohrs Geschichte

Frau Mohr erzählt, dass sie sich sehr einsam fühlt. Sie lebt seit 25 Jahren in ihrer 1,5-Zimmerwohnung in einem großen Mietshaus in einer ruhigen Wohngegend, in der man kaum einmal einen Nachbarn trifft. Vor 18 Jahren starb ihr Mann, der ihr sehr fehlt, ebenso wie ihre ältere Tochter, die vor anderthalb Jahren bei einem Autounfall zusammen mit deren Ehemann ums Leben kam. Gerade diese Tochter hatte sich früher regelmäßig um sie gekümmert und sie häufig besucht. Sie hatte jedoch einen Mann geheiratet, den Frau Mohr im Gespräch nur „den arbeitslosen Alkoholiker" nennt. Es kam des Öfteren zum Streit mit ihrem Schwiegersohn. Er beschimpfte Frau Mohr wiederholt lautstark, bis diese schließlich tief gekränkt vor drei Jahren den Kontakt zu Tochter und Schwiegersohn abbrach. Frau Mohr litt sehr unter dem fehlenden Kontakt zur Tochter, war jedoch zu stolz, um den Zustand zu ändern. Sie schimpft im Gespräch wortreich über den verstorbenen Schwiegersohn und macht ihn verantwortlich für den tödlichen Autounfall, bei dem er alkoholisiert zusammen mit seiner Frau gegen einen Baum gefahren war.

Frau Mohr hat noch zwei weitere Kinder, mit denen sie aber selten einmal telefoniert: eine jüngere Tochter und einen Sohn, die in anderen Städten wohnen und – laut Frau Mohr – die unerbittliche Haltung der Mutter mitverantwortlich für den Unfall der Tochter machen. Sie meint auch selbst, dass sie eine Mitschuld am Tod ihrer Tochter trägt, sie hätte ihre Tochter nicht von sich weisen dürfen, nur weil sie gekränkt war. Der Kontaktabbruch habe dazu beigetragen, dass die Tochter bei ihrem Mann blieb. Häufig kann sie deshalb nachts nicht schlafen.

Frau Mohr beschreibt sich seit dem Tod der Tochter als deprimiert, sie fühlt sich hoffnungslos und verzweifelt, außerdem einsam, denn sie hat sich weitgehend aus sozialen Kontakten zurückgezogen – sowohl aus nachbarschaftlichen als auch aus freundschaftlichen und familiären Bezügen. Die Bekannte, die den Krisendienst informierte, ist die Einzige, zu der sie noch ein wenig Kontakt hält. Sie geht kaum aus dem Haus, obwohl sie dazu körperlich durchaus in der Lage wäre. Auch findet sie keinen Zugang zu echter Trauer um ihre Tochter.

Ihrem Hausarzt hatte sie erzählt, dass für sie alles keinen Sinn mehr mache, aber der sei nicht darauf eingegangen. Er verschrieb ihr Valium-Tabletten, falls es ihr schlecht ginge und sie deshalb nicht schlafen könne.

Reflexion der Beraterin

Mir fällt im Gespräch mit Frau Mohr besonders ihre an der Oberfläche liegende Verbitterung gegenüber anderen Menschen und ihre Selbstvorwürfe auf, hinter der ihre Trauer, Verletzung und Kränkung wahrnehmbar sind. Ihre Verbitterung scheint sie an der notwendigen Trauer zu hindern. Mir scheint es naheliegend, dass sie darauf mit Depression, Vereinsamung und schließlich Suizidalität reagiert. Deshalb denke ich, dass Trauerarbeit als Weg aus der Depression ein sinnvoller Ansatz für eine Intervention sein kann. Ob Frau Mohr sich für einen solchen Weg öffnen kann, will ich im Gespräch herausfinden.

Ich mache mir Sorgen um Frau Mohr. So wie sich ihre Situation zum jetzigen Zeitpunkt darstellt, wirkt sie tatsächlich suizidgefährdet auf mich. Die Abklärung der Suizidalität wird somit einen wichtigen Stellenwert im weiteren Gespräch haben. Für diese Abklärung ist wichtig, dass ich mich auf die Aussagen von Frau Mohr verlassen kann, und das scheint mir der Fall zu sein. Sie versucht zwar manchmal ausweichend zu antworten, wird sie jedoch nachdrücklich gefragt, sagt sie die Wahrheit.

Die Intervention

Im Gespräch ist deutlich spürbar, wie sehr Frau Mohr unter dem Unfalltod der Tochter leidet und dabei in ihren Schuldgefühlen und der Verbitterung über das Unglück gefangen ist. Zwischendurch ist sie immer wieder den Tränen nah, reißt sich dann aber zusammen und erzählt ‚tapfer' weiter. Ich hake an einer Stelle ein, an der Frau Mohr wieder fast zu weinen beginnt, weil das Zurückhalten ihrer Trauer sie offensichtlich viel Kraft kostet.

„Frau Mohr, das muss doch ein schrecklicher Schock für Sie gewesen sein, als Sie von dem Unfall erfahren haben. Konnten Sie denn mit jemandem darüber reden?"

„Ach was, mit wem sollte ich denn darüber reden, es gibt doch niemanden. Meine beiden anderen Kinder wollen ja sowieso nichts mehr mit mir zu tun haben."

„Das ist bestimmt hart, so wenig Kontakt mit ihren Kindern zu haben."

„Aber ich bin ja selbst schuld!", ruft sie plötzlich laut. „Ich habe meine Tochter ja noch mehr zu dem Mann hingetrieben mit meiner Härte ihr gegenüber."

„Aber das heißt doch nicht, dass Sie am Tod Ihrer Tochter die Schuld tragen. Sie haben erzählt, dass es ein Unfall war, und außerdem sind Sie nicht verantwortlich für die Partnerwahl ihrer Tochter. Das ist schließlich ihre Entscheidung gewesen."

Frau Mohr nickt kaum merklich.

Der verdrängten Trauer ein Stück näherkommen

„Können Sie denn überhaupt traurig sein über den Tod Ihrer Tochter, wenn Sie sich zugleich so schuldig fühlen?" Frau Mohr schüttelt stumm den Kopf und kneift die Lippen zusammen.

„Das muss ein quälender Zustand sein, so gefangen zu sein in Schuldgefühlen." Frau Mohr nickt, kneift die Lippen noch fester zusammen und ich sehe wieder Tränen in ihren Augen. Verstohlen wischt sie sie weg und wendet den Kopf ab.

„Ich habe den Eindruck, Sie schämen sich dafür, Ihre Trauer zu zeigen, oder?", hake ich noch einmal nach, obwohl ich Sorge habe, ihr damit zu nahe zu treten.

Jetzt beginnt Frau Mohr wirklich zu weinen. Ich biete ihr neue Taschentücher an, die sie sofort mit einem Nicken nimmt.

„Ach wissen Sie, es ist, als ob ich kein Recht hätte, traurig um meine verlorene Tochter zu sein. Alle haben mich vorwurfsvoll angeguckt bei der Beerdigung, das war fürchterlich. Da ist es mir eingefallen, dass eigentlich ich schuld bin am Tod meiner Tochter."

Das Weinen scheint jetzt erleichternd für Frau Mohr zu sein. Sie lässt sich aber sehr wenig Zeit für den Ausdruck ihrer Gefühle und sitzt bald wieder aufrecht und steif auf ihrer Couch.

Abklärung der Suizidalität

Jetzt übernimmt die Ärztin das Gespräch.

„Nach dem, was Sie erzählen, kann ich gut verstehen, dass Sie verzweifelt sind. Sie haben ja heute Tabletten genommen, weil Sie nicht mehr leben möchten. Heißt das, Sie haben für sich keinen anderen Weg mehr sehen können?"

„Ach, wozu soll ich denn so noch weiterleben? Es hat alles keinen Sinn mehr. Mein Mann ist tot, meine Tochter ist tot – sie war die Einzige, die sich noch um mich gekümmert hat und der ich auch etwas geben konnte. Wir haben oft lange über alles Mögliche gesprochen und sie hat auch ihre Sorgen mit mir geteilt. Jetzt bin ich nutzlos, niemand braucht mich, meine eigenen Kinder schon gar nicht."

Frau Mohr beginnt wieder zu weinen. Ihr Sinnlosigkeitsgefühl, die Gekränktheit und Verzweiflung sind für uns gut nachvollziehbar. Jetzt geht es aber erst einmal vorrangig darum, zu klären, ob sie weiterhin akut suizidal ist.

„Heißt das, Sie können sich tatsächlich keinen Weg vorstellen, außer sich das Leben zu nehmen?"

Frau Mohr zuckt nur mit den Schultern und schaut aus dem Fenster. Sie will sich offensichtlich nicht festlegen, möchte uns aber auch nicht belügen.

„Frau Mohr, dann bleibt uns nichts anderes übrig, als Sie in ein Krankenhaus zu bringen", sagt meine Kollegin. „So können wir Sie nicht allein zu Hause lassen. Dazu mache ich mir zu große Sorgen um Sie. Ich werde jetzt im Krankenhaus anrufen und Sie vorankündigen. Sind Sie damit einverstanden?"

Daraufhin gerät Frau Mohr in große Aufregung. Sie wirkt sehr erschrocken und lehnt eine Klinikeinweisung kategorisch ab. Sie jammert und fleht beinah darum, eine andere Möglichkeit für sie zu finden. Bloß nicht ins Krankenhaus!

Jetzt beginnt eine neue Phase im Gespräch: Frau Mohr hilft ausgesprochen produktiv und tatkräftig dabei mit, Alternativen zu einer Klinikeinweisung zu entwickeln und ist offen für unsere Nachfragen. Bei all dem wirkt sie glaubwürdig. Sie hat verstanden, dass wir ihre Situation sehr ernst nehmen und dass uns viel daran liegt, ihr zu helfen, aber auch, dass wir sie ganz sicher nicht in Gefahr allein zurücklassen werden. So finden wir zu mehreren konkreten Schritten und Vereinbarungen, um die Situation für sie abzusichern und zu entspannen.

Alternativen zur Klinikeinweisung finden

Von sich aus spricht sie dann auch darüber, dass sie sich mehr Kontakt wünscht.

„Wenn einem mal jemand in Ruhe zuhört und sich wirklich Zeit dafür nimmt, dann ist das schon sehr hilfreich. Heute hat ja selten noch jemand Zeit, bei meinem Hausarzt rein – raus, beim Friseur rein – raus, was meinen Sie denn, mit wem ich reden könnte?“

„Das scheinen Sie sich sehr zu wünschen, dass Sie in Ruhe mit jemandem reden können?“

„Ja, früher war ich ja noch in der Kirchengemeinde, da gab es Gesprächskreise für alte Menschen und man konnte mit dem Pfarrer sprechen, wenn man etwas auf dem Herzen hatte. Aber da bin ich dann auch nicht mehr hingegangen, die hätten sicher von den Umständen des Todes meiner Tochter erfahren, da habe ich mich zu sehr geschämt.“

Im weiteren Verlauf wird immer deutlicher, dass Frau Mohr vor allem Kontakte und Gespräche fehlen, in denen sie sich so wie in unserem Gespräch offen äußern kann. Weiterhin erfahren wir, dass Frau Mohr bis vor einigen Jahren in ein tragfähiges soziales Netz eingebunden war, sowohl mit Nachbarn im Haus als auch mit Mitgliedern und dem Pfarrer der Kirchengemeinde. Der Pfarrer war für sie ein wichtiger und jahrelang vertrauter Ansprechpartner. Er hatte sie schon nach dem Tod ihres Mannes durch ihre Trauer begleitet.

Suizidpakt schließen

Am Ende des Gespräches kommen meine Kollegin und ich zu dem Schluss, dass eine Klinikeinweisung nicht notwendig ist – trotz der immer bestehender Restunsicherheit beim Thema ‚Abklärung von Selbstgefährdung'. Wir lassen uns von ihr alle Medikamentenpackungen aus der Schublade geben, in der auch die Valium-Tabletten waren, es sind aber keine weiteren gefährlichen Medikamente dabei und sie versichert uns glaubwürdige, dass sie nicht mehr hat. Wir verabreden mit ihr ein Folgegespräch in zwei Tagen, gleich nach dem Wochenende und schließen darüber mit ihr einen Suizidpakt. Er dient uns als Brücke zwischen den beiden Kontakten und beinhaltet ihr Versprechen, sich bis zu unserem nächsten Gespräch nicht das Leben zu nehmen. Wir besiegeln dies mit einem Handschlag. Dieser Suizidpakt gibt uns – nicht zuletzt aufgrund von Frau Mohrs deutlich wahrnehmbarer Ehrlichkeit – hinreichende Sicherheit, eine nichtstationäre Interventionsstrategie weiterzuverfolgen.

Aktivierung des sozialen Netzwerkes

Dann unternehmen wir noch zusammen mit Frau Mohr verschiedene Schritte, um sofort ein erstes tragfähiges Netzwerk aufzubauen. Eine Nachbarin bekommt einen Schlüssel zu ihrer Wohnung. Frau Mohr verspricht einen Besuch bei ihrem Hausarzt gleich am Montag, der sie zu einem Psychiater überweisen soll, um eine depressive Störung abzuklären und zu behandeln. Frau Mohr erhält zusätzlich die Telefonnummer des Krisendienstes für Notfälle. Für das Wochenende wird vereinbart, dass sich der Krisendienst täglich einmal bei ihr meldet und sich nach ihrem Zustand erkundigt. Sie wirkt schließlich etwas müde, zugleich aber sichtlich erfreut, dass man sich so intensiv um sie kümmert und ihren Zustand ernst nimmt.

Wir verabschieden uns schließlich von ihr und dabei sagt sie mit der Andeutung eines Lächelns: „Jetzt werde ich mich erstmal gut ausschlafen."

In der nächsten Woche sprechen wir mit einer Nachbarin, die ab jetzt mehrmals pro Woche den Kontakt mit ihr suchen wird, Frau Fuhrmann wird sich öfter bei ihr telefonisch melden, wir informieren den Hausarzt und vereinbaren einen Termin für Frau Mohr und ich stelle mit ihr den Kontakt zu dem Pfarrer ihrer Gemeinde her, von dem sie erzählt hatte. Er wird sie durch ihre Trauer um den Tod ihrer Tochter begleiten und dadurch möglicherweise dazu beitragen, auch zusätzlich zu einer psychiatrischen Behandlung, sie aus ihrer depressiven Verbitterung zu führen.

2.2 Interventionsprinzip ‚Netzwerkintervention'

Viele Forschungen der vergangenen Jahrzehnte haben belegt, wie wichtig ein intaktes und tragfähiges soziales Bezugssystem für jeden Menschen ist (Scheuermann 2021, Holt-Lunstad 2010, Röhrle 1994 u. a). Das soziale Netzwerk sollten Sie also bei jeder Krisenintervention mitbedenken. Hat jemand verständnisvolle und emotional stützende Beziehungen zu anderen Menschen – Freunden, Angehörigen, Kollegen, Nachbarn und anderen Personen – so ist er auch während belastender Lebenssituationen und Krisen wesentlich besser geschützt und gestützt als jemand ohne bedeutsame soziale Kontakte. Es gelingt eine bessere Bewältigung der psychischen Belastung.

Gute soziale Beziehungen sind ein starker Resilienzfaktor. Resilienz ist die psychische Widerstandskraft, also die Fähigkeit, schwierige Situationen gut zu bewältigen und bei Lebenskrisen und Schicksalsschlägen, Krankheit oder auch Kriegs- und Gewalterfahrungen innerlich stark zu bleiben und dies gut zu überstehen. Die amerikanische Entwicklungspsychologin Emmy Werner (2005, 2012) untersuchte in einer Langzeitstudie seit 1955 über 40 Jahre mit 698 Kindern, die zum Teil in Armut und problematischen Familienverhältnissen aufwuchsen, dass neben persönlichen Eigenschaften vor allem äußere, soziale Faktoren zu einer guten Resilienz beitrugen. Kinder, die mindestens eine gute, stabile Beziehung zu einer Bezugsperson und vertrauensvolle Kontakte zu Personen in ihrer Gemeinschaft, aufbauen konnten, waren später resilienter.

Häufig wird in der Krisenberatung deutlich, dass ein intaktes soziales Netzwerk fehlt. Manchmal ist es in der Krisensituation weggebrochen oder das fehlende soziale Netzwerk ist der Auslöser für die Krise. Deshalb ist die Frage nach sozialen Ressourcen in der aktuellen Situation ein grundlegender Bestandteil jeder Krisenberatung, natürlich nicht nur bei Suizidalität.

Daraus folgen Netzwerkinterventionen, bei denen wir gemeinsam mit den Klient:innen bestehende soziale Bezugssysteme analysieren, dazu ermutigen, Beziehungen wieder aufzunehmen sowie neue Bindungen zu suchen und aufzubauen. In diesem Sinne ist Netzwerkintervention ein Weg zum ‚Empowerment', der sogenannten Selbstbefähigung der Ratsuchenden:

Die Menschen gewinnen Kompetenzen hinzu, um Krisen aktiv zu bewältigen und sich nicht als machtlos Ausgelieferte zu erleben. Im engeren Sinn bezieht sich das zwar auf informelle Hilfen, wir verstehen dies jedoch auf die Inanspruchnahme *auch* formeller Unterstützung erweitert: Vernetzung als wesentliches Prinzip von Krisenintervention ermöglicht ein Netz verschiedenster Hilfeformen. Frau Mohr kann regelmäßig mit ihrer Bekannten telefonieren, ihre Nachbarin klingelt alle paar Tage an ihrer Wohnungstür und fragt, wie es ihr geht, es gibt einen Termin mit dem Hausarzt, der Pfarrer steht für seelsorgerische Begleitung zur Verfügung, und für Notfälle hat sie die Telefonnummer des Krisendienstes.

Frau Mohr fühlte sich ihrer Situation anfangs ohnmächtig ausgeliefert. Sie war skeptisch gegenüber unserer professionellen Hilfe. Der Aktivierung sozialer Kontakte stand sie dann sehr viel offener gegenüber, denn darauf hatte sie früher – stets erfolgreich – zurückgegriffen. In unserer Fallschilderung gehen die Beraterinnen aufgrund der Notfallsituation recht direktiv bei der Aktivierung sozialer Bezüge vor. Mit weniger Dringlichkeit und mehr Zeit und Ruhe schlagen wir Ihnen die folgenden Schritte zur Orientierung vor (vgl. Kaluza 2018, Scheuermann 2021):

- Wir analysieren, wie das soziale Netz der Person geknüpft ist. Dazu ist eine bildliche Darstellung hilfreich, entweder auf Papier oder vor dem inneren Auge vorgestellt. Die Klientin kann sich damit ihre Beziehungen veranschaulichen und einen Überblick über Ressourcen oder Defizite gewinnen. Bei der Abbildung des Beziehungsnetzes steht in der Mitte einer Reihe konzentrischer Kreise die Person selbst (‚Ich'). In den ersten Kreisen ist dieses ‚Ich' umgeben von den engsten Vertrauten, denen sie sich besonders verbunden fühlt. Weiter außen stehen die weiteren Personen je nach empfundener Nähe, bis hin zu distanzierteren Beziehungen. Schließlich markieren wir gemeinsam im Gespräch die Personen, die mit den aktuellen Problemen in Zusammenhang stehen bzw. zu denen sich die Beziehung konflikthaft gestaltet (siehe Abbildung auf der gegenüber liegenden Seite).
- Dann analysieren wir das Netzwerk in Hinblick auf Art, Struktur, qualitative Veränderungsprozesse im zeitlichen Verlauf, bisherige Beziehungserfahrungen, perspektivische Beziehungswünsche und aktuelle Zufriedenheit mit dem Beziehungsnetz. Welche Ressourcen stehen zur Verfügung, wie erlebt die Person sie, welche Erwartungen gibt es und wie bereit ist sie, sich auf Kontakte einzulassen?

Beispiel:

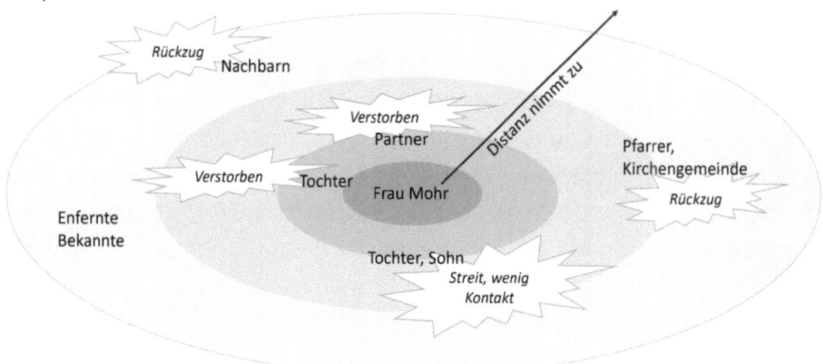

- Häufig finden wir dann heraus, dass eine Netzwerkorientierung mit vielen Einwänden und Widerständen verbunden ist. So gilt es oft erst einmal, Kontaktaufnahmen zu fördern sowie eine neue Sichtweise und Bewertung zu vermitteln: Es ist keine Schwäche, zwischenmenschliche Hilfe in Anspruch zu nehmen, sondern gerade eine Stärke, wenn man seine Situation einschätzen und sich um Unterstützung bemühen kann.
- Netzwerkinterventionen im engeren Sinn beziehen sich dann auf die konkrete Förderung individueller Beziehungskompetenzen und die Veränderung bestehender Beziehungsstrukturen: Wenn sich Menschen etwa aufgrund von Kränkungen zurückziehen, ermutigen wir, diese Kränkungen der anderen Person mitzuteilen und dadurch wieder in Kontakt zu treten.

Frau Mohr trafen wir akut suizidal an. Um eine Klinikeinweisung zu verhindern, haben wir alle im sozialen Umfeld kurzfristig zur Verfügung stehenden Ressourcen aktiviert: Nachbarn und professionelle Unterstützungssysteme wie den Hausarzt, den Krisendienst und perspektivisch den Pfarrer. Frau Mohr lernte wieder, soziale Unterstützung anderer Menschen anzunehmen und die stützenden Wirkungen zu erfahren – in einer Akutsituation ein erster wichtiger Schritt.

2.3 Literaturexkurs zu Suizidalität

Wir widmen uns nach Hinweisen zur Epidemiologie, also der Verbreitung in der Bevölkerung sowie den Erklärungsansätzen vor allem der Einschätzung der Suizidalität und den Kriseninterventionsansätzen. Die epidemiologischen Zahlen sollen Ihnen verdeutlichen, wie schwerwiegend die Problematik ist und wie wichtig es ist, auch professionell bei Suizidgefährdung zu helfen, sie im Kontakt mit Klient:innen zu thematisieren, auch wenn die Ratsuchenden dies nicht selbst direkt tun, und so frühzeitig zu erkennen, ob eine Suizidalität besteht. Suizid ist kein Ausnahmefall.

Zahlen zu Suizid – Verbreitung und Ursachen

Zahlen aus dem Jahr 2020 (Statistische Bundesamt):

- Im Jahr 2020 verstarben in Deutschland 9041 Personen durch Suizid – das waren 25 Personen pro Tag. Allerdings ist die Anzahl der Suizide in den vergangenen Jahren deutlich zurückgegangen. Dennoch sterben in Deutschland ungefähr genauso viele Menschen durch Suizid wie durch Verkehrsunfälle, AIDS, illegale Drogen und Gewalttaten zusammen.
- Die Suizidrate steigt mit dem Alter an, aber nicht kontinuierlich. Zwischen 55 und 60 ist ein Höchststand von 900 Suiziden insgesamt zu beklagen (Männer: 706, Frauen 284), danach fällt die Rate ab. Zwischen 75 und 85 ist wiederum diese Rate ansteigend (bis 878 insgesamt), um dann abzufallen.
- Männer bringen sich dreimal so häufig um wie Frauen. Männer bevorzugen eher sogenannte harte Methoden (erhängen, erschießen, ersticken etc.), Frauen nehmen eher Medikamente.
- Bei Kindern und Jugendlichen ist die Anzahl der Suizide mit dem Alter ansteigend, beginnend mit 10 Jahren. Folgende Liste aus dem Jahr 2020 belegt diese Aussage:
  - von 10-15 Jahren: insgesamt 25 Suizide (männlich 15, weiblich 10)
  - von 15-20 Jahren: insgesamt 155 Suizide (m. 105, w. 50)
  - von 20-25 Jahren: insgesamt 328 Suizide (m. 260, w. 68)
  - von 25-30 Jahren: insgesamt 366 Suizide (m. 292, w. 74).

Die Definitionen

- *Suizid* ist die vorsätzliche Beendigung des Lebens.
- *Suizidalität* ist gekennzeichnet durch den Wunsch nach Beendigung des eigenen Lebens.
- Suizidhandlung ohne Todesfolge wird als *Suizidversuch* bezeichnet.
- *Parasuizid* bezeichnet jede nichttödliche Handlung eines Menschen, die absichtlich selbstverletzend durchgeführt wird, aber bei denen der Tod nicht angestrebt, dennoch mitunter riskiert wird.
- Bei einer *akuten Suizidalität* besteht die Gefahr einer Selbsttötung.
- *Selbstverletzende Verhaltensweisen* zeichnen sich durch demonstrativen und appellativen Charakter aus und dienen dem Stressabbau und der Emotionsregulierung (Hülshoff 2017).
- Im Alter kommt häufig auch *indirektes suizidales* Verhalten vor, also ein Hoch-Risiko-Verhalten und passive Unterlassungshandlungen (z. B. verweigern der Nahrungsaufnahme). Der Sterbewunsch muss aber erkennbar sein, um von einem suizidalen Verhalten auszugehen (Schmidtke u. a. 2008).
- *Chronische Suizidalität:* Fortwährende suizidale Gedanken mit oder ohne suizidale Handlungen.

Suizidalität kann in verschiedenen Formen und Schweregraden auftreten (Wolfersdorf u. a. 2011) und ist von unterschiedlichen Motiven getragen. Oft finden wir folgenden Prozess, und Sie könnten in jedem Stadium hellhörig werden, Fragen stellen und die Suizidalität thematisieren, einschätzen und ggf. aktiv intervenieren:

- Erst gibt es einen Wunsch nach Ruhe und Freisein von allem,
- daraus folgen Todeswünsche,
- dann können sich Suizidgedanken einstellen,
- Suizidabsichten konkretisieren sich,
- schließlich werden Suizidhandlungen geplant
- und ausgeführt.

Erklärungsansätze für Suizidalität

Man kann zwei grundlegende Modelle der Suizidalität unterscheiden. Die einen fokussieren auf Bedingungen oder Ursachen(bündel) und beziehen sich z. B. auf epidemiologische Befunde. Damit kann man Risikogruppen für Suizidalität ermitteln. Eine psychische Krankheit wie Depression gehört zu einer Risikogruppe. Weitere Ansätze zu den Ursachen, die sich weniger auf eine psychische Krankheit beziehen, stellen stärker die psychische Verfasstheit einer Person in den Fokus wie z. B. verzerrte kognitive Muster (Johnson u. a. 2008). Andere Ansätze fokussieren auf das Gefühl fehlender Zugehörigkeit wie bei einem interpersonalen Suizidmodell (Joiner u. a. 2009).

Man kann Suizidalität aber auch anders betrachten. Im zweiten grundlegenden Modell wird der Weg von einem auslösenden Ereignis zu einer suizidalen Handlung herausgearbeitet wie z. B. bei Pöldinger (1968).

Um aufmerksam für die Suizidthematik zu sein und das Repertoire für die Krisenintervention zu erweitern, stellen wir Ihnen einige Erklärungsansätze ausführlicher vor.

Suizidalität im Kontext von Krankheit

Bei diesem Erklärungsansatz verortet man Suizidalität im Kontext einer (psychiatrischen) Erkrankung, z. B. einer Depression oder einer Alkoholkonsumstörung. Depression ist z. B. mit Hoffnungslosigkeit, Hilflosigkeit, Wertlosigkeit und seelischem Schmerz verbunden und kann in Suizidalität münden (Wolfersdorf 2008). Wird die Grunderkrankung behandelt, so kann man dementsprechend eine Reduzierung der Suizidalität erwarten.

Suizidalität im Kontext von Lebensereignissen und Veränderungen von Lebensumständen

Hier steht als Erklärungsansatz für Suizidalität nicht eine Erkrankung im Mittelpunkt, sondern eine Lebenskrise (wie z. B. bei Dross 2001, Fliegel u. a. 2003, Sonneck 2013) oder erhebliche Veränderungen von Lebensumständen zum Schlechteren. Lebenskrisen können Partnerschaftskrisen und Trennungen sein, der Verlust einer engen Beziehung, zum Beispiel der kurz zurückliegende Tod eines Angehörigen, Kündigung, Mobbing, scheinbar nicht zu bewältigende Krisen und schwierige Lebenssituationen wie eine schwere Erkrankung, (Langzeit-)Arbeitslosigkeit, Überschuldung oder auch soziale Isolation. Der Fokus der Intervention ist auf die Lebenssituation und deren Veränderung bzw. auf die damit verbundenen Bewältigungsaufgaben gerichtet. Die Lebensumstände sollten wieder so werden, dass das Leben für den suizidalen Menschen lebenswert und sinnhaft wird.

Bei Frau Mohr stand zum Beispiel der Verlust an familiären Beziehungen im Vordergrund. Die Tochter war verstorben, ihre beiden anderen Kinder hatten sich distanziert. Das führte in Kombination mit ihren Schuldgefühlen und den Schuldzuweisungen der Kinder zu einem Mangel von Zugehörigkeitsgefühlen und zu einem Sinndefizit.

Suizidalität und Kränkungen

Henseler (1974/1984), ein bekannter Psychoanalytiker und Suizidforscher, geht von einer narzisstischen (Selbstwert-)Problematik bei chronisch suizidalen Menschen aus. Dieser Erklärungsansatz hat viel Aufmerksamkeit in der Diskussion zur Suizidalität erhalten. Er betont anstelle einer aggressiven Komponente stärker den Wunsch nach einem Rückzug auf einen harmonischen Zustand bei Suizidalen. Als Auslöser benennt er zwischenmenschliche Enttäuschungen und Kränkungen und führt die Idee der Rettung des eigenen Selbst durch die suizidale Handlung ein. Bei Frau Mohr waren die Kränkungsgefühle sehr deutlich, ohne dass wir eine narzisstische Problematik sehen. Ihre Kinder warfen ihr vor, am Tod der Tochter mitschuldig zu sein, was eine massive Kränkung bedeutet.

Verzweifelte Kommunikationsversuche

Man kann Suizidabsichten und Suizidhandlungen auch als verzweifelte Kommunikationsversuche verstehen, wenn die sprachliche Kommunikation in einem zwischenmenschlichen Konflikt versagt (Späte u. a. 2015). Die Person will damit zeigen, wie schlecht es ihr geht, einen Vorwurf vermitteln („Das habt ihr jetzt davon, weil ihr mich so schlecht behandelt") oder auch zeigen, wie verzweifelt sie Hilfe braucht mit dem Appell, sich, etwa nach einem Suizidversuch, um sie zu kümmern.

Risikogruppen bei Suizidalität

Als Risikogruppe für Suizid und suizidale Handlungen wird eine Gruppe bezeichnet, deren Suizid- oder Suizidversuchsziffer deutlich höher ist als die der Allgemeinbevölkerung. In diesen Gruppen gibt es pathogene, also krankheitserregende Risikofaktoren, die mit einer erhöhten Vulnerabilität verbunden sind, also einer Verletzlichkeit und Anfälligkeit für Suizidalität. Dazu gehören nach Dorrmann (2021):

- Alle depressiven Patient:innen,
- Alkohol-, Medikamenten- und Drogenabhängige,
- Alte und Vereinsamte,
- Personen, die einen Suizid ankündigen,
- Personen, die durch einen Suizidversuch auffällig geworden sind,
- Patient:innen mit Anorexien, also verschiedenen Formen von Appetitlosigkeit,
- Schizophrene,
- Chronisch Kranke, insbesondere mit Schmerzen,
- Personen mit Persönlichkeitsstörungen, insbesondere bei emotional instabiler Persönlichkeitsstörung,
- Personen in Haft, insbesondere in Untersuchungshaft.

Weitere Gründe für Suizidalität

Dorrmann (1998) nennt als Gründe für Suizidalität, die nicht an Risikogruppen orientiert sind, die folgenden Aspekte. Auch hier können Sie bei einer Krisenintervention mitbedenken, dass Suizidalität eine Rolle spielen könnte, wenn diese Aspekte vorkommen:

- Hilf- und Hoffnungslosigkeit,
- Unerträglich empfundener psychischer oder physischer Schmerz,
- Schuldgefühle,
- Wunsch, andere durch den Suizid zu beeindrucken oder zu bestrafen,
- Langandauernde Schlafstörungen,
- Affekt- und Aggressionsstau,
- Mangel an Ressourcen,
- Fehlen von religiösen oder ideellen Werten.

Suizidalität von Kindern und Jugendlichen

In der Literatur wird die Suizidalität von jungen Menschen gesondert thematisiert. Auch hier gibt es verschiedene Ansätze und Perspektiven: Man kann sie als Zeichen verstehen, das auf einen destruktiv gewordenen Umgang der Kinder und Jugendlichem mit sich selbst hinweist, als einen Hinweis auf eine Störung im Familiensystem oder als Kommunikationsmittel, um Veränderungen anzustoßen (Schnell 1996). Rotthaus (2017) führt eine Reihe von möglichen Erklärungen an; es sind Hypothesen, die sich alle auf die familiäre Situation beziehen und in sehr unterschiedliche Richtungen verweisen – von symbiotisch verstrickten Familien bis hin zu Eltern, die keine Verantwortung übernehmen etc. Wichtig ist, dass Sie Eltern(teile) – sofern vorhanden und kooperationswillig – in die Klärung der Krisensituation einbeziehen. Rotthaus (2017) etwa fordert die Eltern explizit im Erstgespräch auf, ein Anliegen zu formulieren, das sie bearbeiten möchten. Neuhland (2021), eine Einrichtung für suizidgefährdete Kinder und Jugendliche in Berlin, nennt als gefährdet diejenigen, die

- in der Familie ungewünscht und ungewollt, emotional verwahrlost sind,
- abgelehnt oder überfordert werden,
- in einer gespannten Familienatmosphäre aufwachsen,
- physische oder psychische Gewalterfahrungen machen,
- als Partnerersatz fungieren müssen,
- bereits mehrere Trennungen und Brüche erfahren haben.

Zu diesen zugrunde liegenden, länger andauernden Belastungen kommen meist konkrete Auslöser in der aktuellen Situation und führen zu einer akuten Suizidalität, wie etwa Liebeskummer, Trennung von Freund oder Freundin, Scheidung der Eltern, Todesfälle in der Familie, Gewalterfahrungen, Schulversagen.

Rotthaus (2017) nennt als Anzeichen für Suizidalität insbesondere bei Kindern und Jugendlichen:

- Veränderungen des Sozialverhaltens, zum Beispiel Rückzug, aggressiv abwehrendes Verhalten,
- Veränderungen in Stimmungen,
- Energieverlust,
- Veränderungen der äußeren Erscheinung,
- vermehrter Alkohol- und Drogenkonsum,
- verändertes Essverhalten,
- Leistungsabfälle und Konzentrationsverlust,
- Interessenverlust,
- körperliche Symptome,
- Schafstörungen,
- Reden über den Wunsch zu sterben, seine Ruhe haben wollen etc.
- Selbstwertverlust („Ich hasse mich"),

- Hoffnungslosigkeit („Es wird sich nie etwas ändern", „Es wird nie besser werden").

Es ist oft nicht leicht, eine Suizidgefährdung zu erkennen, weil die Signale unspezifisch sind. Ob tatsächlich eine Gefährdung besteht, können wir nur erfahren, wenn wir eine tragfähige Beziehung aufbauen, um auf dieser Basis konkreter nach Suizidgedanken zu fragen und weitere Schritte zu gehen.

Einschätzung der Suizidalität im Erwachsenenalter

Die Einschätzung der aktuellen Suizidgefahr ist auch bei Erwachsenen ein wichtiges Thema von Krisenintervention. Man wird die Gefährdung nie mit vollständiger Sicherheit einschätzen und vorhersagen können, aber es gibt Signale und Hilfsmittel, die die Einschätzungsmöglichkeiten verbessern und Ihnen damit auch mehr Sicherheit bieten. Das ist wichtig, denn die Ängste der Helfenden spielen eine wichtige Rolle bei der Krisenintervention bei Suizidalität. Mehr Sicherheit bei der Diagnostik hilft, die Suizidalität zu thematisieren und auf alle auch sonst vorhandene Kompetenzen als Berater:in zurückgreifen zu können.

Wir können uns bei der Einschätzung auf verschiedene Aspekte konzentrieren:

- das Äußern von Suizid-Gedanken und -Vorstellungen,
- das Stadium der suizidalen Entwicklung: Erwägung, Abwägung, Entschluss,
- das Ausmaß des präsuizidalen Syndroms, s. u.,
- und das Ausmaß sozialer Integration und aktivierbarer Ressourcen.

Wichtig ist für diese Einschätzung, dass Sie einen tragfähigen Kontakt zur helfenden Person aufbauen (siehe auch Sonneck 2000, S. 165 ff.).

Präsuizidales Syndrom

Das präsuizidale Syndrom hat Ringel (1953) in den 1950er Jahren beschrieben, es ist nach wir vor gültig und hilfreich für die Krisenintervention. Er beschreibt damit den Prozess der zunehmenden Einengung der Handlungsfähigkeit, der Affekte und der Wahrnehmung. Dazu gehört der Rückzug aus sozialen Beziehungen und die Einengung der Wertewelt, die auf sich selbst gerichtete Aggressivität und die sich aufdrängenden Suizidfantasien. Treten alle Punkte zusammen auf, so ist das Suizidrisiko erheblich erhöht.

Hilfsmittel: Fragebogenlisten und Tests

Die Diagnostik der Suizidalität umfasst eine Vielzahl diagnostischer Instrumente wie Checklisten, Selbst- und Fremdbeurteilungsverfahren, Interviews (siehe z. B. Forkman u. a. 2016), aber auch diese Autor:innen verweisen darauf, dass eine sichere Vorhersage der Gefährdung nicht möglich ist, allein schon deshalb, weil die Gefährdungssituation sich schnell ändern kann und die Suizidalität sich durch eine große Brandbreite von unterschiedlichen Verhaltensweisen auszeichnet.

Wir schlagen für die Abklärung der akuten Suizidalität eine Kurzfassung von Pöldinger (1982) vor – die Sie je nach Gegenüber und Situation erweitern werden:

- *Suizidalität:* Haben Sie schon daran gedacht, sich das Leben zu nehmen?
- *Vorbereitung:* Denken Sie bewusst daran oder drängen sich derartige Gedanken, auch wenn Sie es nicht wollen, auf? – Sich passiv aufdrängende Gedanken sind gefährlicher!
- *Ankündigungen:* Haben Sie schon über ihre Absichten mit jemandem gesprochen? – Ankündigungen immer ernst nehmen!
- *Einengung:* Haben sich Ihre Interessen und Kontakte zu anderen gegenüber früher reduziert?

Antwortende Gefühle im Kontakt

Wichtig ist für uns, unsere antwortenden Gefühle im Kontakt mit der suizidalen Person zu reflektieren und die eigenen Reaktionsweisen zu beobachten. Mitunter entwickeln sich negative Gefühle – entweder gegen sich selbst oder gegen den oder die Klient:in gerichtet –, die auf die Gefühlslage der Klient:in hindeuten. Sie können sich dann fragen, was die eigenen Gefühle damit zu tun haben könnten und sie als Hinweis für die Einschätzung der Suizidalität nutzen. Dann werden diese antwortenden Gefühle zu einem bedeutsamen diagnostischen Instrument jenseits von ‚harten' Kriterien (vgl. Giernalczyk 1994). Auch Kind (1997, S. 68) hat auf diese Gegenübertragungsgefühle in der Arbeit mit Suizidalen hingewiesen und aufgezeigt, dass die Gefühle von Ohnmacht, Auslieferung, In-die-Enge-getrieben-Werden und Resignation ein nonverbal kommunizierter Inhalt der Klient:innen sein kann, den man im Gespräch thematisieren sollte.

Aufgaben in der Krisenintervention bei Suizidalität

Mit den folgenden Punkten geben wir Ihnen eine Liste von Aufgaben an die Hand, mit der Sie arbeiten können, wenn Suizidalität in der Krisenintervention ein Thema ist. Es sind wesentliche Ansätze in der Krisenarbeit bei akuter Suizidalität – vor allem im Erwachsenenbereich (siehe Dorrmann 2016, Hülshoff 2017, Dross 2001, Sonneck 2000, Rupp 1995, Giernalczyk 1997 u. a.). Sie gelten natürlich nicht für alle Situationen gleichermaßen und auch die Reihenfolge bleibt Ihnen überlassen.

- *Haltung der Helfenden:* Auch uns als Helfende können Ängste beherrschen oder beeinflussen, so die Angst vor einer suizidalen Handlung der Klient:innen und den damit verbundenen Konsequenzen oder auch Angst vor Schuldgefühlen und Selbstvorwürfen (siehe auch Conrad 2020). Deshalb ist es wichtig, dass wir als Professionelle uns diesem Thema widmen und uns auch selbst mit unseren Reaktionen einschätzen. Klient:innen brauchen Professionelle, die sich der Situation gewachsen fühlen (Brückner 2010), was eine Auseinandersetzung mit dieser Thematik verlangt. Hilfreiche Hinweise dazu finden Sie auch bei Dorrmann (2021). Er hat als Hilfestellung einen Fragebogen zur Erfassung von Ängsten von Therapeut:innen bei Suizidalität entwickelt (Dorrmann 2016).
- *Rascher Beginn:* Bei einem Notfall sollte die Krisenintervention unbedingt rasch beginnen. Dabei ist es wichtig, Dringlichkeit und Zuständigkeit bei einem mobilen Einsatz schon am Telefon abzuschätzen und zu klären, wie lange es dauern wird, bis die Helfer:innen vor Ort sind und was dazwischen passiert bzw. passieren kann (Rupp 2003).
- *Tragfähige, vertrauensvolle Beziehung herstellen:* Insbesondere bei einem psychiatrischen Notfall ist eine empathische, nicht wertende und Halt gebenden Grundhaltung von Ihnen wichtig; weiterhin Transparenz und Klarheit, um Sicherheit und Orientierung zu vermitteln (Frey/Fischer 2020). Dieses und alle weiteren Fähigkeiten, gut in Kontakt zu treten und Beziehung aufzubauen, sind enorm wichtig. Akut suizidale

Menschen wollen die Verbindung zu den Menschen beenden. Wir können versuchen, wieder eine Verbindung mit dieser Welt herzustellen, indem eine Verbindung zu uns als Gegenüber entsteht. Das gelingt durch aufrichtige, angstfreie Interaktionen und passende Gesprächsimpulse, durch Fragen und Kommentare, die Empathie, Wertschätzung und Orientierung vermitteln.

- *Abklärung und Gründe erfragen:* Es ist wichtig, Gründe für die Suizidalität zu erfragen, aber ohne dass sich die Klient:innen ausgefragt fühlen. Erst, wenn Sie die verzweifelte Lage Ihres Gegenübers kennen, ermöglicht Ihnen das ein vertieftes Verständnis und die Entwicklung von Empathie.
- *Gefährdung einschätzen:* Die Gefährdung schätzen Sie im Gespräch ein, etwa mithilfe der Fragen von Pöldinger, die wir weiter oben genannt haben. Wichtig: Sie müssen Suizidankündigungen immer ernst nehmen. Sie stellen ein Notsignal da, selbst wenn es sich um eine manipulative Handlung handeln sollte; und können – selbst wenn es so nicht geplant war – tödlich ausgehen. Die weit verbreiteten Meinungen „Wer davon redet, tut es nicht" und „Wer schon mal einen Suizidversuch hatte, hat keine ernsthafte Tötungsabsicht" sind falsch.
- *Zurückgehaltene Emotionen ansprechen:* Wenn Sie zurückgehaltene Emotionen der Klient:innen, z. B. Traurigkeit und Verzweiflung, ansprechen und dazu ermutigen, sie auszudrücken, so führt das häufig zu Entlastung, etwa beim Weinen, und es stellt zugleich Beziehung her.
- *Entlasten:* Ein wichtiges Ziel in der Krisensituation ist die emotionale Entlastung, da Krisen und Notfälle mit starken Gefühlen verbunden sein können und oft sogar emotionale Ausnahme- und Erregungszustände auftreten.
- *Anwalt der Ambivalenzen:* Das Balancieren der Ambivalenz zwischen Leben und Tod kann Inhalt der Gespräche sein, wobei Sie als Helfer:in, als Anwältin oder Anwalt dieser Ambivalenz auftreten (siehe Lauterbach 1996, S. 54).
- *Stellvertretende Hoffnung entwickeln bei Akzeptanz der Verzweiflung:* Sie können stellvertretend Hoffnung entwickeln und Entscheidungsmöglichkeiten und neue Perspektiven eröffnen und offenhalten, und dabei gleichzeitig die Verzweiflung Ihres Gegenübers akzeptieren.
- *Bearbeitung der gescheiterten Bewältigungsversuche:* Erfragen und bearbeiten Sie auch gescheiterte Bewältigungsversuche. Mit der gemeinsamen Entwicklung von alternativen Problemlösungsmöglichkeiten

knüpfen Sie unmittelbar an das Verständnis von Suizidalität als Problemlösungsstrategie an.

- *Ressourcen aktivieren und Bezugspersonen einbinden:* Wir haben in den ersten beiden Lernfällen in diesem Buch zwei wesentliche Interventionsprinzipien für den Umgang mit Suizidalität beschrieben: Die Aktivierung von Ressourcen (personalen, also inneren, sozialen und bisweilen auch materiellen) und die damit verbundene Netzwerkarbeit. Sie sind als schützende Faktoren zentral.
- *Anti-Suizidpakt:* Die Bewertung eines Suizidpaktes wird in der Literatur kontrovers verhandelt. Manche Autor:innen argwöhnen, dass er nur zur Beruhigung der Helfer:innen diene (Reimer 1992) und eventuell mit einer Infantilisierung der Klient:innen einhergehe. Wir haben in unserem Fallbeispiel mit Frau Mohr für einen kurzen Zeitraum bis zum nächsten Kontakt damit gearbeitet, weil eine gute Beziehungsgrundlage vorhanden war und deutlich war, dass Frau Mohr sich an ein Versprechen halten würde. Frau Mohr fühlte sich gerade dadurch als Vertragspartnerin auf Augenhöhe angesprochen. Natürlich sollte eine Steuerungsfähigkeit der Klient:in vorhanden sein.
- *Nach Alternativen suchen und Perspektivenwechsel ermöglichen:* Die folgenden Punkte sind eng mit dem konstruktivistisch-systemischen Ansatz verbunden (siehe Egidi u. a. 1996): Nach Alternativen suchen, Perspektivenwechsel ermöglichen, kleinste konstruktive gedankliche Ansätze unterstützen und unangemessene Bewertungen vorsichtig in Frage stellen.
- *Unterbringung veranlassen:* In bestimmten Fällen ist eine Klinikeinweisung notwendig. Das ist ein Schritt, den Sie gehen werden und müssen, wenn trotz Krisenintervention weiterhin eine akute Suizidalität mit hohem Handlungsdruck besteht, also der oder die Klient:in vor sich selbst geschützt werden muss, wenn der oder die Krisenberater:in keinen Kontakt zur suizidalen Person findet, sie diese nicht einschätzen kann oder wenn auch eine Distanzierung zum Umfeld dringend nötig ist. Natürlich sollten Sie immer mit großer Sorgfalt versuchen, eine Einweisung möglichst einvernehmlich zu veranlassen bzw. durchzuführen, denn eine Einweisung gegen den eigenen Willen ist immer ein massiver Eingriff in die persönliche Freiheit, der natürlich Folgen für die betroffene Person hat.
- *Nachbetreuung, Weitervermittlung:* Nach der Krisenintervention darf die Person nicht ‚in ein Loch' fallen. Deshalb ist es wichtig, formelle und informelle Netzwerke und Versorgungsstrukturen, die für die Person infrage kommen, zu kennen und zu aktivieren.

Literatur

Brückner, B. (2010): „Alter schützt vor Torheit nicht!" Alterskrisen als Aufgabe der Krisenintervention. In Ortiz-Müller, W./Scheuermann, U./Gahleitner, S. B. (Hrsg.): Praxis Krisenintervention. Stuttgart: Kohlhammer, 237-247.

Conrad, K./Teismann, T./Rath, D. (2021): Ängste im Umgang mit suizidalen Patient/innen: Eine vergleichende Untersuchung von approbierten Psychotherapeut/innen und Psychotherapeut/innen. In Ausbildung, PsychotherPsychosomMedPsychol, 71(1), 9-17.

Dorrmann, W. (2016): Suizid – Therapeutische Interventionen bei Selbsttötungen. Stuttgart: Klett-Cotta.

Dorrmann, W. (2021): Trainingsseminar zum Thema Suizidalität – Risikoabschätzung und psychotherapeutische Interventionen bei Menschen in suizidalen Krisen. (https://www.ivs-nuernberg.de/wp-content/uploads/Suizidprophylaxe-Seminar-Dorrmann-2021.pdf) [10.10.21]

Dorrmann, W. (1998): Suizid. Therapeutische Interventionen bei Selbsttötungsabsichten. München: Pfeiffer, 3. Aufl.

Egidi, K./Boxbücher, M. (1996): Von der Krisenintervention zur Krisenbegleitung – Eine systemisch-konstruktivistische Perspektive. In Egidi, K./Boxbücher, M. (Hrsg.): Systemische Krisenintervention. Tübingen: dgvt-Verlag, 11-44.

Fliegel, S./v. Schlippe, A. (2003): Krisen und Suizidalität. In PID – Psychotherapie im Dialog 4(4), 317-318. DOI: 10.1055/s-2003-45308 [5.10.2021]

Frey, M./Fischer, C. (2020) (Hrsg.): Erste Hilfe bei psychischen Krisen aus interdisziplinärer Sicht. Praxishandbuch Psychiatrische Krisenintervention. Elsevier: Urban & Fischer.

Forkmann, T./Teismann, T./Glaesner, H. (2016): Diagnostik von Suizidalität. Kompendien Psychologische Diagnostik Band 14. Göttingen: Hogrefe.

Giernalczyk, Th. (Hrsg.) (1997): Suizidgefahr – Verständnis und Hilfe. Tübingen: dgvt-Verlag.

Henseler, H. (1984): Narzißtische Krisen. Zur Psychodynamik des Selbstmords. Opladen: Westdeutscher Verlag.

Holt-Lunstad, J./Smith, T. B./ Layton, J. B. (2010): „Social Relationship and Mortality Risk: A Meta-Analytic Review." Perspectives on Psychological Science 7(7), 1-20.

Hülshoff, T. (2017): Psychosoziale Intervention bei Krisen und Notfällen. München: Reinhardt Verlag.

Johnson, J. P./Gooding, P./Tarrier, N. (2008): Suicide risk in schizophrenia: explanatory models and clinical implications, The Schematic Appraisal Model of Suicide (SAMS), Psychol Psychother 81(1), 55-77. DOI: 10.1348/147608307X244996 [7.10.2021]

Joiner, T. E. Jr./Van Orden, K. A./Witte, T. K./Rudd, M. D. (2009): The interpersonal theory of suicide: Guidance for working with suicidal clients. American Psychological Association. https://doi.org/10.1037/11869-000 [8.10.2021]

Kaluza, Gert (2018): Gelassen und sicher im Stress: Das Stresskompetenz-Buch: Stress erkennen, verstehen, bewältigen. Springer.

Kind, J. (1997): Psychodynamische Aspekte von Suizidalität bei narzisstischen und bei Borderline Persönlichkeitsstörungen. In Giernalczyk, Th. (Hrsg.): Suizidgefahr: Verständnis und Hilfe. Tübingen: dgvt-Verlag, 73-84.

Lauterbach, M. (1996): Systemische Aspekte selbsttötenden Verhaltens. In Egidi, K./Boxbücher, M. (Hrsg.): Systemische Krisenintervention. Tübingen: dgvt-Verlag, 45-70.

Lewitzka, U./Knappe, S. (2021): Suizidalität. PSYCH up2date; 15(5), 419-432. DOI: 10.1055/a-1211-7017 [5.10.2021]

Neuhland Hilfe in Krisen (2021): https://www.neuhland.net/informationsuizid.html) [4.10.2021]

Pöldinger, W. (1968): Die Abschätzung der Suizidalität. Bern: Huber.

Pöldinger, W. (1982): Erkennen und Beurteilen der Suizidalität. In Reimer, C. (Hrsg.): Ergebnisse und Therapie. Berlin: Springer, 13-23.

Rotthaus, W. (2017): Suizidhandlungen von Kindern und Jugendlichen. Heidelberg: Carl-Auer-Verlag.

Reimer, C. (1992): Tiefenpsychologische Einzeltherapie bei Suizidpatienten. In Wedler, H.-L. (Hrsg.): Therapie bei Suizidgefährdung: Ein Handbuch. Regensburg: Roderer, 85-98.

Ringel, E. (1953): Der Selbstmord. Abschluß einer krankhaften Entwicklung, Klotz, Magdeburg.

Rupp, M. (1995): Allgemeine Richtlinien im Umgang mit Suizidgefährdeten. Unv. Paper. Basel.

Rupp, M. (2003): Notfall Seele. Methodik und Praxis der ambulanten psychiatrisch-psychotherapeutischen Notfall- und Krisenintervention. Stuttgart: Thieme.

Scheuermann, U. (2021): Freunde machen gesund. Die Nummer 1 für ein langes Leben: deine Sozialkontakte. Knaur Balance.

Schmidtke, A./Sell, R./Löhr, C. (2008): Epidemiologie von Suizidalität im Alter. Z. GerontolGeria 413: S. 3-12. DOI 10.1007/s00391-008-0517-z [10.10.2021]

Schneider, B. (2005): Psychische Erkrankungen und Suizid – Überblick zur Epidemiologie: Krankenhauspsychiatrie 16: (3-7). DOI: 10.1055/s-2005-870977 [11.10.2021]

Schnell, M. (1996): Krisenintervention bei Suizidgefährdung von Kindern und Jugendlichen. In Egidi, K./Boxbücher, M. (Hrsg.): Systemische Krisenintervention. Tübingen: dgvt-Verlag, 87-122.

Sonneck, G. (2000): Krisenintervention und Suizidverhütung. Wien: Facultas.

Sonneck, G. (2013): Umgang mit Suizidalität bei Menschen mit Lebenskrisen. In Felber, W./Reimer, C. (Hrsg.): Klinische Suizidologie. Praxis und Forschung. Berlin: Springer, 12-21.

Späte, H. F./Otto, K.-R. (2015): Leben nehmen. Verführung zum Leben – Gedanken zur Suizidverhütung. Leipzig: Ille & Riemer.

Suizidstatistiken. Suizidprävention Deutschland (2021) (https://www.suizidpraevention.de/informationen-ueber-suizid.html) [11.10.2021]

Statistisches Bundesamt (2021): https://www.destatis.de/DE/Themen/Gesellschaft-Umwelt/Gesundheit/Todesursachen/Tabellen/suizide.html [10.10.2021]

Werner, E. (2012): Children and War: Risk, Resilience, and Recovery. Development and Psychopathology 24, Nr. 2: 553–58.

Werner, E. (2005): Resilience and Recovery: Findings From the Kauai Longitudinal Study. Research, Policy, and Practice in Children's Mental Health 19, Nr. 1: 11–14.

Wolfersdorf, M./Etzersdorf, E. (2011): Suizid & Suizidprävention. Stuttgart: Kohlhammer.

Wolfersdorf, M. (2008): Suizidalität. Der Nervenarzt 79, 1319.

3 Lernfall ‚Arbeitslosigkeit und Überschuldung'
Wenn das Geld nicht reicht – Krisen sind unausweichlich

3.1 Die Fallgeschichte

Der Einstieg

Kaum habe ich den Hörer am Ohr, muss ich ihn schon wieder auf Abstand halten. Eine männliche, ziemlich laute Stimme schallt mir entgegen: schnell gesprochene, kurze Sätze im Berliner Dialekt.

„Juten Abend, Burkhardt hier. Ick weeß nich jenau, ob ick bei Ihnen richtig bin. Wer kann denn bei Ihnen anrufen?"

„Bei uns können alle anrufen, die das Gefühl haben, sie sind in einer Krise oder die Probleme haben und alleine nicht mehr weiterwissen. Erzählen Sie doch erst einmal, worum es bei Ihnen geht. Dann sehen wir, ob Sie hier richtig sind."

„Sie sagen's. Jenau so isset bei mir, ick weeß einfach nich mehr weiter. Bei mir bricht allet zusammen. Sie werden mir dit Haus unterm Hintern wegpfänden und dann steh ick mit Frau und Kindern uff de Straße. Vor drei Monaten bin ick arbeitslos jeworden, fuffzehn Jahre war ick bei de Firma und nu hamse Pleite jemacht. Mich haben se betriebsbedingt jekündigt. Ick war eener der Letzten, aber dafür kann ick mir ooch nischt mehr koofen. Nie dacht'ick, dit mir sowat passiert. Und jetzt? X Bewerbungen, aber allet nischt, weil ick keenen Abschluss habe. Dass ick jut arbeite, weeß da draußen ja keener. Wenn ick Leute höre, von wegen, den Arbeitslosen muss man Beene machen, da könnt'ick kotzen. Aber früher hab ick ja selber so jeredet: ‚Wer arbeiten will, der findet ooch Arbeit'. Entschuldigen Sie, ditick Sie hier so überfalle, aber ick bin echt am Ende."

„Wo haben Sie denn gearbeitet?"

„Ick war bei ner kleenen Firma inner Eventbranche anjestellt. Der Mann für allet. Ein guter Job, gutes Team. Aber wir konnten nicht mehr mithalten. Die Konkurrenz war immer noch billiger. Ick weeß nich, wie die det jemacht haben mit den Dumpingpreisen. Die müssen ihre Leute doch ooch bezahlen. Naja, die letzten fünf Jahre sind wir gerade so über die Runden gekommen und dieses Jahr hat der Chef dann endgültig uffjejeben."

„So wie ich Sie verstanden habe, haben Sie Angst, Ihr Haus zu verlieren?"

„Vor acht Jahren haben meene Frau und ick die Doppelhaushälfte jekooft, uff Pump natürlich, immer allet pünktlich jezahlt. Na, und heute krieg ick diesen Brief von der Bank, da steht, wenn ick die Raten nich zahle, kündigen se mir den Kreditvertrag. Na, und wat dit bedeutet, kann ick mir ja ausmalen. Da seh ick uns uff der Straße. So weit, dit ick bei Ihnen anrufen muss, bin ick schon jekommen. Viel tiefer kann man ja wohl nicht sinken."

„Ist es denn schlimm, wenn Sie andere um Hilfe fragen müssen?"

„Bisher hab ick mein Leben jedenfalls immer selber in Griff bekommen und ich dachte, dasset ooch so bleibt. So kann man sich täuschen."

Herr Burkhardts Geschichte

Herr Burkhardt lebt mit seiner Frau und seinen beiden Kindern, sieben und zehn Jahre alt, in einem kreditfinanzierten Haus am Rande Berlins, das zu zwei Dritteln abbezahlt ist. Seit zwei Monaten hat Herr Burkhardt die Raten nicht mehr bezahlt. Zuerst erhielt er eine Mahnung von der Bank und nun die Androhung, der Kreditvertrag werde gekündigt. Die Familie lebt zurzeit von seinem Arbeitslosengeld und vom Einkommen seiner Frau, die halbtags in einer Sozialstation als Altenpflegerin beschäftigt ist. Mit dem Kindergeld reicht dies gerade, um den Familienunterhalt zu sichern. Herr Burkhardt hatte in den letzten sechs Monaten vor der betriebsbedingten Kündigung die Arbeitsstundenzahl und damit auch das Gehalt reduziert, um seinen Beitrag zum Überleben der Firma zu leisten – ohne Erfolg. Es wurde ein Insolvenzverfahren eröffnet. Jetzt bezieht er nur ein geringes Arbeitslosengeld, weil das Gehalt der vergangenen zwölf Monate als Berechnungsgrundlage herangezogen wird.

Da Herr Burkhardt sich für seine Arbeitslosigkeit schämt, hat er bisher nur seiner Frau davon erzählt und noch keinerlei Rechts- oder Schuldnerberatung eingeholt. Er hatte zwar schriftliche Bewerbungen verfasst, damit jetzt aber aufgehört, weil er die fehlenden Antworten und die Absagen als persönliche Ablehnung empfindet und deshalb schwer verkraften kann. Da seine Arbeit immer einen hohen Stellenwert in seinem Leben hatte und er sich mit seinem Betrieb und seiner Rolle als erfahrenes Multitalent für technische, logistische und handwerkliche Aufgaben stark identifiziert hatte, erlebt er den Arbeitsplatzverlust auch als Identitätskrise.

Er streitet sich nun auch häufig mit seiner Frau, weil er seine schlechte Laune in die Familie hineinträgt. Zudem verbringen die beiden viel gemeinsame Zeit zu Hause, wodurch jahrelang erprobte Routinen durcheinandergeraten. Ein weiterer Konflikt entsteht, als Frau Burkhardt überlegt, in der Sozialstation Vollzeit zu arbeiten, um das Familieneinkommen zu erhöhen. Herr Burkhardt interpretiert ihren Vorschlag so, dass seine Frau die Hoffnung aufgegeben hat, dass er wieder eine Arbeit findet. Außerdem kann er es nicht mit seinem Selbstbild vereinbaren, dass seine Frau Hauptverdienerin sein würde: „Ich bin doch der Versorger!" Seine größten Ängste richten sich darauf, was Freunde, Bekannte und Familienmitglieder sagen werden. Frau Burkhardt ärgert sich über diese Haltung, fürchtet aber auch, dass die Familie das Haus verlieren könnte. Beide haben Katastrophenfantasien, die darum kreisen, dass die ganze Familie innerhalb kürzester Zeit obdachlos wird.

Reflexion der Beraterin

Während des Gespräches spüre ich Mitgefühl für Herrn Burkhardt. Er ist in eine schwierige Situation geraten, in der seine bisherigen Problembewältigungsstrategien nicht mehr greifen. Probleme hatte er immer durch aktives Anpacken gelöst und die Arbeit war ein wesentlicher Lebensinhalt von ihm. Im Moment erlebt er sich nun als hilflos, da er meint, seine Situation nicht kontrollieren oder beeinflussen zu können, ihm bleibe nur noch das Abwarten. Ich vermute, dass seine Fantasien übertrieben sind, auch wenn man die existentielle Bedrohung natürlich ernst nehmen muss. Im weiteren Verlauf des Gespräches werde ich deshalb mit ihm nach Möglichkeiten suchen, wie er aktiver mit seiner Situation umgehen und Informationen einholen kann. Das Ehepaar Burkhardt braucht ein realistisches Bild der möglichen Folgen und wie die beiden konkret den Schaden begrenzen und abwenden können. Dazu gehören Informationen über die Konsequenzen nicht bezahlter Raten und über Möglichkeiten, den Kreditvertrag zu modifizieren oder Alternativen für die Tilgung zu finden.

Außerdem möchte ich Herrn Burkhardts Weigerung thematisieren, sich Hilfe von anderen zu holen. Um seine Scham und Isolation aufzulösen und soziale Unterstützung zu erhalten, müssten die Eltern und Schwiegereltern eingeweiht werden. Ich werde ihn auch fragen, wer im näheren Umfeld finanzielle Unterstützung leisten könnte.

Eine weitere Quelle innerer Konflikte ist sein Selbstbild als alleiniger Versorger der Familie. Ich vermute, dass das starre Festhalten an dieser Versorgerrolle seine Ängste verschärft. Ich werde ihn fragen, welche Vorteile das Ausprobieren neuer Rollenverteilungen für alle in der Familie haben könnte.

Die Intervention

„Herr Burkhardt, warum sind Sie denn noch nicht zur Bank gegangen und haben sich über Ihre Möglichkeiten informiert, mit der finanziellen Situation umzugehen? Sie sind doch sonst ein Mann der Tat."

„Herrgott, dann sitzt da so'n eingebildeter Schlipsträger und hält mir nen Vortrag, und der weeß dabei jenau, dass ick keene Arbeit hab. Der denkt doch, ick bin dit Letzte. Dit tu ick mir nich an."

„Die Leute bei der Bank haben doch täglich mit diesen Themen zu tun. Sie sind ja nicht der Einzige in einer schwierigen Situation. Die haben gar keine Zeit, sich über Sie persönlich Gedanken zu machen. Und vielleicht können Sie ja zusammen mit Ihrer Frau zur Bank gehen, damit Sie da nicht allein sitzen."

„Nee nee, lassen Se mal meene Frau aus'm Spiel, wenn, dann jeh ick alleene."

„Ja, ich glaube auch, dass Sie das allein gut schaffen. Es ist ja wichtig, dass Sie erfahren, was Sie tun können, um Schaden von sich und Ihrer Familie abzuwenden."

Jetzt spricht Herr Burkhardt lauter.

„Für meene Familie tu ick allet. Sie glauben, da kann man noch wat machen?"

„Ich bin mir sicher, dass es Möglichkeiten gibt, die Sie noch nicht kennen. Ich rate Ihnen, zuerst zur Bank zu gehen und anschließend zur Schuldnerberatung. Da gibt es Mitarbeiter, die viel Erfahrung mit Notlagen wie Ihrer haben. Aber denken wir auch ruhig mal an den schlimmsten Fall: Selbst wenn Sie Ihr Haus verlieren, werden Sie nicht auf der Straße landen. Sie könnten sich zum Beispiel privat Geld für das Nötigste und den Umzug leihen, sich eine Wohnung suchen und Wohngeld beantragen. Das Einzige, was wirklich nicht hilft ist, wenn Sie zu Hause zu sitzen und sich zusammen vorzustellen, was Schlimmes passieren könnte. Da bekommen Sie bloß immer noch mehr Angst. An Ihrer Situation können Sie etwas ändern, wenn Sie jetzt handeln."

„Also dit mit der Wohnung kann ick nich akzeptieren, aber vielleicht ham Se ja recht und es lässt sich noch wat anderet ausrichten. Glauben Se nich, dit ick faul bin oder mich drücken will, ick weeß nur einfach nich mehr, in welche Richtung ick loofen soll."

„Ich glaube keineswegs, dass Sie faul sind. Und eine grobe Richtung haben wir ja schon herausgearbeitet."

„Wo muss ick denn jetzt hin, zu so ner Schuldnerberatung, und was passiert da?"

Ich erkläre Herrn Burkhardt, wie eine Schuldnerberatung arbeitet und gebe ihm die entsprechende Adresse und Telefonnummer in der Nähe. Herr Burkhardt wirkt insgesamt erleichtert auf mich. Ich frage ihn nach seinem Befinden.

„Herr Burkhardt, wir haben jetzt ungefähr 20 Minuten miteinander gesprochen, wie stehen Sie jetzt dazu, dass Sie hier angerufen haben? Sie sagten ja am Anfang, dass man kaum tiefer fallen kann, wenn man bei so was wie uns anruft."

„Ach wissen Se, so schlimm isset nu nich. Sie haben ja nischt mit der Sache zu tun, und dass wir dit am Telefon abhandeln können, macht es einfacher."

„Ja, das freut mich. Vielleicht können Sie jetzt auch andere Familienmitglieder in Ihre Situation einweihen, nachdem Sie hier ganz gute Erfahrung gemacht haben. Schließlich hat es Ihnen gut getan, über Ihre Schwierigkeiten zu sprechen."

„Nee, mit Ihnen ist dit wat anderet. Wir sehen uns nich wieder und Sie kennen mich nich. In der Familie wird dann jelästert und alle zeigen mit dem Finger auf mich."

„Ist es für Sie denn gar nicht denkbar, dass Sie von Ihrer Familie auch Unterstützung erhalten könnten?"

„Jeld haben die alle selber nich."

„Geld ist ja nur eine Form der Unterstützung. Es könnte ja auch eine gefühlsmäßige Entlastung sein, wenn Sie mit anderen Menschen über die Situation sprechen könnten. Für Sie und Ihre Frau."

„Dit sacht meene Frau ooch immer, aber ick weeß nich, wat dit Jequatsche bringen soll. Dit ändert ja nischt an der Situation."

„Manchmal kommen andere auf neue Ideen oder man entwickelt zusammen einen Plan, wie jetzt in unserem Gespräch. Außerdem stelle ich es mir sehr anstrengend vor, wenn Sie alles verheimlichen müssen. Sie brauchen doch Ihre Kraft im Moment wirklich für andere Dinge."

„Da ham Se recht."

Er schweigt, es scheint ein nachdenkliches Schweigen zu sein. Plötzlich spricht er sehr schnell weiter.

„Erstmal geh ick die Sache mit der Bank an, und dann werden wir weitersehen."

„Das klingt gut", sage ich. „Und jetzt habe ich noch eine letzte Frage. Was ist denn eigentlich so schlimm daran, wenn Ihre Frau eine Zeit lang ganztags arbeiten geht? Das könnte Ihre angespannte Finanzsituation doch entlasten."

„Nee, also da hört bei mir wirklich jede Diskussion uff. Ick schick meene Frau nich den janzen Tag in diesen Ausbeuterladen schuften für die paar Euro mehr, während ick mir als Hausmann nen Lauen mache."

„Ihre Frau würde das sicher nicht gerne hören, wenn Sie ihre Arbeit zu Hause mit Haushalt und Kindern als ‚nen Lauen machen' bezeichnen. Aber gut, ich habe verstanden, dass das für Sie nicht in Frage kommt."

Herr Burkhardt murmelt etwas Unverständliches, und ich insistiere nicht. Ich hoffe, dass er nach unserem Telefonat weiter über mein Argument nachdenkt, da er grundsätzlich durchweg offen für meine Vorschläge wirkt.

Das Gespräch kommt zum Ende. Herr Burkhardt wirkt auf mich deutlich entlastet und erzählt mir einen Witz, über den wir beide herzlich lachen. Danach deutet er an, dass er die zusätzliche Zeit mit seinen Kindern zu Hause doch genießt und stolz auf seine tapfere Frau ist. Ich biete ihm beim Verabschieden an, dass er jederzeit wieder anrufen kann. Er sagt zwar, dass er hofft, ein solches Gespräch nicht noch einmal zu brauchen, betont aber gleichzeitig, dass er froh ist, angerufen zu haben.

3.2 Interventionsprinzip ‚Coping'

Krise und Krisenbewältigung sind für uns als professionell Helfende ein Begriffspaar, das wir immer zusammen denken. Bewältigung – oder der in der Literatur gängigere Begriff „Coping" – spielt eine elementare Rolle im Krisengeschehen, sowohl bei der Entstehung einer Krise als auch beim Prozess der Überwindung einer Krise. Wir analysieren in der Krisenberatung bisherige Bewältigungsstrategien und unterstützen die Ratsuchenden dabei, auf bereits bestehende, in der Vergangenheit erfolgreiche Strategien, wieder zugreifen zu können oder sie möglicherweise zu modifizieren.

Wir halten es dagegen im Rahmen von Krisenintervention für eine Überforderung für Klient:innen, völlig neue Bewältigungsstrategien zu lernen. Unser weitestes Ziel in der Beratung ist es, gewohnheitsmäßige Muster kritisch zu beleuchten und eventuell andere Bewertungen der Situation anzubieten. Ansonsten gehen wir davon aus, dass Klient:innen Ressourcen und Bewältigungsstrategien zur Verfügung haben, um mit ihren Belastungen – mit Unterstützung – fertigzuwerden. So können wir im Fallbeispiel sehen, dass die Beraterin Herrn Burkhardts habituelles Bewältigungsmuster, nämlich die Probleme auf einer Handlungsebene zu lösen, genutzt hat, um ihn auch in der aktuellen Situation zu mehr Aktivität zu motivieren.

Konkret können wir das Bewältigungsverhalten und die Ressourcen mit den Klient:innen analysieren, indem wir uns in der aktuellen Situation genau schildern lassen, mithilfe folgender Fragen:

– Welche Versuche haben die Klient:innen unternommen, um mit der Situation umzugehen, was kommt für sie nicht infrage?

- Wie haben sie auf frühere Belastungen reagiert, welche Strategien waren erfolgreich und welche nicht?
- Welche Gedanken, Gefühle und körperlichen Symptome sind mit der Krise verbunden? – Mit dieser Frage erhalten wir Hinweise auf die innerpsychischen Bewältigungsstrategien und körperlichen Reaktionen.
- Wie reagieren die Klient:innen auf bestimmte Interventionen ? – Wir gehen dabei davon aus, dass auch in der Interaktion zwischen Berater:in und Klient:in ein Verhalten deutlich wird, welches die Klient:innen auch außerhalb der Beratungssituation anwenden.
- Warum nutzen die Klient:innen bestimmte Ressourcen und Bewältigungsstrategien nicht? Wie kann man diese Hindernisse beseitigen?
- Was ist den Klient:innen und ihrem sozialen Umfeld möglich?
- Wie kann ein gelingendes Coping gemeinsam mit weiteren Personen, ein sogenanntes dyadisches Coping, aussehen und wie ist das eventuell in einem gemeinsamen Krisengespräch umsetzbar?

Auf diese Analyse folgt in der Regel die Modifikation von Bewältigungsverhalten. Wenn wir mit den Klient:innen gemeinsam analysiert haben, wie sie normalerweise mit Belastungen umgehen und was davon in der aktuellen Situation hilfreich ist oder nicht, unterstützen wir die Klient:innen darin, ihre Strategien zur Bewältigung der Krise einzusetzen.

Definition „Coping“

Wir sehen uns nun eine Definition von Coping, also Bewältigung, und den Bezug zum Thema „Krise“ und „Stress“ an. Wie auch alles Weitere zu diesem Interventionsprinzip kann Ihnen das helfen, in Ihrer Praxis möglichst genau und mit neuen Ideen darauf zu achten, wie Sie das Coping fördern und verbessern können.

Coping bedeutet das Bemühen, bereits bestehende oder zu erwartende *Belastungen innerpsychisch*, also emotional und kognitiv, oder durch *zielgerichtetes Handeln* auszugleichen (Heim 2000). Fehlen Handlungsmöglichkeiten und/oder innerpsychische adäquate Verarbeitungsformen, entsteht Hilflosigkeit und Orientierungslosigkeit. Eine Krise ist dann die mögliche Folge.

Stressmodelle – Wie entstehen Stress oder Belastungen?

Das Konzept Krise hat keinen Eingang in die internationale Klassifikation von Störungen gefunden, wird also nicht als psychische Störung klassifiziert. Hingegen spricht man im ICD 10 (International Statistical Classification of Diseases and Related Health Problems in der 10. Revision) von stressbedingten Störungen. Es werden dabei je nach zeitlicher Dauer und Symptombelastung drei unterschiedliche Belastungsstörungen klassifiziert: Die akute Belastungsstörung, posttraumatische Belastungsreaktionen und die Anpassungsstörung. Der SCI (Stress- und Coping-Inventar) (Satow 2012) unterscheidet bei der akuten Stressbelastung Stress durch Unsicherheit, durch Überforderung, durch Verlust und tatsächlich eingetretene negative Ereignisse sowie einen Gesamtstress hervorgerufen durch Unsicherheit, Bedrohung, Überforderung oder Verlust in wichtigen Lebensbereichen. Bei Herrn Burkhardt ist durch ein eingetretenes negatives Ereignis (Arbeitslosigkeit und damit Überschuldung) erheblicher Stress entstanden.

Um zu verstehen, wie akute Stressbelastungen bewältigt werden können, hilft es, sich zuerst einmal anzusehen, welche Stressmodelle vorzufinden sind in der Literatur.

Man unterscheidet in der Literatur verschiedene Stressmodelle (Busse u. a. 2006, S. 2): Biologische Modelle legen den Fokus vor allem auf körperliche Reaktionen, soziologische haben eine Reizzentrierung und heben chronischen Stress wie z. B. durch Armut und kritische Lebensereignisse hervor. Zu den psychologischen Stressmodellen gehört das Transaktionale Modell mit dem Fokus auf subjektive Wahrnehmungen, während die ressourcenfokussierten Stressmodelleden tatsächlichen oder vorweg genommenen Ressourcenverlust thematisieren. Darüber hinaus gib es noch arbeitsbezogene Stressmodelle, die Anforderungen in der Arbeitswelt und fehlende Kontrolle über diese fokussieren, und biopsychosoziale Modelle, die das Zusammenwirken von Körper, Psyche und Umwelt beachten.

Sie sehen, es gibt viele verschiedene Modelle und wir setzen im Folgenden den Schwerpunkt bei Ansätzen, die konkrete Unterstützungsmöglichkeiten für Ihre Kriseninterventionspraxis nahelegen.

In dem nach wie vor aktuellen transaktionalen Stress-Coping-Modell von Lazarus (Lazarus/Folkman1984) etwa kommen Stress und Coping zusammen. Das Modell spielt seit über 40 Jahren eine wichtige Rolle im Denken über Krisenbewältigung. Es sieht Stresssituationen als komplexe Wechselwirkungsprozesse zwischen den eingeschätzten Anforderungen der Situation und der handelnden Person.

Zentral sind hier zwei Aspekte der Bewertung durch die Person: Die primäre Bewertung bezieht sich auf die Situation: Wird sie positiv, gefährlich oder irrelevant eingeschätzt? Die Person kann sie als Herausforderung, Bedrohung, Verlust oder als unwichtig einschätzen. Die sekundäre Bewertung richtet sich auf die verfügbaren Ressourcen und auf die Frage, wieweit diese zur Bewältigung der Situation ausreichen.

Die Stressbewältigungsanstrengungen, also das Coping, kann dann entweder problemorientiert sein, dann wird die Person sich darauf ausrichten, die Situation zu verändern. Sie kann aber auch emotionsorientiert sein, dann wird der innere Bezug zur Situation verändert.

Erfolg oder Misserfolg der Coping-Bemühungen steuern weitere Bewältigungsanstrengungen bzw. münden möglicherweise auch in Resignation.

Coping-Inventare

Auch Coping-Inventare helfen dabei, das Coping der Person zu analysieren und einzuschätzen, um daraus Handlungsmöglichkeiten abzuleiten. Carver, Scheier und Weintraub (1989, 2022) haben schon sehr früh ein multidimensionales Coping Inventory entwickelt, die sogenannte COPE-Scale, auf das sich viele in diesem Bereich Forschende beziehen. Sie beschreiben 14 Skalen wie positive Neuinterpretation und Wachstum, geistige Loslösung, Fokus auf und Ablassen von Emotionen, Inanspruchnahme instrumenteller sozialer Unterstützung, aktive Bewältigung, Verleugnung, religiöse Bewältigung, Humor, Verhaltensrückzug, Zurückhaltung, Nutzung sozialer Unterstützung, Substanzgebrauch, Akzeptanz, Unterdrückung konkurrierender Aktivitäten (Carver 2022). Diese kann man unter folgenden drei Dimensionen zusammenfassen (siehe auch Carver 1989, S. 272):

- Aktive Auseinandersetzung mit den Stressoren vs. Disengagement als Umgehen eines Problems,
- reaktives Coping während oder nach dem Stressreiz vs. proaktives Coping – die Vorbereitung auf potenziellen Stress,
- problemfokussiert vs. emotionsfokussiert.

Bei Herrn Burckhardt und seiner Frau können wir einige Bewältigungsstrategien in Bezug auf die obige Skala erkennen:

Herr Burkhardt und seine Frau blendeten anfangs die Möglichkeiten aus, sich bei einer Schuldnerberatung oder bei ihrer Bank über die Konsequenzen fehlender Ratenzahlungen zu informieren und dadurch die Situation eventuell positiv zu beeinflussen (Verhaltensrückzug).

Dann relativierte Herr Burkhard seine Situation während unseres Gespräches und bewertete sie weniger existenziell gefährdend, weil er neue Bewältigungsstrategien entdeckt hatte (positive Neuinterpretation, aktive Bewältigung, Nutzung sozialer Unterstützung allein durch die Inanspruchnahme der Krisenberatung, Humor).

Perrez und Reicherts (1992) schlagen in Bodenmann u. a. (2009) drei Bewältigungsformen vor:

- *Situationsbezogene Coping-Handlungen:* Sie zielen auf eine Beeinflussung der Situation oder Elementen davon – in aktiver oder passiver Weise –, z. B. assertives, also durchsetzungsfähiges Verhalten; aktive Einflussnahme; Evasion, also eine Ausweichreaktion oder auch Passivität.
- *Repräsentationsbezogene Coping-Handlungen:* Sie sollen die subjektive Repräsentation objektiver Situationselemente verändern, z. B. durch Informationssuche – wie wir sie bei Herrn Burkhardt angeregt haben –, Informationsunterdrückung, Verleugnung, Ignorieren oder Ausblenden. Herr Burkhardt und seine Frau blendeten anfangs die Möglichkeiten aus, sich bei einer Schuldnerberatung oder bei ihrer Bank über die Konsequenzen zu informieren und dadurch die Situation positiv zu beeinflussen,
- *Bewertungsbezogene Coping-Handlungen:* Sie streben an, die aktuellen Zielstrukturen und Bewertungsmaßstäbe zu verändern, z. B. durch Umbewertung, Akzeptieren oder Gefühlsberuhigung. Herr Burkhardt relativierte seine Situation während unseres Gespräches und bewertete sie weniger existenziell gefährdend, weil er neue Bewältigungsstrategien entdeckt hatte.

Das oben schon erwähnte SCI (Stress- und Coping-Inventar von Satow) (2012) schlägt hingegen nur wenige Stressbewältigungsformen vor: (1) Positives Denken, (2) Aktive Stressbewältigung, (3) Soziale Unterstützung, (4) Halt im Glauben, (5) Erhöhter Alkohol- und Zigarettenkonsum.

Dyadisches bzw. familiäres Coping

In unserem Lernfall versucht Herr Burckhardt zunächst alleine das Problem zu lösen, da er der Meinung ist, dass es sein Problem ist und einzig er die Verantwortung trägt. Dann bietet ihm seine Frau eine Lösung an, indem sie vorschlägt, in Vollzeit zu arbeiten und dadurch das Familieneinkommen zu erhöhen. Dieses sogenannte dyadische Coping, also das Coping zu zweit, lehnt er ab. Dann sucht er aber soziale Unterstützung, hier in Form einer Krisenberatung.

In Partnerschaften und Familien wird häufig ein interaktionelles Coping praktiziert, bei dem mindestens zwei Personen mitwirken. In dem Kaskadenmodell des Stress-Coping-Prozesses nach Bodenmann (1997) in Buchwald (2004, S. 31) geht man davon aus, dass bei zunehmendem Stress sequenziell unterschiedliche Coping-Ressourcen genutzt werden: Zunächst versucht die Person, das Stressereignis individuell zu lösen, dann dyadisch bzw. im gesamten Familiensystem, und schließlich sucht sie soziale Unterstützung durch externe Personen bei anhaltendem Stress. Dyadisches als gemeinsam durchgeführtes Coping setzt ein Wir-Gefühl voraus sowie ein gemeinsames Ziel (Buchwald 2004). Man kann dabei unterscheiden zwischen supportivem dyadischen Coping – eine Person unterstützt die andere – und delegiertem dyadischen Coping – eine Person nimmt der anderen Bewältigungsaufgaben ab.

Im Fall von Herrn Burkhardt ist das Kaskadenmodell als zutreffend anzusehen: Der Versuch einer individuellen Lösung und sein Scheitern dabei. Im nächsten Schritt wird das Lösungsangebot seiner Frau zurückgewiesen. Dann Wendung nach außen mit Inanspruchnahme der Kriseneinrichtung. Dadurch eröffnet sich die Möglichkeit eines aktiven Coping.

3.3 Literaturexkurs zu Arbeitslosigkeit und Überschuldung

Arbeitslosigkeit als Belastung

Viele Menschen erleben Arbeitslosigkeit als psychische, soziale und gesundheitliche Belastung, die vor allem am Beginn – insbesondere bei überraschend eingetretener Arbeitslosigkeit wie bei Herrn Burkhardt – eine Krise auslösen kann. Aber auch zu späteren Zeitpunkten kann sie eine Krise bedingen, etwa wenn sich die Hoffnung auf Wiedereinstellung endgültig zerschlägt, wenn die Alltagsgestaltung nicht mehr gelingt, soziale Unterstützung ausbleibt und weitere gravierende Probleme hinzukommen. Allerdings variiert das Belastungserleben stark. Schon die Formen der Arbeitslosigkeit und die unterschiedlichen Hoffnungen auf Wiedereinstellung schaffen Unterschiede. So werden Arbeitslose ihre Situation unterschiedlich bewerten, je nachdem, ob sie zum ersten Mal auf der Suche nach einer Arbeit sind, gerade erwerbslos oder ohne gute Chancen auf Wiederbeschäftigung sind, oder ob sie langzeitarbeitslos sind oder gar nicht erst versuchen, in der Arbeitswelt Fuß zu fassen.

Dass insbesondere Langzeitarbeitslosigkeit sehr belastend ist, zeigt die historisch bedeutsame Untersuchung zur Massenarbeitslosigkeit in dem österreichischen Dorf Marienthal, nachdem Anfang der 1930er Jahre die einzige Fabrik in dem Dorf stillgelegt wurde (Jahoda, Lazarsfeld und Zeisel 1933). Die Autoren kommen zu dem Schluss, dass die Arbeitslosigkeit zu Mutlosigkeit und Hilflosigkeit führte und deshalb eine aktive Herangehensweise an Probleme reduzierte. Das ist uns auch im Fallbeispiel bei Herrn Burkhardt begegnet. Das Nichtstun beherrschte den Tag, insbesondere unter den Männern. Armut war stark verbreitet (Oschmianski 2020).

Entstehung und Folgen von Arbeitslosigkeit

Wir halten es für wichtig, die gesellschaftlichen Ursachen von Arbeitslosigkeit und Überschuldung bei einer Krisenberatung immer mitzubedenken und zu thematisieren, denn gerade die Betroffenen fühlen sich allzu oft selbst schuld an der Situation, und das verstellt oft den Blick auf geeignete Coping-Strategien. Weiter unten im Abschnitt „Schuldner- und Insolvenzberatungsstellen" gehen wir noch speziell auf die Definition und Interventionsmöglichkeiten bei Überschuldung ein.

Ein großer Teil der heute bestehenden Arbeitslosigkeit wird mit strukturellen Ursachen erklärt, begründet im Wandel der Arbeitswelt von einer Industriegesellschaft zu einer Informationsgesellschaft, verbunden mit einer zunehmenden Digitalisierung der Arbeitswelt (Oschmiansky 2020). Dies ist für die Arbeitssuchenden oft mit erheblichen Weiterbildungsanforderungen verbunden. Weitere Gründe sind: qualifikationsspezifische organisatorische Maßnahmen und eine Verschiebung hin zu einer internationalen Arbeitsteilung im Zuge der Globalisierung. (Mohr u. a. 2008).

Individuelle Folgen der Arbeitslosigkeit, insbesondere der Langzeitarbeitslosigkeit, bestehen nicht nur in psychosozialen und gesundheitlichen Problemen, sondern umfassen möglicherweise auch eine Entqualifizierung, also eine Entwertung der bisher erlangten Qualifizierung.

Ein Thema, das nicht nur bei Herrn Burkhardt eng mit Arbeitslosigkeit verwoben ist, sind Schulden. Schulden zu machen und Kredite aufzunehmen, ist – wirtschaftlich gesehen – ein normales Verhalten. Jedoch sollten diese bezahlbar bleiben. Häufig summieren sich zum Beispiel Konsumschulden und führen in eine Überschuldung, weil jemand im Laufe der Zeit mehrere solcher Kredite aufnimmt und damit seine finanziellen Möglichkeiten übersteigt. Im Jahr 2020 bestand eine Schuldnerquote von etwa 9,87 %. Damit waren rund 6,85 Millionen Bundesbürger über 18 Jahre verschuldet und wiesen nachhaltige Zahlungsstörungen auf (statista 2020).

Schulden hängen eng mit Armut zusammen und auch hier verweisen die aktuellen Zahlen auf die prekäre Situation für viele Menschen in Deutschland. Nach dem Armutsbericht des Paritätischen Wohlfahrtsverband (2018/2019) steigt die Quote der relativ Armen seit Jahren. 2018 betrug sie 15,5 % oder rund 13 Millionen Menschen. Hier kann man unterscheiden zwischen der absoluten Armut, bei der jemand die Grundbedürfnisse in Bezug auf Nahrung und Trinken, Schlaf und Wärme sowie Unterkunft, Gesundheit und soziale Beziehungen nicht mehr befriedigen kann, und der relativen Armut, bei der man sich das nicht leisten kann, was für die meisten anderen, mit denen man sich vergleicht, normal ist.

Bei Kindern gilt, dass sie von der relativen Armut besonders betroffen sind, und je jünger sie sind, desto höher ist bei ihnen das Armutsrisiko. Armut kann man als eine Belastung verstehen, die den Alltag der Familie massiv beeinflusst und die Entwicklungschancen der Kinder beeinträchtigt (Lutz 2010).

Die Hauptursache für Armut sind Einkommensrückgänge, verursacht durch Arbeitslosigkeit, Kurzarbeit, Wegfall des Verdienstes des Ehepartners, sowie finanzielle Mehrbelastungen, etwa durch Mieterhöhung, Geburt eines Kindes oder Unterhaltszahlungen wie auch durch Arbeit in Niedriglohnsektoren als sogenannte ‚poor worker'.

Gesundheitliche und psychosoziale Folgen

Gut durch zahlreiche Studien ist nachgewiesen, dass gesundheitliche Probleme eine Folge von Arbeitslosigkeit sind. Daraus resultiert die Kausalitätshypothese. Die Selektionshypothese besagt, dass Arbeitslosigkeit andererseits durch gesundheitliche Probleme verursacht sein kann und damit die Aussichten auf eine erneute Berufstätigkeit beeinträchtigt. So gibt etwa jeder dritte langzeitarbeitslose Mann an, dass gesundheitliche Probleme mit der Arbeitslosigkeit verbunden sind (Kroll u. a. 2015).

Arbeitslosigkeit kann auch zu psychischen Beeinträchtigungen führen, die es den Betroffenen erschweren, wieder in Arbeit zu kommen (Belwe 2009), so unter anderem Resignation, Rückzug, vermindertes Selbstwertgefühl, vermehrte Inanspruchnahme von Gesundheitsdienstleistungen, Familien- und Partnerschaftskonflikte, soziale Isolation, Schlafstörungen, depressive Störungen, Angsterkrankungen, Suchtmittelkonsum und suizidale Handlungen führen (Weber u. a. 2007). In vielen Studien wird das Risiko an Depression zu erkranken als Folge der Arbeitslosigkeit thematisiert, oder auch eine Alkohol- und Substanzabhängigkeit (Brenner 2006). Allerdings zeigt eine empirische Studie von Brinckmann (1984) auch partiell positive Erfahrungen mit der Arbeitslosigkeit oder eine positive Zeitverwendung. Diese positiven Aspekte schließen erhebliche subjektive Beeinträchtigungen der persönlichen Identität und Belastungen in sozialen Beziehungen jedoch nicht aus.

Und wie sieht es mit den Folgen bei Familien speziell in Armut aus? Sie verfügen über zunehmend weniger Energie für die Gestaltung ihres Alltags. Lutz (2020) nennt es „Familiale Erschöpfung"; beherrscht zunehmend den Alltag der Familien und vermindert die Möglichkeiten gesellschaftlicher Teilhabe. Diese Familien leiden auch unter sozialer Stigmatisierung und Vorurteilen.

Resignative und konstruktive Anpassung

Es gibt ganz unterschiedliche Verläufe von Arbeitslosigkeit. Jackson (1990) spricht von einer resignativen und einer konstruktiven Adaptation, also Anpassung an die Situation. In einer Krisenberatung können Sie darauf achten, was vorherrscht und dem entsprechend intervenieren. Die resignative Adaptation ist dadurch gekennzeichnet, dass der oder die Arbeitslose Einschränkungen akzeptiert und sich die Hoffnungen verringern. Die Person engagiert sich immer weniger aktiv für die Familie und die soziale Gemeinschaft und wird weniger von den Familienmitgliedern und vom sozialen Umfeld gefordert. Die konstruktive Adaptation beinhaltet den Versuch, Berufstätigkeit durch alternative Tätigkeiten zu ersetzen. Wesentlich für eine konstruktive Adaption ist die soziale Unterstützung der Familie und des sozialen Netzes und ihre Bereitschaft, sich bei anhaltender Arbeitslosigkeit neu zu orientieren. Dabei ist zu bedenken, dass die Familie sowohl Ort der Unterstützung, zugleich aber selbst Opfer der Arbeitslosigkeit ist.

Schuldner- und Insolvenzberatungsstellen

Von Überschuldung spricht man, wenn eine Person oder eine Familie aus den laufenden Einkünften den Zahlungsverpflichtungen nicht mehr vollständig nachkommen kann, selbst bei Einschränkung der Lebenshaltung. Überschuldung kann zu tiefgreifenden wirtschaftlichen und psychosozialen Destabilisierungen führen. Hier ist in der Regel fremde Hilfe gefordert. (Bericht der Senatsverwaltung für Gesundheit, Soziales und Verbraucherschutz, Berlin 2002).

Schuldner- und Insolvenzberatungsstellen bieten hier einen Weg aus der Überschuldung und damit der krisenhaften Situation. Es gibt sie als kostenlose Angebote in freier oder staatlicher Trägerschaft. Es gibt integrierte und spezialisierte Schuldnerberatungsstellen. Integrierte Hilfen umfassen neben der Schuldner- und Insolvenzberatung auch Sozial- und Rechtsberatung. Auch gibt es Online-Beratung in Form von E-Mail-Beratung oder Chats wie auch Broschüren als Wegweiser durch ein Insolvenzverfahren. Sie sollten Betroffene immer auf diese Beratungsmöglichkeiten hinweisen, denn allzu häufig haben diejenigen keine Vorstellung davon, dass es – und wie umfassende – Entlastungsmöglichkeiten gibt.

Eine Schuldnerberatung beginnt mit der Darstellung der Probleme und Ursachen aus Sicht der Ratsuchenden. Der Aufbau einer Vertrauensbeziehung ist auch hier zentral. Die Ergreifung von Schuldnerschutzmaßnahmen sind auch Teil des Erstgespräches. Sie betreffen Räumungsklagen, Pfändung unterhalb des Sozialhilfebedarfs, Sicherstellung der Energieversorgung und vieles mehr. In den Folgeterminen geht es um eine wirtschaftliche Bestandsaufnahme. Die Erstellung einer Schuldnerbiografie kann helfen, einen Überblick zu schaffen und zur Reflexion einladen. Die Aufstellung eines Haushaltsplanes und die Kontaktaufnahme mit den Gläubigern folgt dann meist im nächsten Schritt. Besteht eine Zahlungsunfähigkeit, so kann ein Verbraucherinsolvenzverfahren eröffnet werden, das der oder die Schuldner:in schon bei drohender Zahlungsunfähigkeit einleiten kann, der oder die Gläubiger:in dagegen erst nach Zahlungsverzug. Vorher muss die Person einen außergerichtlichen Schuldenbereinigungsplan erstellen. Seit 2020 erlaubt die Insolvenzordnung, dass Schuldner:innen nach einer dreijährigen Verfahrensdauer von ihren Restverbindlichkeiten befreit werden können. Davor musste unter Umständen jemand lebenslang für seine Schulden einstehen.

Krisenintervention

Über die vorgestellten Interventionen im Interventionsprinzip Coping hinaus haben wir Hinweise in der Literatur gefunden, die Sie auf die Krisenintervention bei Arbeitslosigkeit und Überschuldung anwenden können. Die jeweilige Situation der Klient:innen kann sehr unterschiedlich sein, auch in ihren Bedeutungen für die Person. Diese vielfältigen Aspekte, die wir in unseren Hinweisen zur aktuellen wissenschaftlichen Literatur dargestellt haben, sind wichtig zu erfassen und gemeinsam mit den Betroffenen zu reflektieren. Darüber hinaus haben wir spezifische Anregungen für die Krisenintervention zusammengetragen, die in der Literatur thematisiert werden:

So ist etwa der schockierte Arbeitslose (Dross 2001), der gerade entlassen wurde, möglicherweise noch fassungslos und gekränkt. Hier steht dann die emotionale Entlastung im Vordergrund, aber auch die Frage nach der Veröffentlichungsbereitschaft, zum Beispiel in der Familie oder dem Freundeskreis. Sie können zum Gespräch mit dem Partner, der Partnerin und Freund:innen motivieren, und dafür auch herausfinden, was dem entgegensteht. Bei Herrn Burkhardt war es die Scham und seine starre Rollenvorstellung als Versorger der Familie, die ihn erst von einer Veröffentlichung abhielt. Ebenso können auch bei schockierten Arbeitslosen erst einmal Schritte der materiellen Absicherung, Sicherung von Ressourcen und weiteres Vorgehen in den nächsten Wochen und Monaten die Krisenintervention bestimmen.

Bei Langzeitarbeitslosen können Sie beachten, dass diese meist dann in eine Krise geraten, wenn sich alle Hoffnungen auf Wiederbeschäftigung zu zerschlagen drohen und/oder sich eine Reihe von Folgeproblemen wie

Paarkonflikte, materielle Probleme, Alkoholproblematik eingestellt haben. Meist geht mit der Langzeitarbeitslosigkeit ein Ressourcenverlust auf allen Ebenen einher, die oft dramatischen Folgen haben wir weiter oben ausführlich beschrieben. So nimmt etwa das Unterstützungspotenzial von Freunden und Bekannten im Laufe der Zeit ab. Mit einer Ressourcen- und Coping-Analyse können Sie ebenso helfen wie mit Überlegungen zu einer beruflichen Neuorientierung.

Wenn Menschen bereits vor der Arbeitslosigkeit psychische und soziale Probleme entwickelt hatten, können sie aufgrund dieser Probleme leichter in eine Krise geraten. Dann liegt der Fokus von Krisenintervention stärker auf diesen Problemen und Sie können diejenigen zur Inanspruchnahme weiterer Hilfsangebote ermutigen.

Literatur

Belwe, K. (2008): Arbeitslosigkeit: Psychosoziale Folgen. Aus Politik und Zeitgeschichte (apuz 40-41). https://www.bpb.de/apuz/30936/arbeitslosigkeit-psychosoziale-folgen [28.10.2021]

Brinkmann, C. (1984): Die individuellen Folgen langfristiger Arbeitslosigkeit. Mitteilungen aus der Arbeitsmarkt- und Berufsforschung. http://doku.iab.de/mittab/1984/1984_4_MittAB_Brinkmann.pdf [27.10.2021].

Bodenmann, G. (1997): Stress und Coping als Prozess. In Tesch-Römer, C./Saleski, C./ Schwarz, G. (Hrsg.): Psychologie der Bewältigung. Weinheim: PsychologischeVerlagsUnion, 74-92.

Bodenmann, G./Gmelch, S. (2009): Stressbewältigung. In Margraf, J:/Schneider, S. (Hrsg.): Lehrbuch der Verhaltenstherapie. Berlin, Heidelberg: Springer, 617-629.

Buchwald, P. (2004): Verschiedene theoretische Modelle gemeinsamer Stressbewältigung. In Buchwald, P./Schwarzer, C./Hobfoll, S. E. (Hrsg.): Stress gemeinsam bewältigen. Ressourcenmanagement und multiaxiales Coping. Göttingen: Hogrefe, 27-44.

Busse, A./Plaumann, M./Walter, U. (2006): Stresstheoretische Modelle. In KKH Kaufmännische Krankenkasse (eds.): Weißbuch Prävention 2005/2006. Berlin, Heidelberg: Springer. https://doi.org/10.1007/3-540-32662-6_5 [16.10.2021]

Carver, C. S. (2022): Coping Scale. https://local.psy.miami.edu/people/faculty/ccarver/availbale-self-report-instruments/cope/ [29.1.2022]

Carver, C. S./Scheier, M. F./Weintraub, J. K. (1989): Assessing Coping Strategies: A Theoretically Based Approach. Journal of Personality and Social Psychology, 56(2), 267-283.

Heim, E. (1993): Der Bewältigungsprozess in Krise und Krisenintervention. In Schnyder, U./Sauvant, J.-D.: Krisenintervention in der Psychiatrie. Bern: Verlag Hans Huber, 27-44.

Jackson, P. R. (1990): Individuelle und familiäre Bewältigung von Arbeitslosigkeit. In Schindler, H./Wacker, A./Wetzels, P. (Hrsg.): Familienleben in der Arbeitslosigkeit. Ergebnisse neuer europäischer Studien. Heidelberg: Asanger.

Kroll, L. E./Müters, S./Lampert, T. (2015): Arbeitslosigkeit und ihre Auswirkungen auf die Gesundheit: Ein Überblick zum Forschungsstand und zu aktuellen Daten der Studien GEDA 2010 und GEDA 2012. Berlin/Heidelberg: Robert Koch-Institut Berlin.

Lazarus, R. S./Folkman, S. (1984): Stress, appraisal and coping. New York: Springer.

Lutz, R. (2015): Den Teufelskreis durchbrechen. Quartiersbezogene Hilfen für erschöpfte Familien. In Blätter der Wohlfahrtspflege: Deutsche Zeitschrift für soziale Arbeit. 6, 223-225.

Oschmiansky, F./Berthold, J. (2020): Folgen der Arbeitslosigkeit. Bundeszentrale für politische Bildung. https://www.bpb.de/politik/innenpolitik/arbeitsmarktpolitik/305686/folgen-der-arbeitslosigkeit [15.10.2021]

Paritätischer Gesamtverband (2018): Wer die Armen sind: Der Paritätische Armutsbericht 2018. Berlin: Deutscher Paritätischer Wohlfahrtsverband Gesamtverband e.V. https://www.der-paritaetische.de/alle-meldungen/wer-die-armen-sind-der-paritaetische-armutsbericht-2018 [18.10.2021]

Ratgeber Anzahl der Schuldner in Deutschland (2004): https://www.schuldnerberatung-berlin.de/ratgeber/ [15.10.2021]

Satow, L. (2012): SCI. Stress- und Coping-Inventar [Verfahrensdokumentation, Fragebogen, Skalendokumentation und Beispielprofile]. In Leibniz-Institut für Psychologie (ZPID) (Hrsg.), Open Test Archive. Trier: ZPID. https://doi.org/10.23668/psycharchives.4604 [16.10.2021]

Statista (2004): https://de.statista.com/statistik/daten/studie/166338/umfrage/anzahl-der-schuldner-in-deutschland-seit-2004/ [14.10.2021]

Weber, A./Hörmann, G./Heipertz, W. (2007): Arbeitslosigkeit und Gesundheit aus sozialmedizinischer Sicht. Deutsches Ärzteblatt. 104(43): A 2957-2962.

4 Lernfall ‚Häusliche Gewalt'
Gewalt in der Partnerschaft – vor allem Frauen und Kinder tragen das Leid

4.1 Die Fallgeschichte

Der Einstieg

„Ich schäme mich so, dass ich wieder bei Ihnen anrufen muss."

Die Frau weint und ich höre am Telefon, dass sie kaum weitersprechen kann.

„Lassen Sie sich Zeit und beruhigen Sie sich erst einmal", sage ich.

„Kann ich trotzdem nochmal mit Ihnen reden? Das letzte Mal haben Sie mir so gut geholfen und jetzt stehe ich am gleichen Punkt. Alles nur aus eigener Dummheit."

Ich erkläre der Anruferin, dass sie wohl mit einer Kollegin von mir gesprochen hat, und dass sie sich hier natürlich auch wiederholt Hilfe holen kann. Ich bitte sie darum, mir in Ruhe zu erzählen, worum es geht.

„Ich heiße Karin und Ihre Kollegin hat mich dann später ins Frauenhaus gebracht." Sie fängt wieder an zu weinen. „Er hatte geschworen, dass es nicht wieder vorkommt und auf mich eingeredet, dass ich zurückkommen soll. Er hat sich auch viel um meine kranke Mutter gekümmert. Sie fand das natürlich toll und hat zu mir gesagt, dass ich so einen guten Mann nie wiederfinde und dass Männer eben so sind, dass ihnen mal die Hand ausrutscht. Sie hat ja auch gut reden, zu ihr ist er ja immer nur nett."

Karin berichtet, dass sie nach einigen Tagen im Frauenhaus wieder zu ihrem Mann in die gemeinsame Wohnung zurückgekehrt ist. Sie erzählt, dass es die ersten Wochen gut ging und sie eine schöne Zeit hatten. Nach zwei Monaten wurde ihr Mann dann wieder schneller gereizt, vor allem, wenn sie etwas später als üblich von ihrer Arbeit kam. Gestern war er dann ausgerastet. Sie hatte Überstunden machen müssen, und als sie erst später am Abend nach Hause kam, beschuldigte ihr Mann sie, fremdzugehen. Er schlug sie ins Gesicht und an den Oberkörper und sie prallte gegen die Ecke des Schrankes. Sie hat neben mehreren Blutergüssen an den Armen und am Brustkorb starke Rippenschmerzen und kann den linken Arm kaum bewegen. Sie vermutet, dass etwas gebrochen ist, war aber bisher nicht bei ihrer Ärztin.

Karins Geschichte in der Ehe

Karin ist 32 Jahre alt und seit fünf Jahren mit ihrem Mann Michael verheiratet. Kurz nach der Heirat sind die beiden, noch frisch verliebt, in die gemeinsame Wohnung eingezogen. Michael begann sich daraufhin langsam von einer anderen Seite zu zeigen. Die Gewalttätigkeiten fingen mit eifersüchtig kontrollierendem Verhalten an: Michael lehnte alles ab, was sich außerhalb der Partnerschaft abspielte. Treffen mit Freundinnen und ihre private Leidenschaft, das Schachspielen, waren immer wieder Anlass für stundenlange Auseinandersetzungen und bald auch für Schläge. Karin hat dann nach und nach fast alle Freundschaften aufgegeben, nur mit einer Freundin telefoniert sie ab und zu heimlich. Vor ihr schämt sie sich aber inzwischen auch, weil sie in den Gesprächen mit ihr schon oft angekündigt hat, dass sie sich von Michael trennen wird.

Auch Karins Job ist immer wieder Auslöser für Streitigkeiten und gewalttätige Ausbrüche. In der Firma mit 35 Mitarbeiter:innen ist sie seit einigen Jahren die Assistentin der Geschäftsführung. Die Arbeitszeiten sind unregelmäßig, an manchen Tagen arbeitet sie zehn bis zwölf Stunden. Sie liebt ihre Arbeit und bekommt dort viel Anerkennung von ihrem Chef und den Kolleg:innen. Ihr Mann kommentiert alles in Bezug auf ihre Arbeit negativ und reagiert jedes Mal mit Mäkeleien und Abwertungen von Karin, so dass sie ihm schon lange nichts mehr davon erzählt. Der besonders heikle Punkt ist, dass sie inzwischen deutlich mehr Geld verdient als ihr Mann, der Personaleinsatzplaner in der Food-Branche ist. Er fühlt sich durch seinen geringeren Verdienst unterlegen und als Mann entwertet, so die Einschätzung von Karin. Immer wieder versucht er, sie zu überzeugen, mit der Arbeit aufzuhören, obwohl sein Gehalt nicht für beide ausreichen würde. Allein in diesem Punkt hat Karin bislang nie nachgegeben. Ihr Beruf hat ihr immer schon sehr viel bedeutet und sie merkt, dass sie sich damit einen letzten Rest Autonomie bewahrt. In allen anderen Bereichen hat sie zurückgesteckt, in der Hoffnung, die Gewalttätigkeiten würden aufhören, wenn sie sich nur genug anpassen würde. Immer wieder macht Karin sich

Vorwürfe, dass sie keine gute Partnerin ist, weil Michael so unzufrieden ist und sie glaubt, wenn sie sich noch mehr nach seinen Wünschen richten würde, könnte sie die frühere schöne Beziehung wieder herstellen und verhindern, dass er sie schlägt. Im Laufe der Jahre wurden die Gewaltausbrüche von Michael jedoch immer häufiger und brutaler.

Manchmal schlägt er schon zu, wenn sie in der Wohnung nicht mehr zum Aufräumen gekommen ist. Karin versucht als Reaktion darauf, alles noch perfekter zu machen, aber Michaels Aggressionen werden nur stärker. Nach diesen Ausbrüchen ist Michael oft reumütig und liebevoll zu Karin. Er erzählt ihr, dass sie die Frau seines Lebens sei und dass er sie nie verlassen werde. Anfangs dachte Karin dann, jetzt würde alles gut. Inzwischen empfindet sie in diesen Situationen Abscheu, lässt sich aber nichts anmerken, weil sie Angst vor erneuten Aggressionen hat.

Karin berichtet, dass sie Gewalt auch aus ihrer Herkunftsfamilie kennt. Ihr Vater hatte die Mutter verprügelt, wenn er getrunken hatte. Deshalb hatte sie anfangs auch gedacht, mit ihrem Mann sei alles anders, weil er keinen Alkohol trinkt.

Reflexion der Beraterin

Während des Gespräches mit Karin bin ich zunehmend erschüttert von ihrer Geschichte. Mein erster Impuls ist, ihr zu sagen, dass sie sofort ihre Sachen packen soll, dass wir sie abholen und ins Frauenhaus bringen. Im zweiten Schritt gelingt es mir dann aber, einen Zugang zu meinem Wissen über das Problem ‚Häusliche Gewalt' zu bekommen und an die Scham von Karin zu Gesprächsbeginn zu denken. Mir wird klar, dass ich nicht zu viel Verantwortung übernehmen darf, sonst denkt Karin, sie müsse sich trennen, weil ich und alle anderen in ihrem Umfeld das so wollen und schämt sich umso mehr, wenn sie es nicht schafft – mit der Folge weiterer Isolation. Ich nehme mir also vor, mich mit meiner Meinung zu der Entscheidung ‚Trennung oder nicht' erst einmal zurückzuhalten. Des Weiteren scheint es mir sehr wichtig zu sein, das Unrecht deutlich zu benennen. Aus dem, was Karin von ihrer Herkunftsfamilie erzählt, vermute ich, dass Gewalt für sie eine gewisse Normalität darstellt. Ich werde diese These im weiteren Gesprächsverlauf überprüfen und auch deutlich machen, wer Opfer und wer Täter ist, dass sie der Situation nicht hilflos ausgeliefert und dass es ihre Aufgabe ist, sich zu schützen.

In mir entsteht außerdem der Impuls, an Karins Stärken anzuknüpfen und ihr Selbstwertgefühl zu stärken, das offensichtlich stark beschädigt ist. Ich vermute, dass ich sie hier als neutrale Außenstehende und mit der Rolle einer professionellen Autoritätsperson besser unterstützen kann als ihre Freundin. Ich habe dabei weiter im Kopf, dass Karin besser die Wohnung verlassen sollte, aber da bremse ich mich und versuche mir klarzumachen, dass die Klientin dies alleine entscheiden muss.

Die Intervention

„Karin, was machen Sie denn mit Ihren Verletzungen und den Knochenbrüchen, die Sie vermuten?"

„Ich habe schon alles organisiert, ich nehme mir morgen einen halben Tag frei, das kriegt mein Mann nicht mit, und gehe in die Notaufnahme ins Krankenhaus. Das dauert zwar lange, aber da kennt mich niemand und es fragt keiner genauer nach."

„Gut, da bin ich beruhigt. Es ist natürlich wichtig, dass Sie nicht noch mehr Schaden durch unbehandelte Verletzungen nehmen."

Auch innerlich bin ich erleichtert. Karin hat sich offensichtlich nicht völlig aufgegeben und kann noch für sich sorgen. So kann ich mich mit ihr auf die nächsten Schritte und meine Ideen für die Intervention konzentrieren.

„Sie haben mir jetzt viel von sich erzählt. Ich habe verstanden, dass Sie in einer wirklich schwierigen Situation sind. Ich würde gerne mit Ihnen zusammen überlegen, wie es jetzt weitergehen könnte und was ich für Sie tun kann."

„Ich weiß nicht, wie es weitergehen soll. Ich dachte die Jahre über, es wird wieder gut werden und wir könnten eine glückliche Familie werden." Sie setzt noch leise hinzu: „Wir wollten ja auch Kinder."

„Wie sehen Sie das heute, nachdem ihr Mann Sie so verletzt hat?"

Es tritt eine lange Pause ein, bis ich nachfrage, ob sie noch am Telefon ist.

„Eigentlich denke ich, dass es besser ist, wenn ich endgültig gehe. Es wird ja nur alles immer schlimmer. Es ist jetzt schon das dritte Mal, dass ich eigentlich nicht mal mehr zur Arbeit gehen kann nach so einem Ausbruch. Das wird dort auch irgendwann schwierig."

„Wenn ich Ihnen zuhöre, kommt bei mir an, dass Sie denken, es wäre vernünftig und notwendig sich zu trennen. Aber gleichzeitig höre ich, dass es Ihnen sehr schwerfällt, sich von Ihren Hoffnungen auf eine gemeinsame Zukunft als Familie zu verabschieden. Sie sind gefühlsmäßig noch sehr an Ihren Mann gebunden, oder?"

Karin fängt wieder an zu weinen und bestätigt meine Vermutung. Sie spricht darüber, wie sehr sie ihren Mann geliebt hat und dass sie sich nicht sicher ist, ob sie ihn nicht immer noch liebt. Sie erinnert sich oft an ihrer beider Verliebtheit, die leidenschaftliche Anfangszeit ihrer Beziehung, auch an die schöne Hochzeit und dem Einzug in die gemeinsame Wohnung. Sie räumt aber auch ein, dass vieles in ihr zerbrochen ist und sie sich neuerdings manchmal sogar vor bestimmten Gewohnheiten ihres Mannes ekelt.

„Die Basis ist wohl zerstört", sagt sie an einer Stelle im Gespräch.

Ich ermutige sie im Weiteren immer wieder, über all ihre Gedanken und Gefühle zu sprechen, und erkläre ihr, dass es helfen kann, klarer zu werden, wenn man beide Seiten, Zuneigung und Abneigung, nebeneinander sehen und empfinden kann, so widersprüchlich sie auch scheinen. Mir ist es wichtig, dass sie im Gespräch mit mir diese Widersprüche möglichst deutlich in sich spürt. So hat sie eine Chance, eine nachhaltigere Entscheidung zu treffen als bisher, ansonsten ist die Gefahr groß, dass sie ihren Mann irgendwann wieder überstürzt verlässt und dann doch wie beim letzten Mal zu ihm zurückkehrt. Im Verlauf des Gespräches kommt dann auch die andere Seite wieder in den Vordergrund, als sie überlegt, ob es ein Fehler ist, dass sie ihren Job immer noch nicht aufgegeben hat.

„Vielleicht habe ich ihn ja mit meiner Arbeiterei einfach provoziert und es wäre alles anders geworden, wenn ich letztes Jahr gekündigt hätte. Ich komme dadurch im Haushalt manchmal tatsächlich zu nichts mehr."

An dieser Stelle sage ich dann sehr deutlich meine Meinung: „Karin, niemand hat das Recht, Gewalt gegen einen anderen Menschen anzuwenden und ihn zu schlagen. Wenn ich sie so höre, dann klingt das fast so, als wären Sie schuld daran, dass Ihr Mann Sie schlägt."

„Na ja, so nun auch wieder nicht, aber ich habe schon vieles falsch gemacht in den letzten Jahren."

Ich insistiere: „Heißt das, wenn Sie etwas falsch gemacht haben, hat Ihr Mann das Recht, Sie zu schlagen?"

„Naja, eigentlich nicht", äußert Karin mit unsicherer Stimme, sie wirkt aber nicht überzeugt.

Ich entschließe mich, noch vehementer zu vermitteln, dass ihr Mann etwas Unrechtes tut.

„Karin, ich bin richtig schockiert, wie Sie über die Gewalt Ihres Mannes sprechen. Wenn Sie davon erzählen, habe ich fast das Gefühl, Sie finden es normal, dass er Sie schlägt."

„Ja, ich kenne ja auch nichts anderes. Bei uns zu Hause hat mein Vater uns immer geschlagen, meine Mutter, aber auch meine Schwester und mich. Der war viel schlimmer als Michael. Michael kann nämlich auch ganz lieb sein." Den letzten Satz sagt Karin mit beinah trotziger Stimme.

Hier komme ich als Beraterin an meine Grenzen. Ich merke, wie ich Gefahr laufe, in eine typische Dynamik hineinzugeraten, bei der ich der Klientin erzähle, wie schlimm ihr Mann ist und sie ihn verteidigt. Dann stehen die Positionen fest und es gibt keine Bewegung mehr. Ich komme deshalb wieder auf meinen Eindruck zurück, dass es diese Ambivalenz bei ihr gibt und dass ich auch jetzt die beiden Seiten in ihr wahrnehme – den Wunsch, zu bleiben, und den Impuls, sich von ihm zu trennen. Daraufhin wird Karin zu meinem Erstaunen für einen Moment lang wütend und sagt, dass sie mit dem Hin und Her am Ende ihrer Kraft ist. Sie scheint ihre eigene Ambivalenz mehr zu spüren und es gibt eine Art Aufbegehren gegen den jetzigen Zustand.

„Karin, wir haben darüber gesprochen, was es für Sie schwierig macht, Ihren Mann zu verlassen. Was meinen Sie denn, wie würde denn Ihr Leben aussehen, wenn Sie Ihren Mann verlassen hätten – haben Sie davon ein Bild?"

„Ich weiß ja gar nicht, wo ich hinsollte, so ganz alleine."

„Phantasieren Sie doch mal eine Wunschvorstellung."

Ich bin erstaunt, wie schnell sie sich auf meinen Vorschlag einlässt.

„Ich hätte eine kleine Wohnung, die würde ich mir richtig schön und nach meinem Geschmack einrichten, mit viel Weiß und Gold, ganz anders als unsere Wohnung jetzt. Meine Arbeit würde ich weitermachen und vielleicht noch eine Fortbildung anfangen, die mir mein Chef schon seit langem vorschlägt. Meine Freundin könnte ich wieder treffen und auch meine anderen Freundinnen würde ich anrufen. Vielleicht würde ich irgendwann auch wieder im Schachclub spielen. Ob ich nochmal einen guten Mann finde, weiß ich nicht. Aber ich hätte doch gerne Kinder, das wollten wir beide."

Hier merke ich, dass sie wieder in die andere Richtung abdriftet und unterbreche.

„Ich finde es schön zu hören, dass es für Sie auch eine Zukunftsvorstellung mit anderen Menschen und ohne Gewalt gibt. Besonders, wenn Sie über ihre Arbeit sprechen, kommt es mir so vor, als ob Sie wirklich Spaß an Ihrer Arbeit haben, und da können Sie sich wohl auch ganz anders durchsetzen und Ihre Frau stehen. Ich finde es toll, wie Sie diesen Bereich trotz aller Schwierigkeiten zu Hause noch verteidigt haben. Ich habe den Eindruck: Trotz allem, was Sie gerade entmutigt, steckt viel Kraft in Ihnen."

„Ja, wenn ich mir mal was in den Kopf gesetzt habe, kann ich ganz schön zäh sein."

„Karin, ich nehme an, Sie wissen, welche konkreten Schritte Sie machen müssten, wenn Sie von ihrem Mann wegwollen? Sie haben das ja alles schon mal durch gemacht und kennen die Optionen."

„Ja, ich müsste zusammen mit der Frauenberatungsstelle[2]alle Schritte planen, die Telefonnummer und Adresse hat mir ja Ihre Kollegin das letzte Mal gegeben. Ich habe sie im Handy. Aber bis jetzt habe ich es noch nicht geschafft."

„Und werden Sie es denn jetzt machen? Es ist ja ganz allein Ihre Entscheidung."

„Ich weiß noch nicht."

Mein Eindruck ist, dass alles besprochen wurde, was für den Moment möglich und sinnvoll ist, und dass Karin inzwischen müde ist.

„Danke für Ihre Ehrlichkeit, Karin, und gut, dass Sie sich gemeldet und wir miteinander gesprochen haben. Ich wünsche Ihnen jetzt viel Kraft und Sie

---

2 Die Klientin bezieht sich auf die Empfehlung meiner Kollegin und meint damit eine spezialisierte ‚Beratungsstelle für von Gewalt betroffenen Frauen'.

können auf jeden Fall wieder hier anrufen. Auch wenn Sie Ihren Mann diesmal nicht verlassen."

4.2 Interventionsprinzip ,Verantwortung klären'

Die Klärung von Verantwortung ist ein zentraler Hilfeaspekt auch in der Krisenintervention. Mit Verantwortung meinen wir die subjektive oder objektive Zuständigkeit eines Menschen für sein Handeln, Denken und Fühlen auf der Grundlage selbständiger Entscheidungen. Allgemein gehen wir davon aus, dass jede und jeder selbstverantwortlich handeln kann und selbstbestimmte Entscheidungen trifft. Es gibt aber Ausnahmen: Wer beispielsweise unter rechtlicher Betreuung steht wie ungefähr 1,3 Millionen Menschen in Deutschland, gilt nicht als selbstverantwortlich bzw. kann nicht zur Verantwortung gezogen werden. Gerade in Krisensituationen und bei Menschen mit einer psychischen Erkrankung oder geistigen Behinderung können die Grenzen auch unklar werden.

Wir können bei der Klärung von Verantwortung immer zuerst fragen: Hat die Person tatsächlich Einfluss auf eine Situation oder zum Beispiel auf ihre Erkrankung? Oder ist vielmehr der Grund für die Inanspruchnahme von Hilfe, dass sie wenig oder keine Kontrolle mehr hat, dass sie keinen Einfluss auf ihre Gedanken, Gefühle und auf ihr Handeln besitzt?

Dann können wir die Klientin oder den Klienten entweder dahingehend unterstützen, wieder Verantwortung zu übernehmen und Mut zu gewinnen, um Entscheidungen zu treffen und etwas Neues zu wagen. Oder es geht darum, für die Person Verantwortung zu übernehmen und zum Beispiel zum Schutz vor Selbst- oder Fremdgefährdung sogar eine Unterbringung zu veranlassen. In der Fallgeschichte geht es jedoch nicht darum.

Verantwortungsklärung zwischen Klient:in und einer weiteren Person

Karin könnte offensichtlich die Verantwortung für ihre Situation und für ihren eigenen Schutz übernehmen, wenn sie sich dafür entscheiden würde. Die Klärung von Verantwortung zwischen der Klientin und einer weiteren Person kann unter Ausschluss dieser weiteren Person in der Beratungssituation geschehen bzw. braucht möglicherweise gerade diesen Freiraum, um zu einer neuen Sichtweise zu kommen.

Dies ist gerade bei von häuslicher Gewalt betroffenen Frauen wichtig, da sie sich oft selbst für die Gewalt verantwortlich fühlen. Im vorliegenden Fallbeispiel geht Karin davon aus, sie müsse sich nur ‚richtig' verhalten – dann würde die Gewalt aufhören. In solchen Fällen ist es Ihre Aufgabe als Beratende, klar Position zu beziehen und darauf hinzuweisen, dass es ein generelles Recht auf körperliche Unversehrtheit gibt und dass derjenige, der Gewalt ausübt, im Unrecht und für seine Tat verantwortlich ist und sich strafbar macht. Weiterhin sollten Sie deutlich machen, dass es ein Irrtum ist, die Gewalt des Partners steuern zu können. Diese deutlich gezeigte parteiliche Haltung unterscheidet sich vom sonst üblichen Vorgehen, bei dem wir aus einer möglichst neutralen Grundhaltung heraus intervenieren. Bei Beratungen mit dem Thema ‚Häusliche Gewalt' sollten Sie deutlich aussprechen, wer Recht bzw. Unrecht hat und wer Opfer bzw. Täter ist. Erst in einem weiteren und späteren Schritt, meist im Rahmen einer Psychotherapie, kann dann der Frage nachgegangen werden, warum jemand sich nicht wirksamer schützen und wehren konnte.

Klärung von Verantwortung zwischen Berater:in und Klient:in

In jedem helfenden Setting muss geklärt werden, wer für was verantwortlich ist. So drängen etwa Klient:innen die Beratungsperson, in einer Paartherapie zu entscheiden, wer für den häuslichen Streit verantwortlich ist und stellen damit implizit die Frage, wer sich zu verändern hat. Oder eine Klientin möchte Verantwortung an die Beraterin abgeben, weil sie sich überfordert fühlt; glaubt aber, sie dürfe das nicht tun. Oder ein Berater glaubt irrtümlich, Verantwortung zu haben, was aber weder ethisch gerechtfertigt ist noch in seiner Macht liegt. Generell können wir sagen, dass die Beratungsperson für den Prozess verantwortlich ist und die ratsuchende Person zum Beispiel für die Problempräsentation.

Auch in der Krisenberatung ist es wichtig, dass Sie nicht zu viel Verantwortung für die Beratungssituation übernehmen. Die Verführung dazu ist im Fall von häuslicher Gewalt besonders groß. Häufig löst das Thema Gewalt in Kombination mit zum Beispiel Passivität und Hilflosigkeitsgefühlen der Klient:innen Rettungsimpulse auf Seiten der Helfenden aus. Dies führt dazu, dass die Helfenden besonders aktiv werden und sich zu stark engagieren. Sie wollen die Klient:innen schützen und sind dann persönlich enttäuscht, wenn diese in die Gewaltsituation zurückkehren. Wie Karin kennen viele Betroffene diese Dynamik auch aus ihren privaten Beziehungen. Freunde und Angehörige sind enttäuscht, ärgerlich oder resigniert, weil ihr Engagement zu nichts geführt hat und ziehen sich zurück. Deshalb sollten Sie darauf achten, genügend Distanz zu wahren und den Betroffenen die Verantwortung überlassen, damit diese erleben, dass ihnen nicht auch noch in der Beratungssituation die selbstbestimmte Entscheidung verweigert wird. Außerdem besteht die Gefahr, dass die Klient:innen durch zu viel Aktivität der Helfenden noch mehr das Gefühl des Versagens mit der Folge von Selbstwerteinbußen bekommen (Sonneck 1997). Ein weiterer Aspekt ist, dass Sie durch einen angemessenen Umgang mit Verantwortung eine Modellfunktion für die Klient:innen einnehmen.

Abschätzung von Selbst- und Fremdgefährdung als spezieller Aspekt der Verantwortungsklärung

Die Gefahr, zu viel Verantwortung für die Klient:innen zu übernehmen, ist insgesamt eine Gefahr bei Krisenintervention. Menschen in Lebenskrisen stehen in der Regel sehr stark unter Druck und dieser Druck wird an die Berater:innen weitergegeben. Manchmal kann es allerdings notwendig sein, für Menschen in Krisensituationen mehr Verantwortung zu übernehmen als es sonst in psychosozialen Beratungen üblich ist. Dieser Fall ist bei der Unterbringung nach PsychKG, dem Gesetz über Hilfen und Schutzmaßnahmen bei psychisch Kranken, gegeben. Hier vermischen sich objektive und subjektive Aspekte der Verantwortung. Es kann notwendig sein, einen juristischen Tatbestand zu klären – bei akuter Selbst- bzw. Fremdgefährdung aufgrund psychischer Erkrankung liegt nach PsychKG eine Unterbringungsnotwendigkeit vor. Die Klient:innen sind in diesen Fällen in der Regel krankheitsbedingt nicht mehr in der Lage, Verantwortung für sich zu übernehmen. Die Helfenden stehen hier vor einer schwierigen Aufgabe, wenn jemand nicht untergebracht werden möchte. Wie die Gefährdung schließlich ärztlicherseits eingeschätzt wird, ist immer mit einem Restanteil Subjektivität verbunden: Eine hundertprozentig sichere Aussage, ob jemand sich oder anderen zukünftig etwas antun wird, kann nicht getroffen werden.

4.3 Literaturexkurs zu Häuslicher Gewalt

Es ist wichtig, häusliche Gewalt zu analysieren und Hilfeangebote für die Betroffenen und deren Kinder vorzuhalten. Sie als Helfende in Krisen können dazu beitragen, dass Betroffene rechtzeitig und umfassende Hilfe erhalten und sich schützen können. Dazu brauchen wir erst einmal Statistiken, die ein Bild vom Ausmaß des Problems zeigen. Da die Opfer von häuslicher Gewalt überwiegend weiblich sind, verwenden wir hier überwiegend Frauen als Synonym für die Betroffenen.

Relevanz des Problems

Gewalt gegen Frauen ist ein weltweit und in fast allen Kulturen und sozialen Schichten verbreitetes Problem. Wenn Kinder mit im Haushalt leben, sind sie immer die Mit-Leidtragenden. In Deutschland sind in 81 % der Fälle Frauen betroffen – es sind also auch Männer betroffen, allerdings in geringerer Zahl und eher bei den leichten körperlichen Verletzungen. Bei Vergewaltigung, sexueller Nötigung und sexuellen Übergriffen in Partnerschaften zu 98,4 %. Bei Stalking und Bedrohung in der Partnerschaft sind es fast 88,5 %. Bei vorsätzlicher, einfacher Körperverletzung sowie bei Mord und Totschlag in Paarbeziehungen sind 77 % der Opfer Frauen. An fast jedem dritten Tag tötet hingegen ein Partner oder Ex-Partner seine (Ex)Frau. 2020 waren 119.164 Opfer weiblich (BMFSFJ 2020):

- Vorsätzliche, einfache Körperverletzung: 72.013 weibliche Opfer
- Gefährliche Körperverletzung: 12.449 weibliche Opfer
- Bedrohung, Stalking, Nötigung: 29.301 weibliche Opfer
- Freiheitsberaubung: 1.567 weibliche Opfer
- Mord und Totschlag: 359 weibliche Opfer

Man geht davon aus, dass vor allem aufgrund von Scham ungefähr zwei Drittel der Fälle nicht gemeldet werden. Bei Männern ist die Scham, wenn sie zu Opfern werden, oft noch größer.

In der Kriminalstatistik wird deutlich: Der gefährlichste Ort für Frauen ist der vermeintliche Schutzraum, das eigene Zuhause. Körperliche und seelische Gewalt findet überwiegend im nahen sozialen Umfeld statt. Man spricht deshalb auch von Partnerschaftsgewalt. Es sind zu über 90 % Männer, von denen die Gewalt ausgeht. Und von diesen Männern sind es überwiegend die Partner oder Ex-Partner. Das heißt, dass es für Frauen auch ein erhöhtes Risiko in Trennungsphasen gibt.

Zu den schweren Straftaten zählen Bedrohung, Stalking, Nötigung, Vergewaltigung sowie gefährliche, beziehungsweise schwere Körperverletzung oder Körperverletzung mit Todesfolge. Häusliche Gewalt bezieht sich aber auch auf leichtere und mittlere Gewalthandlungen (Die Bundesregierung 2019).

Früher ein privates Problem – heute Strafbestand

Früher wurde häusliche Gewalt unter dem Begriff ‚Familienstreitigkeiten' gefasst, wodurch der Gewaltcharakter implizit blieb. Das ist nur eines von vielen Indizien für die Tabuisierung eines gesellschaftlich relevanten und weit verbreiteten Problems. Für Jahrhunderte war männliche Gewalt akzeptiertes Recht. Erst 1928 wurde in Deutschland das Recht von Männern, ihre Frauen zu züchtigen, endgültig abgeschafft. Doch auch heute wird Gewalt gegen Frauen noch zu wenig sanktioniert und häufig als ein privates Problem gesehen.

Die Skandalisierung häuslicher Gewalt ist vor allem ein Verdienst der Frauenbewegung der 1970er Jahre. In den 1980ern wurden im europäischen Raum Maßnahmenkataloge zur Bekämpfung von Gewalt gegen Frauen erstellt sowie das Ausmaß, Ursachen und Folgen der Gewalt untersucht. Diese zeigen auf, dass nicht nur das Ausmaß von Gewalt gegen Frauen erheblich ist, sondern sie verweisen darüber hinaus auf die gravierenden gesundheitlichen und sozialen Folgen sowie Folgekosten von Gewalt. Brzank (2009) beziffert die gesellschaftlichen Kosten in einem Jahr in England mit 33,1 Mrd. EUR, eingeschlossen sind dabei direkte Kosten wie Gesundheitskosten und indirekte Kosten wie Lohnausfall.

Es besteht also Handlungsbedarf auf mehreren Ebenen – bildungspolitische Maßnahmen und Aufklärung sind ebenso wichtig wie rechtliche und polizeiliche wie auch institutionelle Hilfen. Auf gesellschaftlicher Ebene zeigt sich mit der öffentlichen Finanzierung von Unterstützungsangeboten für misshandelte Frauen und Kinder, dass das Problem zunehmend ernstgenommen wird. Auch stellen fast alle Formen häuslicher Gewalt inzwischen Handlungen dar, die gesetzlich mit Strafe bedroht sind. Allerdings ist häusliche Gewalt kein eigener Straftatbestand, wird aber in den entsprechenden Statistiken inzwischen als ‚häusliche Gewalt' geführt.

Formen der Gewalt

In unserer Fallgeschichte war die Situation klar, denn es ging um schwere körperliche Verletzung. Es gibt jedoch auch unsichtbare Formen der Gewalt. Man unterscheidet körperliche, sexualisierte, psychische, ökonomische und soziale Gewalt, kann aber auch Unterscheidungen nach der Sichtbarkeit oder nach der Schwere der Gewalthandlung treffen.

Unsichtbare psychische Formen der Gewalt beziehen sich zum Beispiel darauf, dass der Täter der betroffenen Person eine Berufstätigkeit verweigert, sie mit Eifersucht verfolgt, isoliert und demütigt oder dass sie um Geld bitten muss. Auch Drohungen jeder Art zählen dazu, die Kinder gegen sie zu verwenden, Einschüchterung, Beschimpfung, Isolation und Kontrolle oder auch die die Wegnahme jedweder Entscheidungsbefugnisse der Frau (Egger u. a. 1995).

Sichtbare Formen der Gewalt sind Misshandlungen mit Gegenständen, Würgen, Verbrennen, Stoßen, Ohrfeigen, Schlagen, Treten, Vergewaltigungen und vieles mehr. Sie sind an ihren Folgen zu erkennen und vielfältig: Hämatome, also Blutergüsse an fast jeder Stelle des Körpers, Stich- und Schnittwunden, Würgemale, Prellungen, herausgeschlagene Zähne, Knochenbrüche und Verbrennungen.

Körperliche Gewalt reicht von ‚mich wütend weggeschubst' (39 % der körperlichen Gewalthandlungen) bis zu ‚mich gebissen', ‚Haare ausgerissen', ‚Arm umgedreht' (Mittelfeld mit 43 %). Schwere Gewalthandlungen mit 18 % aller körperlichen Gewalthandlungen beschreiben solche Aussagen wie ‚verprügelt' und ‚Mordversuch'. Der Schweregrad einer Gewalthandlung bezieht sich auf Verletzungsfolgen, auf die objektive oder subjektiv erlebte Bedrohlichkeit der Situation und psychische und psychosoziale Folgen (BMFSFJ 2004, S. 22). ‚Verprügeln' ist zu 95 % mit Verletzungsfolgen verbunden sowie mit langfristigen psychischen Problemen. Aber auch nur leichte Gewalthandlungen wie ‚wegschubsen' führen bei 27 % der davon Betroffenen zu psychischen Folgeproblemen (ebd., S. 26).

Exkurs: Gewalt im Namen der „Ehre“

Wie das Hilfetelefon Gewalt gegen Frauen ausführt, üben bei Gewalt im Namen der „Ehre“ meist Eltern, Großeltern und Geschwister massiven psychischen Druck und ständige Kontrolle auf die Mädchen und Frauen aus, wenn diese sich anders verhalten, als es von ihnen erwartet wird. Zwangsverheiratungen und dauerhafte Abschiebungen in die „Heimat“ erzwingen meist Väter und Brüder und schrecken auch vor einem sogenannten Ehrenmord nicht zurück. Häufig sind mehrere Mitglieder einer Familie, auch Frauen, in die Planung und Ausführung miteinbezogen. (Hilfetelefon Gewalt gegen Frauen 2021).

Auswirkungen der Gewalt auf die Frauen

Da die Gewalt in einem sozialen Nahraum stattfindet, der als Ort der Liebe, Sicherheit und Intimität gilt, sind die Auswirkungen besonders schwerwiegend und umfassend. Nach schweren Misshandlungen sind die Frauen in extremer Weise und häufig psychisch und gesundheitlich so belastet, dass medizinische und therapeutische Unterstützung der Frauen notwendig ist (BMFSFJ 2008, S. 105). Als langfristige Wirkungen zeigen sich Depressionen, Vertrauensverluste, Selbstwerteinbußen, selbstschädigendes Verhalten, komplexe posttraumatische Störungen, körperliche Probleme und Suizidalität (Brzank 2009).

Auswirkungen der Gewalterfahrungen auf Kinder

Kinder, die erleben, dass ihre Mutter vom Vater oder dem (Ex-)Partner der Mutter misshandelt, geschlagen oder bedroht wird, tragen fast immer seelische und häufig auch körperliche Schäden davon. Die Folgen variieren, je nachdem ob die Kinder Zeugen der Gewalttaten sind oder selbst misshandelt werden, wie viel Zeit seit der miterlebten Gewalttat vergangen ist und wie mit der Situation umgegangen wurde. Ebenso spielt das Alter, das Geschlecht und das Verhältnis der Kinder zu den Erwachsenen eine Rolle (Hilfetelefon Gewalt gegen Frauen 2021). Auch neigen diese Kinder später dazu, Opfer von Partnergewalt oder selbst gewalttätig zu werden.

Erklärungsansätze für häusliche Gewalt

Es gibt verschiedene Ansätze, um Gewalt zu erklären. Viele haben bei Karin im Fallbeispiel eine Rolle gespielt.

Zunächst können wir die sogenannte strukturelle Gewalt gegen Frauen betrachten. Sie beinhaltet die gesellschaftliche Tolerierung von Gewalt gegen Frauen sowie die gesellschaftliche Benachteiligung und Abwertung von Frauen, die sich zeigt in Rollenzwängen, emotionaler Ausbeutung, Entmachtung, geringerem Einkommen bei gleicher Qualifikation und Kompetenz, dem sogenannten Gender-Gap und vielem mehr. Sie erhöht beträchtlich die Bereitschaft, Gewalt gegen Frauen auszuüben.

Die Art der Bewertung mit den dazugehörigen Mythen erklärt häufig, warum Gewalt als normal angesehen oder bagatellisiert wird und damit leichter passiert: „Die Frau hat ihn ja provoziert, da ist ihm die Hand ausgerutscht“, „Kann ja mal passieren“ und „Er will es ja eigentlich nicht“, „Es tut ihm hinterher doch selber so leid“.

Auch Trennung bzw. Scheidung sind ein Faktor für das Ausbrechen von Gewalt: Generell weisen Beziehungen, aus denen sich die Frauen gelöst haben, höhere Gewaltniveaus auf. Karin in unserer Fallgeschichte war besonders gefährdet, denn eine mögliche Trennung stand im Raum. Eine Trennung oder Scheidung können Sie immer als eine Hochrisikosituation ansehen, erst recht etwa bei Frauen z. B. türkischer Herkunft: Sie erfahren in Trennungssituationen häufiger Drohungen und Gewalt gegen sie selbst, die Kinder oder Eigentum. Auch wurden diesen Frauen häufiger Gewalt, Mord und Kindesentführung durch ehemalige Beziehungspartner angedroht (BMFSFJ 2008, S. 188).

Status- und Dominanzunterschiede sind ein weiterer Erklärungsansatz: Machtunterschiede scheinen in beide Richtungen Gewalthandlungen zu begünstigen. Hat die Frau einen höheren Status kann das zu einer Verunsicherung männlicher Rollenidentität und damit zu vermehrten Konflikten und Gewalthandlungen führen – allerdings eher nur bei älteren Paaren mit einer traditionellen Rollenvorstellung. Aber auch das Umgekehrte gilt: Die mit weniger Ressourcen ausgestattete Frau erlebt eher Gewalt und kann sich aufgrund geringerer Ressourcen, zum Beispiel sozialen und finanziellen, schwerer aus dieser Beziehung befreien (ebd., S. 113). Insgesamt scheint die Entscheidungsdominanz eine Rolle zu spielen: Je kompromissbereiter und nicht dominant in Entscheidungssituationen Paare sind, desto weniger besteht Gewalt in Paarbeziehungen. Mit dem Grad der Dominanz scheint auch die Schwere der Gewaltausübung zuzunehmen. Gewalt scheint Ausdruck und Folge ungleicher Machtverhältnisse zu sein und kann ein Mittel sein, diese wiederherzustellen oder zu festigen (ebd., S. 149).

Die Bedeutung von Sozialisationsprozessen leistet ebenfalls einen Beitrag: Die Erfahrung von Gewalt in den Herkunftsfamilien lässt Gewalt als Konfliktlösungsstrategie wahrscheinlicher werden. Auch werden Normen und Werte transportiert, die die Ausübung von Gewalt und das Ertragen von Gewalt an die Geschlechtsrolle knüpft (ebd., S. 162 ff.).

Soziale Isolation ist ebenfalls häufig ein bedeutender Faktor für schwere Misshandlungen. Die soziale Isolation kann eine Folge der Misshandlungen sein als auch zur Aufrechterhaltung der Gewalt beitragen, da es an angemessener sozialer Kontrolle zur Eindämmung der Gewalt fehlt (ebd., S. 56 ff., 161).

Ein ähnlicher Erklärungsansatz verweist auf eine schwierige soziale Lage, die mit geringen Ressourcen verbunden ist. Ist kein oder zu wenig Einkommen oder keine Erwerbsarbeit vorhanden, oft fehlen auch Bildungs- und Ausbildungsressourcen oder es liegen belastende Umstände wie Schulden oder eine Suchterkrankungen vor. Es kommt zu Belastungen mit erhöhtem Stress und Konflikten. Gewalt wird als Konfliktlösungsstrategie eingesetzt (ebd., S. 162 ff.).

Erhöhter Alkoholkonsum ist ein hoch relevanter Risikofaktor. Bei erhöhtem Alkoholkonsum üben die Täter doppelt so häufig körperliche und sexuelle Gewalt aus wie Beziehungspartner ohne erhöhtem Alkoholkonsum (ebd., S. 158).

Auch Migration ist ein Erklärungsansatz: Sofern die bisher genannten Risiken bei Migrant:innen anzutreffen sind, erleben diese in der Regel auch häusliche Gewalt. Viele Faktoren wie soziale Isolation, prekäre soziale Lage, traditionelle Rollenvorstellungen, geringere Bildungsressourcen, geringere sprachliche Kompetenzen, Erfahrungen von Gewalt in der Kindheit etc. bestehen in bestimmten migrantischen Gruppen verstärkt. (ebd., S. 187 f.)

Verbleiben in häuslichen Gewaltbeziehungen

Uns als Helfende und das soziale Umfeld treibt oft die Frage um, warum Frauen in Misshandlungsbeziehungen verbleiben. Hier möchten wir vorausschicken, dass Gewalterfahrungen durchaus zu Trennungen führen. Frauen wie Karin in unserem Fallbeispiel, die Schwierigkeiten haben, sich von ihrem gewalttätigen Partner zu lösen, vermitteln in Krisen- und Beratungseinrichtungen das vorherrschende Bild einer Trennungsproblematik. Hier sollten Sie immer mitbedenken, dass das Verbleiben in der Beziehung oft eine Folge mangelnder Ressourcen ist, wie z. B. mangelnde soziale Unterstützung im eigenen Umfeld, keine ausreichend bekannten und akzeptierten Hilfeangebote, das Fehlen eines neuen Lebensplans sowie die mangelnde Wahrnehmung eigener Stärken, so dass die Verwirklichung eines anderen Lebens nicht in Angriff genommen werden kann.

Finkelhor (zit. nach Godenzi 1993, S. 246) beschreibt die Situation von Gewaltopfern im Kontext einer intimen Beziehung in ihren unterschiedlichen Aspekten, die erklären können, warum Frauen in Gewaltbeziehungen verbleiben:

- *Gehirnwäsche:* Der Täter kann aufgrund größerer Machtressourcen seinem Opfer seine Sicht der Dinge aufzwingen. Das führt zur
- *Verantwortungsübernahme beim Opfer:* „Ich bin schuld und könnte es verhindern."
- *Identifikation mit dem vertrauten Aggressor:* Das Opfer nimmt den Täter in Schutz und verweist auf seine guten Seiten. Hintergrund dafür ist die intensive Abhängigkeitsbeziehung zwischen beiden.
- *Schweigen:* Die Opfer schämen sich, aufgrund von Demütigungen und Schuldgefühlen und behalten ihre Gewalterfahrungen für sich und können sich so keine Unterstützung holen.
- *Kontinuität der Gewaltbeziehung:* Die Opfer finden keinen Weg, sich aus der Gewaltsituation zu befreien, und kehren zurück.

Walker (1979, 1983) beschreibt einen Gewaltkreislauf (Cycle Theory of Violence), der die Stadien des Spannungsaufbaus, der Explosion/des akuten Gewaltereignisses und schließlich der Versöhnung mit einem liebevollen, freundlichen und reuevollen Mann umfasst. Der Mann glaubt, er hat seiner Frau eine Lektion erteilt und sie meint, jetzt den ‚wirklichen' Partner vor sich zu haben, ist glücklich und hofft, dass er so bleiben wird, wenn sie sich nur richtig verhält.

Krisenintervention bei häuslicher Gewalt

In Deutschland werden viele unterschiedliche Hilfeangebote vorgehalten wie bundesweite Notrufe für geschlagene Frauen, Frauenschutzwohnungen sowie Frauenhäuser – (im Jahr 2017 waren es 360 laut statista), Telefonseelsorge- und Krisenberatungsstellen, das Hilfetelefon ‚Gewalt gegen Frauen', Ehe- und Familienberatungsstellen, Online-Beratungsangebote, Opferhilfeorganisationen, Anlaufstellen in Kliniken, Polizeidienststellen, Kindernotdienste u. a. Weniger genutzt werden diese Angebote von Frauen, die einen niedrigen Bildungsstand haben, Migrantinnen der mittleren und älteren Altersgruppen und solche, die nicht in Deutschland aufgewachsen sind bzw. über geringe Sprachkenntnisse verfügen (BM 2018, S. 193).

In einer akuten Gefährdungssituation ist das Abklären des aktuellen Schutzbedürfnisses und sowie das Angebot vielfältiger Unterstützungen im Vordergrund. Hier müssen Sie die rechtlichen Möglichkeiten kennen, um Betroffene konkret zu unterstützen, z. B. bei der Durchsetzung von zivilrechtlichen Schutzmaßnahmen aufgrund des bestehenden Gewaltschutzgesetzes oder indem Sie eine Frau ins Frauenhaus begleiten. Falls Sie sich unsicher fühlen oder das im Rahmen Ihrer Tätigkeit nicht möglich ist, sollten Sie sich Ihrerseits Rat und Hilfe holen, etwa beim Hilfetelefon „Gewalt gegen Frauen", beim Hilfetelefon „Sexueller Missbrauch" oder in dem seltenen Fall, dass ein Täter Hilfe sucht, auch beim Hilfetelefon für Täter (Bundesarbeitsgemeinschaft Täterarbeit Häusliche Gewalt).

Bei akuter Bedrohung ist ein erster Schritt, die Polizei zu benachrichtigen. Diese muss ein Ermittlungsverfahren einleiten und die betreffende Frau schützen. Die Polizei kann zur Abwehr von Gefahren und Verhinderung weiterer Gewalttaten einige Maßnahmen ergreifen wie den Täter oder die Täterin der Wohnung zu verweisen, ein Rückkehrverbot für eine bestimmte Zeit auszusprechen und einen Verstoß dagegen mit Ordnungsgeld oder Ordnungshaft zu bestrafen.

Langfristig kann das Familiengericht ein Betreten der gemeinsamen Wohnung verbieten oder auch Näherungs- und Kontaktverbote aussprechen. Besteht eine Gefährdung des Kindeswohls, kann das Familiengericht eine Übergabe in einem geschützten Raum, den begleiteten oder betreuten Umgang oder das Aussetzen des Umgangs verfügen.

Im Beratungskontakt sollten Sie beachten, dass die Mitteilung von Gewalterfahrungen mit Scham besetzt ist, so dass hier eine nichtverurteilende und verständnisvolle Haltung gefordert ist. Dies ist dann für die Beratungsperson oft schwer durchzuhalten, wenn Frauen wieder zu ihren Partnern zurückkehren bzw. sich trotz der Gewalterfahrungen nicht oder nicht sofort trennen können. Es kann Ihnen helfen, die Gründe zu kennen und zu verstehen und Wissen über Gewaltzyklen und Ambivalenzen zu haben. Auch die Wahrnehmung von sozialen und ökonomischen Schwierigkeiten ist hilfreich, ebenso wie das Offenhalten erneuter Hilfeangebote und das Entwickeln akzeptabler Alternativen. Manche Frauen brauchen bis zu zehn Versuche, um sich trennen zu können.

Wenn eine Frau nach einer Gewalterfahrung Hilfe in Anspruch nimmt, sollten Sie konkrete Fragen zur Gewalterfahrung und deren Folgen stellen, um die Situation einschätzen zu können. Möglicherweise unterstützen Sie erst einmal bei einer medizinischen Versorgung mit einer gründlichen Untersuchung alter und neuer Verletzungen, sofern die Frau zustimmt. Es ist günstig für eine späteres Verfahren genau zu notieren, wann und was genau geschehen ist und Verletzungen zu fotografieren.

Das Aufstellen eines Sicherheitsplanes für eine Trennung kann lebenswichtig sein, hilft aber auch bei der Durchführung einer Trennung.

Hilfreich für die betroffene Frau ist es, die Gewalterfahrung in ihrem Bezugssystem anzusprechen, damit sie Unterstützung erfährt. Dabei kann die Veröffentlichungsbereitschaft davon abhängen, wieweit sie selbst und ihr relevantes Bezugssystem hinderliche Mythen teilt, etwa wie die Mutter von Karin: „Es ist normal, dass dem Mann mal die Hand ausrutscht". Es ist wichtig, solche Einstellungen des Umfeldes kennenzulernen, um zu erkennen, woran Hilfe scheitert und was getan werden könnte, um diese Blockaden aufzuheben, etwa eine Einstellungsänderung anzustoßen, damit ohne solche behindernden Mythen das Umfeld überhaupt erst Hilfe gibt.

Sie können auch dabei helfen, die Lebensstärken bzw. die Ressourcen, die die Frau auch hat bzw. hatte, wieder wahrzunehmen und sie zu aktivieren. Wir können das beschädigte Selbstwertgefühl als Folge der Misshandlung und damit als veränderbar begreifen.

Online- und anonyme Telefon-Angebote sind oft hilfreich bei Themen, die mit Schuld und Scham behaftet sind. Zwei Drittel der weiblichen Betroffenen wenden sich nicht an die Polizei oder eine Hilfseinrichtung. Oft vertrauen sie den staatlichen Institutionen nicht oder haben bereits schlechte Erfahrungen gemacht. Mit Online-Chats oder Hilfetelefonen können sie den ersten Schritt aus der Isolation tun. Vielen Betroffenen fällt es leichter, sich anonym zu öffnen und Vertrauen zu fassen. Sie haben es dann auch in der Hand, den Kontakt jederzeit ohne Konsequenz abbrechen zu können. Das Schreiben ermöglicht zudem einen reflexiven Prozess (Risau 2021).

Wir als Professionelle, die Betroffenen, das soziale Umfeld und sogar die Täter können dazu beitragen, die Gewalt zu Hause zu beenden. Wir können aufmerksam sein und Hilfe anbieten – und uns klar gegen jegliche Gewalt positionieren, indem wir bei jeder Gelegenheit vermitteln: Gewalt gegen andere ist nicht erlaubt und nicht entschuldbar.

Literatur

Bundesarbeitsgemeinschaft Täterarbeit Häusliche Gewalt: www.bag-taeterarbeit.de [23.10.2021]

BMFSFJ (2004): Gemeinsam gegen häusliche Gewalt. Kooperation, Intervention, Begleitforschung, Forschungsergebnisse der wissenschaftlichen Begleitung der Interventionsprojekte gegen häusliche Gewalt (WIBIG). Bonn. 2004. https://www.bmfsfj.de/resource/blob/93940/26b192eed0ce4deeba931decf6985392/gemeinsam-gegen-haeusliche-gewalt-wibig-data.pdf [21.10.2021]

BMFSFJ (2008): Gewalt gegen Frauen in Paarbeziehungen. Eine sekundäranalytische Auswertung zur Differenzierung von Schweregraden, Mustern, Risikofaktoren und Unterstützung nach erlebter Gewalt. https://www.bmfsfj.de/resource/blob/93968/f832e76ee67a623b4d0cdfd3ea952897/gewalt-paarbeziehung-langfassung-data.pdf [22.10.2021]

BMFSFJ (2020): Häusliche Gewalt. https://www.bmfsfj.de/bmfsfj/themen/gleichstellung/frauen-vor-gewalt-schuetzen/haeusliche-gewalt/haeusliche-gewalt-80642 [3.12.2021]

Brzank, B. (2009): (Häusliche) Gewalt von Frauen: sozioökonomische Folgen und gesellschaftliche Kosten. Einführung und Überblick. Bundesgesundheitsbl – Gesundheitsforsch – Gesundheitsschutz 52, 330-338. DOI: 10.1007/s00103-009-0795-7 [22.10.2021]

Die Bundesregierung (2019): Kriminalstatistik zur Partnerschaftsgewalt. https://www.bundesregierung.de/bregde/aktuelles/partnerschaftsgewalt-1809976 [22.10.21]

Die Polizeiliche Kriminalprävention Der Länder und des Bundes (2021): Gewalt im sozialen Nahbereich. (https://www.polizei-beratung.de/opferinformationen/haeusliche-gewalt/) [22.10.2021]

Egger, M./Fröschl, E./Lercher, L./Logar, R./Sieder, H. (1995): Gewalt gegen Frauen in der Familie. Wien: Verlag für Gesellschaftskritik. Godenzi, A. (1993): Gewalt im sozialen Nahraum. Basel: Helbing & Lichtenhahn Verlag.

Hilfetelefon Gewalt gegen Frauen. Bundesamt für Familie und zivilgesellschaftliche Aufgaben (2021): https://www.hilfetelefon.de/gewalt-gegen-frauen/gewalt-im-namen-der-ehre.html) [19.10.2021]

Risau, P. (2021): Endlich traue ich mich – Chancen und Herausforderungen der Online-Beratung für Betroffene sexualisierter Gewalt. In Ortiz-Müller, W./Gutwinski, S./Gahleitner, S.: Praxis Krisenintervention. Stuttgart: Kohlhammer, 240-252.

Statista. https://de.statista.com/statistik/daten/studie/1120279/umfrage/frauenhaeuser-und-frauenschutzwohnungen-in-deutschland/#professional [30.1.2022]

Senatsverwaltung für Gesundheit, Pflege und Gleichstellung (2017): Datenlage und Statistik zu häuslicher Gewalt in Berlin. https://digital.zlb.de/viewer/metadata/34032022/1/ [20.10.2021]

Walker, L. E. (1979): The Battered Woman Syndrome. New York: Harper Row.

5 Lernfall ‚Sexueller Missbrauch"
Schutz für das Kind – Aufdeckung im System

5.1 Die Fallgeschichte

Der Einstieg

Frau Kaminski hatte am Tag zuvor telefonisch um einen Termin gebeten. Was ich vorher nicht wusste: Sie bringt ihre achtjährige Tochter Nina mit zum Gespräch. Das Mädchen starrt in der Begrüßungssituation durchgängig auf den Boden und wirkt insgesamt sehr schüchtern. Ich frage Frau Kaminski, ob sie denn lieber ohne ihre Tochter mit mir sprechen möchte. Das verneint sie sofort vehement:

„Es geht ja um sie."

Im Beratungszimmer frage ich Nina: „Möchtest du denn mit uns zusammen reden?"

Nina schüttelt den Kopf.

„Magst du ein paar Malsachen haben, während ich mich mit deiner Mama unterhalte?"

Sie nickt.

Frau Kaminski sitzt verkrampft in ihrem Sessel. Sie knetet die Hände im Schoß und blickt mir kaum in die Augen.

„Es geht um meine Tochter", sagt sie jetzt, und ihre Stimme klingt gepresst. „So geht es nicht mehr weiter. Sie verweigert ja alles. Sie will schon gar nicht mehr rausgehen. Spielt nicht mit Freunden."

Es gibt eine lange Pause. Ich warte ab, werfe einen Blick zu Nina an dem anderen Couchtisch hinüber. Sie wirkt vertieft ins Malen, hört aber sicherlich zu.

„Als ob ihr alles egal ist", stößt Frau Kaminski hervor. „Sie isst auch nicht mehr gut. Und jetzt hat sie wieder angefangen, nachts ins Bett zu machen. Dann hat sie wohl Albträume und weint, aber sie will nicht, dass ich sie tröste. ‚Ich bin doch selber schuld', sagt sie oft. Ach, ich weiß nicht mehr, was ich mit ihr anfangen soll. Sie ist so anders geworden, auch so gefühlskalt irgendwie."

„Seit wann hat Nina sich denn so verändert, Frau Kaminski?"

„Ich glaube, vor ungefähr einem Jahr ging das los. Aber genau weiß ich es nicht mehr."

„Können Sie sich in dieser Zeit an etwas Besonderes erinnern, ist irgendetwas in der Zeit vorgefallen?"

„Nein, nichts Besonderes. Alles ganz normal." Frau Kaminski zuckt mit den Schultern und starrt auf ihre Hände. Sie sagt dann erstmal nichts mehr.

Ich versuche, mit verschiedenen Fragen mehr herauszufinden darüber, was zu der starken Veränderung Ninas geführt haben könnte, jedoch ohne Erfolg. Frau Kaminski beantwortet alle weiteren Fragen mit einem Schulterzucken. Ich bemerke, dass Nina zwischendurch zu uns herüberschaut und offensichtlich aufmerksam zuhört. Ich frage sie deshalb:

„Nina, möchtest du zu uns rüberkommen? Vielleicht kannst du ja auch etwas dazu sagen, was deine Mama erzählt? Schließlich geht es ja um dich."

Nina nickt und setzt sich zu uns in einen dritten Sessel. Ich frage sie, wie es ihr zurzeit geht, worüber sie nachdenkt und was sie zu der starken Veränderung sagt, von der ihre Mutter erzählt. Sie reagiert auf alles mit einem Schulterzucken, ich bemerke aber eine gewisse Offenheit mir gegenüber, sie guckt mich jetzt auch zwischendurch kurz an. Aber sie scheint sich in Anwesenheit ihrer Mutter nicht frei zu fühlen.

„Mmh, was machen wir jetzt? Was hältst du davon, wenn wir uns mal ohne deine Mama unterhalten?"

Sie nickt. Dass es viel mehr zu sagen gäbe als das, was ihre Mutter erzählt, vermute ich inzwischen stark. Ich bitte also die Mutter, für eine Weile im anderen Beratungsraum Platz zu nehmen.

„Ich hole Sie dann wieder dazu, wenn ich eine Weile mit Nina gesprochen habe."

Sowie die Mutter aus dem Zimmer ist, verändert sich Ninas Verhalten. Sie wird insgesamt lebendiger und fragt mich alles Mögliche – wie ich heiße, wie alt ich bin, warum ich hier arbeite, ob ich verheiratet bin. Dadurch entsteht rasch eine lockere Atmosphäre und ich kann an die Erzählungen der Mutter anknüpfen und das Gespräch auf ihre Veränderung seit einem Jahr lenken. Bald erhärtet sich dann bei mir der Verdacht, dass Nina eine traumatische Erfahrung gemacht hat.

Sie erzählt, dass sie nicht mehr auf die Straße zu den anderen Kindern zum Spielen gehen will, weil sie Angst hat, aber nicht näher beschreiben kann, wovor. Sie besucht auch nicht mehr gerne am Wochenende ihren Vater, weil sie auf dem Weg dorthin Angst hat, auch wenn die Mutter sie begleitet. Sie erzählt ausführlich und detailreich von – phantasierten oder halluzinierten – großen, schwarzen Hunden, die nachts unter ihrem Bett hervorkämen, vor denen sie sich unter der Decke verstecken müsste.

„Ich habe Alpträume von den Hunden“, sagt sie, „aber auch von anderem.“

„Was denn noch?“, frage ich.

„Ich weiß es, aber das kann ich dir nicht erzählen, sagt Papa. Mama erzähle ich auch nichts davon. Ich habe mal nachts im Traum laut geschrien und dann ist sie davon aufgewacht.“

Ich erfahre von ihr noch, dass ihre Eltern sich getrennt haben, als sie noch ein Baby war, dass sie ihren Vater jedes zweite Wochenende besucht, dass der Vater vor ein oder zwei Jahren arbeitslos geworden ist und seitdem immer stinkt. Wonach, weiß sie nicht, aber er stinke aus dem Mund. Nina geht nach der Schule für drei Stunden in den Hort, holt dann ihre Mutter von der Arbeit ab und geht mit ihr nach Hause. Sie ist Einzelkind und wünscht sich einen kleinen Bruder, den würde sie dann auch allein versorgen und ihm die Flasche geben, aber noch lieber hätte sie einen großen Bruder, der würde sie immer beschützen.

Kurz, bevor ich ihre Mutter wieder zum Gespräch dazu hole, tut Nina noch etwas Befremdliches und Auffälliges: Sie steht aus ihrem Sessel auf, schaut mich herausfordernd an, kommt auf mich zu und fasst an meine Brust.

„Und, was hast Du da?“, sagt sie mit lauter Stimme, bleibt einen Moment so vor mir stehen und rennt dann übergangslos zu dem anderen Tisch mit ihren Malsachen und greift nach einem der Stifte. Ich bin erschrocken und wie vor den Kopf gestoßen von diesem unerwarteten Übergriff. Ich vermute sofort, dass Nina damit etwas ausdrücken will, bevor unser Gespräch zu Ende ist. Etwas, das sie nicht in Worte fassen kann. Dieser körperliche Übergriff wirkt wie ein Hilferuf auf mich.

„Huch, was war denn das gerade?“, versuche ich, darauf einzugehen. Aber Nina wirkt nun vollkommen konzentriert auf das Malen. Ich merke, dass ich keinen Kontakt mehr mit ihr bekomme, deshalb sage ich ihr, dass ich sie kurz alleinlasse und nebenan mit ihrer Mutter sprechen möchte. Nina malt ohne Reaktion auf mich weiter. Ich gehe kurz zu meiner Kollegin ins Büro, die glücklicherweise gerade kein Gespräch führt, und schildere ihr meine Eindrücke. Ich würde sie am liebsten für den weiteren Verlauf dazu holen und bitte sie jetzt erst einmal, ein Augenmerk auf Nina zu haben, während ich mit Frau Kaminski im anderen Beratungsraum rede.

Reflexion der Beraterin

Ninas Verhalten und ihre Erzählungen rühren mich sehr an. Ich mochte sie von Beginn an sehr gerne und spüre im Verlauf des Gesprächs mit ihr zunehmend starkes Mitleid, ohne genau zu wissen, worum es bei ihr geht. Als sie von ihrer Angst vor den großen Hunden und ihren Alpträumen erzählt, wirkt sie auf mich sehr hilflos und wie ausgeliefert an etwas, das sie nicht benennen kann. Ich nehme meine eigenen Gefühle auch als diagnostisches Instrument sehr ernst: die Hilfsbedürftigkeit, die ich merke, als ich mit meiner Kollegin Worte wechsele und das starke Mitleid. Beides bestätigt meine Vermutung, dass sie etwas erlebt hat, dem sie schutzlos ausgeliefert war oder ist.

Den raschen Wechsel zwischen lebendiger Interaktion und Kontaktabbruch kenne ich zwar von vielen Kindern, hier scheint er mir aber besonders stark ausgeprägt und ich empfinde ihn als unangemessen. Ich vermute deshalb eine emotionsabspaltende Reaktion, wie sie bei und nach traumatisierenden Erlebnissen auftreten kann. Ich überdenke auch die angespannte Stimmung, die im Zusammensein mit Mutter und Tochter entstanden ist: eine Mischung aus Gefühlsverwirrung, Verschwiegenheit und sexuell getönter Übergriffigkeit.

Aus all diesen Wahrnehmungen entsteht in mir der Verdacht, Nina könnte eine sexuelle Missbrauchserfahrung gemacht haben. Ich weiß, dass eine Atmosphäre der Verschwiegenheit bei Mutter und Tochter häufig wahrzunehmen ist in Familien, bei denen ein sexueller Missbrauch nicht thematisiert ist. Damit ein Kind sich mit seiner Not mitteilen kann, muss eine Vertrauensperson offen für die Andeutungen des Kindes sein und diese bejahend und interessiert aufnehmen.

Ich vermute außerdem, dass die Mutter selbst sich nicht in der Lage fühlt, einen sexuellen Missbrauch der Tochter zu realisieren und die Konsequenzen zu tragen, nämlich die Tochter zu schützen und den Täter zur Rechenschaft zu ziehen. Sie hat jedoch zugleich den Impuls, etwas zu thematisieren, sonst wäre sie nicht zur Beratung gekommen. Sie trägt damit möglicherweise an mich den Wunsch nach Aufdeckung heran.

Ich weiß, dass es bei sexuellem Missbrauch, jedenfalls, wenn er innerhalb der Familie stattfindet, in der Regel keinen Sinn hat, aus dem Bedürfnis heraus, das Kind schützen zu wollen, in Aktionismus zu verfallen. Von der Aufdeckung bis zu den notwendigen Schritten, um das Kind tatsächlich schützen zu können, vergeht Zeit und der Prozess braucht eine kontinuierliche Unterstützung, am besten durch eine spezialisierte Beratungseinrichtung, die dies über längere Zeit hinweg leisten kann. Ich möchte Frau Kaminski dabei unterstützen, das bisher noch Unaussprechliche in Betracht ziehen zu können und ihr Interventionsmöglichkeiten für den Schutz von Nina vorstellen, damit sie sich überhaupt für diesen Weg entscheiden kann. Dafür werde ich ihr gegenüber meine Vermutung aussprechen, immer unter der Prämisse, dass ich mit meiner Vermutung auch falsch liegen könnte.

Die Intervention

„Und? Was meinen Sie?“, fragt Frau Kaminski sofort, als ich ihr gegenübersitze.

„Frau Kaminski, nach allem, was ich von Ihnen und Ihrer Tochter gehört und erlebt habe, habe ich den Eindruck gewonnen, dass Nina möglicherweise sexuell missbraucht worden ist, vielleicht von ihrem Vater. Das ist bis jetzt nur ein Verdacht, Nina hat dazu nicht direkt etwas gesagt, aber Sie sollten mit dieser Möglichkeit rechnen. Haben Sie auch schon mal etwas in dieser Richtung vermutet?“

Kaum habe ich dies gesagt, sackt Frau Kaminski in sich zusammen und beginnt leise vor sich hinzuweinen.

„Ja“, sagt sie nach einiger Zeit. „Ich habe auch schon daran gedacht, aber ich hab’s gleich wieder weggeschoben, so was wollte ich einfach nicht denken. Dabei hat sie sich so verändert, hat plötzlich gesagt, ihr Papa ist doof, und mich gefragt, warum er so doof ist.“

Sie schaut mich wie hilfesuchend an.

„Das kann man sich doch gar nicht vorstellen. Was macht er denn mit ihr? Ich hätte schon früher was unternehmen müssen."

„Aber jetzt haben Sie ja etwas unternommen, Sie sind mit Nina hierhergekommen. Das ist genau das Richtige, was Sie gerade tun."

Frau Kaminski nickt. Sie bittet mich, dass ich Nina genauer frage, was passiert sei, sie selbst könne das nicht tun. Ich merke sofort, dass dies eine Überforderung für alle Beteiligten und somit eine überstürzte Intervention wäre, und erkläre ihr das. Ich erzähle ihr, dass es Beratungseinrichtungen gibt, die auf langjährige Erfahrungen im Umgang mit sexuell missbrauchten Kindern und deren Angehörigen zurückgreifen können und gute Möglichkeiten haben, um eine Familie längerfristig zu begleiten, etwa mit einem passenden therapeutischen Angebot für Nina und auch die anderen Beteiligten.

„Aber was soll ich denn tun, um Weiteres zu verhindern? Ich kann doch den Kontakt mit dem Vater nicht einfach verbieten."

„Der nächste Schritt ist dann ein Gespräch beim Jugendamt. Das Amt kümmert sich um die Fragen des Sorgerechts und des Umgangsrechts. Steht Ihnen und dem Vater das Sorgerecht gemeinsam zu?"

„Nein, mir allein."

Frau Kaminski hat das alleinige Sorgerecht für ihre Tochter, Ninas Vater hat nur das Umgangsrecht. Wir sprechen im Weiteren über verschiedene Optionen. Ihr alleiniges Sorgerecht würde das weitere Vorgehen erleichtern, denn bei gemeinsamem Sorgerecht der Eltern würde eine Verhinderung des Kontaktes mit dem Kind es erfordern, gerichtliche Schritte einzuleiten. Eine Mitarbeiterin des Jugendamtes würde dann zusätzlich zu den Aussagen der Mutter mit dem Kind eine Befragung vornehmen, sich ein Bild machen und anschließend das Familiengericht einschalten. Falls Frau Kaminski strafrechtlich gegen den Vater vorgehen will, müsste sie einen Strafantrag stellen und dafür die Polizei einschalten. Dabei ist immer die psychische Belastung für die Tochter mitzubedenken, die sich aus der notwendigen Befragung und Begutachtung ergibt.

Zum Schluss sprechen wir noch über den nächsten Besuchstermin, den Nina bei ihrem Vater hat. Frau Kaminskiwill ihn absagen, um zunächst Klarheit für sich zu gewinnen. Dann gehen wir in den Beratungsraum, in dem Nina immer noch malt.

Im abschließenden Dreiergespräch erkläre ich Nina, dass ich sie gern an eine Beratungsstelle für Kinder und deren Eltern vermitteln würde, weil es ihr offensichtlich nicht gut geht, und dass sie dort in Ruhe und ausführlicher als hier über alles reden könne, was sie bedrückt. Ich biete ihr an, sie in der Beratungsstelle schon telefonisch anzukündigen. Nina stimmt sofort bereitwillig zu, was mich darin bestätigt, dass ich richtig vorgegangen bin. Mit der Mutter vereinbare ich ein Nachgespräch in der übernächsten Woche, um mit ihr besprechen zu können, wie bisher die Überweisung geklappt hat und ob sie sich dort mit ihrer Tochter aufgehoben fühlt. Beim Verabschieden gibt Nina mir von sich aus die Hand, dann zieht sie ihre Mutter energisch Richtung Ausgang.

Ich bin sehr berührt und angestrengt von dem Gespräch. Nina tut mir sehr leid. Ich muss nun das Gefühl der Unsicherheit aushalten, nicht zu wissen, wie es mit Nina weitergehen wird. Ich spreche längere Zeit mit meiner Kollegin, um mir über die verschiedenen Reaktionen klar zu werden, die das Gespräch in mir ausgelöst hat unter anderem das Mitgefühl mit Nina, ein starker Impuls, sie sofort schützen und vor weiteren Übergriffen bewahren zu wollen, Empörung über das, was jemand seinem Kind antut. Mit meiner Kollegin zu sprechen hilft mir, innerlich wieder Abstand zu gewinnen und ruhiger zu werden.

5.2 Interventionsprinzip ‚Schützen'

Sexueller Missbrauch als Ursache einer Krise eines Kindes ist immer auch für uns als Beratende psychisch belastend und ruft starke Emotionen hervor. Bei einem Verdacht kommt die Unsicherheit eines möglichen Irrtums hinzu, in einem Feld, in dem Tabuisierung, Sprachlosigkeit, Unklarheit und Unsicherheit herrschen. Wir müssen entscheiden, wie das Kind am besten zu schützen ist, wer hinzugezogen werden sollte und wer die schwierige Aufgabe der Aufdeckung und Konfrontation durchführen kann. Die Frage des Schutzes ist zentral in vielen Situationen der Krisenintervention. Was bedeutet es, einen schützenden Kontext zu initiieren? Welche Möglichkeiten gibt es?

In der Krisenberatung benötigen Hilfesuchende in ganz unterschiedliche

Situationen Schutz. In unserem Beispiel ist die Situation eindeutig: Der Verdacht des sexuellen Missbrauchs liegt vor. Für Nina, die bisher keine Möglichkeiten hat, sich selbst zu schützen, muss mithilfe der Mutter ein Kontext hergestellt werden, in dem ein wirksamer Schutz möglich wird. Nicht immer ist die Notwendigkeit, einen schützenden Kontext zu initiieren, so offensichtlich. Menschen drücken in unterschiedlichster Weise ihre Not und ihr Bedürfnis nach Schutz aus, häufig erst auf den zweiten oder dritten Blick sichtbar und spürbar. Manchmal erkennen erst nur wir diese Notwendigkeit und können sie dann während der Intervention unserem Gegenüber vermitteln.

Wirksamer Schutz bedeutet, gegen ängstigende oder gefährdende Einflüsse abgesichert zu sein. Das können Einflüsse von außen *oder* von innen sein. So braucht Nina, falls bei ihr tatsächlich ein Missbrauch vorliegt, zum Beispiel Schutz vor weiteren sexuellen Grenzüberschreitungen, auch in Form einer räumlichen Trennung vom Täter. Ein schwer depressiver, suizidaler Mensch braucht unter Umständen Schutz vor eigenen selbstgefährdenden Impulsen durch medizinische und therapeutische Behandlung und einen schützenden Klinikaufenthalt. Ein Mensch in einer akuten Psychose braucht einen schützenden Kontext, in dem er von Reizen abgeschirmt ist und sich sicher vor zum Beispiel wahnhaften Bedrohungen fühlen kann.

Die folgenden Hinweise zum Vorgehen können Ihnen helfen, einen schützenden Kontext zu initiieren.

Das Schutzbedürfnis überhaupt zu erkennen, ist ein erster Schritt. Dazu ist es für uns als Beratende wichtig, unsere eigenen Gefühle im Kontakt mit dem Gegenüber wahrzunehmen, denn sie sind häufig ein Hinweis auf die Gefühlssituation der anderen Person und somit ein diagnostisches Werkzeug, um Klarheit zu gewinnen und besser einzuschätzen zu können, was los ist. Im Fallbeispiel entsteht bei der Beraterin zum Beispiel Mitleid und ein deutlicher Fürsorgewunsch. Oder aber die Angst der ratsuchenden Person ist hinter aggressivem Verhalten versteckt – dann löst das häufig ein Schutzbedürfnis und Angst bei der Beratungsperson aus. Jemand ist dann vordergründig aggressiv, gerade *weil* er Angst hat und versucht, diese abzuwehren. Nur der Berater spürt dann die Angst. Sie können bei solch einem Eindruck konkret nach Ängsten fragen, etwa so: „Ich habe den Eindruck, Sie sind im Moment unter Druck. Wovor genau haben Sie Angst? Was befürchten Sie, was passieren könnte? Wer oder was kommt Ihnen zu nahe?“

Manchmal ist es fraglich, ob die Klientin glaubt, selbst schützenswert zu sein und ein Recht auf Schutz zu haben. Gerade bei häuslicher Gewalt und bei sexuellem Missbrauch kann dieses Gefühl verlorengegangen sein. Dann ist es unsere Aufgabe, der Klientin dabei zu helfen, ein Gefühl für die Notwendigkeit und das Recht auf Schutz zu entwickeln.

Sie als Beratende oder Beratender sollten auch daran denken, sich selbst zu schützen. Geht beispielsweise eine telefonische Meldung ein, dass ein Familienkonflikt mit einem gewaltbereiten Ehemann zu eskalieren droht, dann informieren Sie zuerst die Polizei und rufen Sie zum Besuch vor Ort hinzu. Sonst begeben auch Sie sich in eine gefährliche Situation. Wenn Sie sich selbst gut und offensichtlich schützen, handeln damit auch in einer Modellfunktion für ihre Klient:innen. Die Opfer eines gewalttätigen Familienmitglieds erleben so vielleicht zum ersten Mal, dass die Gewalt unrechtens und Grund genug ist, um die Polizei zu rufen.

Einen schützenden Kontext sollten Sie zusammen mit Ihrem Gegenüber definieren. Dazu können Sie gemeinsam Ideen entwickeln und zusätzlich Ihr Wissen über Schutzmöglichkeiten einbringen. Hier können etwa die folgenden Fragen sinnvoll sein:

- „Was stellen Sie sich vor, könnte für Sie beruhigend wirken?"
- „Wo könnten Sie sich jetzt aufgehoben und sicher fühlen?"
- „Brauchen Sie Menschen um sich, wenn ja wen, oder wollen Sie eher für sich allein sein?"
- „Welche Kontakte wollen Sie vermeiden?"

Die Fragen zum Kontakt mit anderen Menschen sind wichtig, da die Bedürfnisse sehr unterschiedlich und zugleich ausschlaggebend für ein (un-)geschütztes Gefühl sein können: Menschen mit einer Angststörung fühlen sich in der Regel sicherer, wenn sie nicht allein sind. Menschen in einer Psychose können sich durch bestimmte Personen bedroht fühlen, so dass die Angst steigt und Gewalthandlungen möglicher werden.

Manchmal müssen wir auch die Verantwortung für den Schutz einer Person übernehmen. Wir übernehmen dann mehr Verantwortung als in Beratung sonst üblich, weil deutlich wurde, dass die Person sich selbst nicht (mehr) ausreichend schützen kann, sei es aufgrund einer psychischen Beeinträchtigung, bei akuter Selbst- oder Fremdgefährdung oder aufgrund von Abhängigkeitsverhältnissen wie bei Kindern und Jugendlichen in der Familie. Für diese Fälle gibt es gesetzliche Regelungen. Hier greift das Psychisch-Kranken-Gesetz und das SGB VIII, also das achte Buch Sozialgesetzbuch – Kinder- und Jugendhilfe.

Schließlich geht es auch um den praktischen Schutz, zum Beispiel, indem Sie einen Aufenthalt in einem Frauenhaus mit geheim gehaltener Adresse oder bei Freunden bzw. Angehörigen organisieren, die Polizei hinzuziehen, eventuell mit rechtlichen Verfügungen, oder Schritte für einen Klinikaufenthalt einleiten.

5.3 Literaturexkurs zu sexuellem Missbrauch

Wenn ein Kind sexuell missbraucht wird, entsteht ein massives familiäres Krisengeschehen. Aufgrund der Überlegenheit des in der Regel erwachsenen Täters besteht immer auch ein Machtmissbrauch. Psychische und körperliche Gesundheit, die Art der Beziehungsgestaltung und die Lebensplanung wird bei einer großen Anzahl der Betroffenen kurz- und langfristig deutlich negativ beeinflusst bis hin zu einer Traumatisierung (dji 2011). Oft bleibt ein sexueller Missbrauch jahrelang im Verborgenen, weil entweder Hinweise des Kindes nicht ernstgenommen werden oder das Kind auf Druck des Täters oder aus einem ambivalenten Loyalitätsgefühl heraus schweigt. All diese Formen von Verheimlichung, Tabuisierung und Sprachlosigkeit spiegeln auch den Umgang der Öffentlichkeit mit dem Thema. Auch hier sind die Erkenntnisse aus der Wissenschaft für die Praxis hilfreich, um besser einordnen zu können und mehr Sicherheit und Klarheit für die Intervention zu gewinnen.

Öffentliche Kenntnisnahme

Erst seit Ende der 1970er Jahre wird sexueller Missbrauch öffentlich zur Kenntnis genommen – ein Verdienst der Frauenbewegung (BMFFSJ 2001). Vorher war sexueller Missbrauch ein Tabuthema wie auch häusliche Gewalt. So wurde dann auch erst 1983 die erste spezialisierte Beratungsstelle für Mädchen in Deutschland gegründet: Wildwasser e. V. Sie entstand aus der ersten Selbsthilfegruppe von Frauen, die als Kind sexualisierte Gewalt erfahren mussten (Wildwasser 2013). Eine erste Selbsthilfe-Beratungsstelle für Männer (Tauwetter e. V.) gründete sich dann 1995 in Berlin. Auch die 2009 begonnene Aufarbeitung von Missbrauch in der Heimerziehung der 50er und 60er Jahre mit der Einrichtung eines runden Tisches unter dem Vorsitz von Antje Vollmer (Bundesvizepräsidentin a. D.) trug weiter zur öffentlichen Wahrnehmung bei (dji 2011). Über die letzten 40 Jahre hat sich dieser Hilfebereich erheblich professionalisiert. Es sind Beratungs-, Schutz- und Unterstützungskonzepte für Menschen mit sexuellen Missbrauchs- und Gewalterfahrungen entwickelt worden und die Forschung hat sich ebenfalls des Themas angenommen.

Seit Anfang 2010 ist sexueller Missbrauch durch die bekannt gewordenen Übergriffe in kirchlichen und pädagogischen Institutionen erneut intensiv Thema öffentlicher und wissenschaftlicher Diskussion geworden (z. B. Keupp u. a. 2017).

Sexueller Missbrauch als Straftatbestand

Durch das am 1.7.2021 in Kraft getretene Gesetz zur Bekämpfung sexualisierter Gewalt gegen Kinder vom 16.6.2021 sind die Paragraphen zum sexuellen Missbrauch neu überarbeitet worden. Danach ist der sexuelle Missbrauch an Personen unter vierzehn Jahren (Kinder) teilweise ein Verbrechenstatbestand nach § 176 StGB. Es droht eine Strafe nicht unter einem Jahr (https://dejure.org/gesetze/StGB/176.html).

Aber im Unterschied zu sexuellen Handlungen zwischen Erwachsenen und Kindern können sexuelle Handlungen unter Kindern nicht generell als sexuelle Gewalt interpretiert werden (Volbert 2005) und es geht eher um einen sexuellen Übergriff (s. u.).

Definition sexueller Missbrauch

Unter sexuellem Missbrauch versteht man die Einbeziehung von Kindern und Jugendlichen in sexuelle Aktivitäten – mit und ohne Einverständnis. Von sexueller Misshandlung wird gesprochen, wenn es zur Gewaltanwendung kommt. Sexueller Missbrauch kann mit – wie bei der sexuellen Misshandlung – und ohne direkten Körperkontakt geschehen, dann z. B. auch durch sexuelle Belästigung über neue Medien oder durch Pornografie. Es besteht immer ein Machtgefälle zwischen missbrauchender Person und Opfer. Täter sind in der Regel Erwachsene, es können aber auch minderjährige Jugendliche und Kinder sein. Sexueller Missbrauch ist eine Gewalterfahrung wie auch die körperliche und seelische Misshandlung oder Vernachlässigung. Häufig gibt es Überschneidungen verschiedener Formen von Gewalterfahrungen (Thyen u. a. 2000).

Die Zahlen

Angaben über die Verbreitung von sexuellem Missbrauch schwanken, da die Dunkelziffer ähnlich wie bei Partnerschaftsgewalt hoch ist und unterschiedliche Definitionen zugrunde liegen. Die Weltgesundheitsorganisation geht für Deutschland von einer Million betroffener Mädchen und Jungen jedes Jahr aus, die sexuelle Gewalt erlebt haben oder erleben. Das sind pro Schulklasse ein bis zwei Betroffene. In Deutschland werden jährlich etwa 14.000-16.000 Fälle angezeigt. Jeder 7. bis 8. Erwachsene hat in seiner Jugend sexuelle Gewalterfahrungen machen müssen. Kinder und Jugendliche mit Behinderungen sind zwei- bis dreimal häufiger sexuellem Missbrauch in Kindheit und Jugend ausgesetzt (Unabhängiger Beauftragter für Fragen des sexuellen Kindesmissbrauchs 2019). Mädchen werden häufiger sexuell missbraucht als Jungen. Drei Viertel aller Missbrauchsfälle geschehen im Bekannten- oder Verwandtenkreis der Kinder (BMFFSJ 2001), während sexuelle Gewalt durch Fremdtäter eher die Ausnahme ist. Die meisten Fälle (etwa die Hälfte bis 2/3) werden nicht oder erst im Erwachsenenalter aufgeklärt (Mosser 2013).

Orte, Täter und Hintergründe

Der Ort des sexuellen Missbrauchs ist dem entsprechend meist im Zuhause, innerhalb von Familien, aber auch im weiteren sozialen Umfeld, in Institutionen und im Freizeitbereich. Missbrauchende Personen sind Väter oder Stiefväter, Geschwister, Verwandte, Klassenkameraden, Erzieher und andere vertraute Personen außerhalb der Familie oder Verwandtschaft. Selten sind Frauen die Täterinnen.

Meist sind die Täter ‚ganz normale Menschen', die damit nicht dem öffentlichen, traditionellen Bild eines gestörten Triebtäters entsprechen. Das hat sicherlich damit zu tun, dass meist in den Familien und im Nahbereich autoritäre Strukturen einen Machtmissbrauch nahelegen und ermöglichen. Die Opfer befinden sich in einer machtlosen Position, die ausgenutzt wird (Hävernick 2013). Hinzu kommt in der Regel eine Atmosphäre der Frauenverachtung und der Abwertung des weiblichen Geschlechts, wenn Mädchen die Opfer sind.

Weitere Erklärungsangebote diskutieren etwa bestimmte Einstellungen der Täter, die Gewaltausübung rechtfertigen und der Auffassung sind, sie tun nichts Verwerfliches, ungefähr so: „Das schadet nicht“, „Mädchen müssen schon früh für die spätere Ehe zum sexuellen Dienen erzogen werden“ oder „Sie mag es“. Auch Störungen in der Persönlichkeitsstruktur des Täters werden als Erklärung angenommen sowie Gewalt- und Missbrauchserfahrungen der Täter in ihrer Biografie. Manche Autor:innen führen auch familiale Hintergründe mit strukturellen und sozialen Beeinträchtigungen an, wie sexueller Missbrauch der Mutter, Drogen- und Alkoholmissbrauch eines Elternteiles, psychische Probleme, Krankheit, dysfunktionale Familienprobleme, niedrige Qualität der Erziehung wie unangemessene Strafen, ernsthafte Eheprobleme, Isolation der Familien, niedriger sozioökonomischer Status, Aufwachsen mit alleinerziehenden Eltern oder in Stieffamilien (u. a. Amann u. a. 1997, BMFFSJ 2001, Deegener 1995, Harten 1995, dji 2011).

Zu Geschwisterinzest oder sexuellen Übergriffen unter Kindern kann es kommen, wenn das Machtgefälle zwischen den beteiligten übergriffigen Kindern ausgenutzt wird z. B. durch Versprechungen, Anerkennung, Drohung oder körperliche Gewalt (Freund 2010).

Folgen für das missbrauchte Kind

Dass die meisten Kinder in der Folge Symptome entwickeln, steht außer Frage. Die unmittelbaren Folgen sind sehr vielfältig, allerdings sind sie nicht für den sexuellen Missbrauch spezifisch, dazu schreiben wir mehr im Abschnitt ‚Aufdeckung‘. Langzeitfolgen können zu emotionalen und kognitiven Störungen, zu Posttraumatischen Belastungsstörungen, zu dissoziativen Störungen wie Amnesien oder multipler Persönlichkeitsstörung, zu anderen Persönlichkeitsstörungen, zu Somatisierungen, Schlafstörungen, Essstörungen, sexuellen Störungen, zu substanzgebundenem Suchtverhalten, Störungen interpersonaler Beziehungen und zu Problemen der sozialen Anpassung führen (siehe Moggi 1997, S. 190).

Das Ausmaß an Langzeitfolgen ist abhängig von verschiedenen Faktoren, etwa von der Vertrautheit zwischen Opfer und Täter, von der Häufigkeit,

Dauer, Intensität und Art des sexuellen Missbrauchs. Die Langzeitfolgen sind natürlich auch in der Regel schwerwiegender, je länger das Opfer ohne Hilfe bleibt, je mehr an seiner Glaubwürdigkeit gezweifelt wird und je weniger Trost und Hilfe das betroffene Kind bekommt (Unabhängiger Beauftragter für Fragen des sexuellen Missbrauchs 2021).

Hindernisse bei der Aufdeckung

Oft bleibt ein sexueller Missbrauch jahrelang unaufgedeckt und damit auch ohne Konsequenzen für den Täter. Die meisten Fälle, etwa die Hälfte bis zwei Drittel, werden nicht oder erst im Erwachsenenalter aufgedeckt (Mosser 2013). Es gibt viele Gründe dafür, die auch mit der Bewertung von Missbrauch in unserer Gesellschaft zusammenhängen. Missbrauch berührt ein zentrales Tabu. Es kann sein, dass niemand die Hinweise des Kindes ernst nimmt, weil der Erwachsene oder die Einrichtung den stattgefundenen Missbrauch nicht glauben kann oder will. Oft schweigt das Kind auch auf Druck des Täters oder aus einem ambivalenten Loyalitätsgefühl heraus, es will den Täter schützen, den es auch liebt oder von dem es sich abhängig fühlt, oder es will die Familie schützen, die Mutter nicht belasten. Oft spielen auch Scham- oder Schuldgefühle und Angst vor Stigmatisierung eine Rolle, wenn Kinder oder Jugendliche schweigen.

Anzeichen für sexuellen Missbrauch und Aufdeckungsarbeit

Schritte zur Beendigung des sexuellen Missbrauchs setzen seine Aufdeckung, ein ‚irgendwie darüber sprechen', voraus (Willutzki 1997). Deshalb wird Ihre Arbeit in der Krisenintervention häufig darin bestehen, die Anzeichen für einen bisher nicht aufgedeckten Missbrauch zu erkennen, ohne Vermutungen vorschnell als Wahrheit einzuordnen. Es gibt körperliche Symptome, die Ihnen einen Hinweis auf sexuellen Missbrauch geben können wie Verletzungen und Infektionen im Genitalbereich. Auch psychische Symptome und Verhaltensauffälligkeiten wie übergriffiges, sexualisiertes Verhalten wie in unserem Beispiel der unvermittelte Griff an die Brust der Beraterin können Symptome sein. Ebenso können Sie bei verschiedenen weiteren Anzeichen an die Möglichkeit eines sexuellen Missbrauchs denken, etwa bei Verhaltens- und psychischen Störungen wie Einnässen, Einkoten, Konzentrationsstörungen, Depressionen, Reizbarkeit, Ängste, selbstverletzendes Verhalten, Wutanfälle, Stimmungsschwankungen, Suizidalität aber auch betont unauffälliges Verhalten. Keines dieser Symptome verweist aber eindeutig auf einen sexuellen Missbrauch. Für die Feststellung eines sexuellen Missbrauchs sind eindeutige Berichte der Betroffenen oder des Täters erforderlich (Goldbeck u. a. 2017).

Es ist immer ein großer Schritt, einen Missbrauchsverdacht anzusprechen. Sie sollten sich auf jeden Fall schon vorher mit der Thematik auseinandergesetzt haben und auch eine mögliche eigene Betroffenheit an anderer Stelle bearbeiten, um im Beratungskontext klar und ohne Vermischung mit persönlichen Erfahrungen einschätzen und handeln zu können. Um mit der Unsicherheit umgehen zu können, dass der Verdacht möglicherweise nicht stimmt, und auch zur Klärung, hilft die kollegiale Beratung oder Supervision.

Falls im Beratungsgespräch die Bezugsperson oder das Kind, der Jugendliche den Verdacht teilt, müssen Sie – möglichst gemeinsam – entscheiden, wie das Kind am besten zu schützen ist, wer hinzugezogen werden sollte, wer die schwierige Aufgabe der Aufdeckung und Konfrontation mit dem Täter durchführen kann und wer das Kind und seine Mutter bzw. welche anderen Vertrauenspersonen diese begleiten. Sie können die Polizei hinzuziehen, wenn eine Anzeige erstattet werden soll. Allerdings besteht dann ein Ermittlungszwang, die Anzeige kann nicht zurückgezogen werden. Das Jugendamt ist bei all dem der wichtigste Ansprechpartner und kann auch eine Inobhutnahme durchführen, also eine vorläufige Unterbringung zum Schutz vor akuten Gefahren für Kinder und Jugendliche.

Weiterhin sind spezialisierte Beratungsstellen geeignet, Hilfe für Diagnostik und Therapie vorzuhalten, wir haben eingangs Wildwasser e. V. oder Tauwetter e. V. beispielhaft erwähnt. Das Familiengericht kann Maßnahmen zum Sorgerecht und Umgangsrecht treffen (Goldbeck u. a. 2017).

Die Mütter betroffener Mädchen

Die Mutter in unserem Fallbeispiel hatte nur eine diffuse Ahnung des Missbrauchs. Sie warf sich aber vor, ihre Tochter unzureichend geschützt zu haben und nicht hellhörig genug gewesen zu sein. Die meisten Mütter – insbesondere, wenn ein Inzest vorliegt – erleiden zunächst einen schweren Schock, wenn sie von dem Missbrauch ihres Kindes erfahren. Sie quälen sich mit Schuldgefühlen, machen sich Vorwürfe und haben Selbstzweifel, zeigen völlige Verwirrung oder Rache- und Hassgefühle – auch gegenüber der Tochter (Gerwert 1996). Der Täter versucht oft, die Mutter auf seine Seite zu ziehen und sie unter Druck zu setzen. Untersuchungen zeigen, dass sich die Mütter sehr unterschiedlich verhalten und sie ihre Töchter am meisten unterstützen, wenn es sich um den Ex-Partner handelt (Eberson u. a. 1989 in Gerwert ebd., S. 34).

Was bedingt die Inanspruchnahme von Hilfe seitens der Mutter? Ihr Wissen um das Geschehen und ihr Verständnis davon, die Art der Zuschreibung von Verantwortung, ihre Einschätzung der verfügbaren Hilfen, Schamgefühle und Schwierigkeiten darüber zu sprechen, Angst vor der Wegnahme ihres Kindes, Angst vor dem Verlust des Partners und Angst vor weiteren negativen Konsequenzen (Hooper 1989 in Gerwert 1996, S. 37).

Diese Liste macht deutlich, dass die Mutter Unterstützung braucht, um ihrem Kind entsprechend zu helfen und dass genau überlegt werden muss, welcher Weg dazu geeignet ist.

In einem ersten Schritt sollten Sie sich deshalb fragen, welche Einstellungen und Überzeugungen die Mutter in Bezug auf einen sexuellen Missbrauch hat, ob sie ihn möglicherweise bagatellisiert, wie sie zu Ihrem Partner und zu ihrem Kind steht und welche Stellung sie in ihrem sozialen Umfeld hat (BMFFSJ 2001, S. 104).

Damit die Mutter die Situation gut verarbeiten und damit umso besser das missbrauchte Kind unterstützen kann, sind das soziale Umfeld und das Verhalten der professionellen Helfenden wichtig. Die emotionale Unterstützung des Kindes durch die Mutter ist wesentlich dafür, wie das Kind den Missbrauch verarbeiten kann und ob es weiterem Missbrauch ausgesetzt ist. Wichtig ist auch, dass Sie beachten, dass die Familiendynamik bei Familien, in denen ein sexueller Missbrauch stattgefunden hat, häufig äußerst kompliziert ist. Fast immer – wenn der Täter aus dem Nahbereich kommt – liegen komplexe Bindungs- und Loyalitätsstrukturen vor, mit Täter- und Opferanteilen bei den einzelnen Mitbeteiligten. Im vorliegenden Fallbeispiel ist die Mutter von dem Täter schon getrennt, das heißt, dass sie ihre Bindung an den Vater des Kindes bereits gelöst hat. Das macht es ihr einfacher, ihre Tochter zu unterstützen.

Krisenintervention bei Vorliegen eines sexuellen Missbrauchs

Mit einigen Impulsen für die Krisenintervention geben wir Ihnen abschließend eine Hilfestellung, um noch mehr Sicherheit und Klarheit zu erlangen.

- Die Form der Krisenintervention ist davon abhängig, wer für wen um Hilfe bittet, wie die Rahmenbedingungen der Einrichtung sind, wie viel Zeit zur Verfügung steht und welche Kenntnisse die Mitarbeiterinnen über sexuellen Missbrauch haben.
- Krisenintervention kann niemals gutachterliche Funktion haben, sondern eher einen helfenden Prozess anstoßen, wobei Sie sich darüber klar sein müssen, dass Aufdeckungsarbeit nur im Kontext von Vertrauen erfolgen kann und sollte, Zeit in Anspruch nimmt und Sie alles vermeiden sollten, was zu einer Retraumatisierung führen könnte, etwa durch vorschnelle Schritte, die weitere Gewalt und Kontaktabbrüche nach sich ziehen. Der Impuls, gleich einzugreifen und vieles in Bewegung zu setzen, ist verständlich, aber womöglich kontraproduktiv, die einzelnen Schritte sollten gut überlegt und mit anderen abgesprochen sein.
- Vor einer sogenannten „wilden Konfrontation", einer nicht gut vorbereiteten Konfrontation des Täters, wird in der Literatur gewarnt, da sonst der Täter die Möglichkeit erhält, seine Strategien der Verleugnung und Umdeutung noch zu perfektionieren (Goldbeck 2017). Zurückhaltung ist insgesamt geboten und wenn irgend möglich sollten Sie eher die Vertrauensperson des Kindes zu weiterführenden Schritten der Aufdeckungsarbeit motivieren.
- Verstehen Sie sich nicht als Einzelkämpfer:in, hier sind vernetzte Interventionen besonders geboten und hilfreich. Beziehen Sie immer zuständige Ansprechpartner:innen mit ein. Das wird am besten durch vielfältige Vernetzung möglich sein, wobei die Beteiligten miteinander kommunizieren, damit sie die Last verteilen und Lösungen gemeinsam tragen können.
- Wenn Helfer:innen dagegen nicht kooperieren, besteht die Gefahr, dass der Missbrauch nicht weiter verfolgt wird, die Stellen gegeneinander arbeiten oder sich eine spezifische Missbrauchsdynamik mit Geheimhaltung, Unklarheit und Grenzverwischung wiederholt, zum Nachteil des betroffenen Kindes (BMFFSJ 2001, S. 97).
- Krisenintervention kann hier die Aufgabe der Vermittlung übernehmen – wie im Fallbeispiel. Weitervermittlung sollte erst dann erfolgen, wenn weitgehend sicher ist, dass sie auch in Anspruch genommen wird.

- Wichtigstes Ziel ist der Schutz des Mädchens oder Jungen vor dem Missbraucher. Das ist ohne eine räumliche Trennung von ihm nicht möglich, wobei es wünschenswert ist, dass der Missbraucher geht und nicht das Kind. In der Realität gehen jedoch häufig Mutter und Kind. Auch die Situation von Geschwistern ist wichtig zu bedenken. Fragen Sie nach Unterstützungspersonen im Umfeld des Kindes und beziehen Sie sie mit ein.
- Krisenintervention kann aber auch – wie im Beispiel geschehen – einen Teil der Aufklärungsarbeit leisten und in Kontakt mit dem Kind treten, dass missbraucht wurde oder vermutlich missbraucht wurde. Wichtig ist wie immer das Zuhören und Nachfragen, das Herstellen einer tragfähigen Beziehung. Das Kind bzw. die Jugendliche sollte sich angenommen und respektiert fühlen.
- Goldbeck u. a. (2017, S. 28 ff.) nennen weitere Punkte, die im Gespräch zu beachten sind: Enorm wichtig ist unter anderem, die Unrechtmäßigkeit des sexuellen Missbrauchs klar zu bestätigen.
- Sie sollten Hilfe konkret versprechen und dann auch umsetzen.
- Bei der Hilfeplanung sollten Sie das Kind, die Jugendliche einbeziehen und zum Beispiel fragen: „Wie sollen wir dich unterstützen?“, „Was brauchst du?“, oder „Was möchtest du jetzt erreichen?“ (Wildwasser 2013).
- Sie sollten unbedingt Intervision oder Supervision in Anspruch nehmen oder die Krisenintervention zu zweit durchführen, da die emotionale Belastung bei dieser Problemlage sehr hoch ist.
- Bei weiterführenden Maßnahmen z. B. in der Psychotherapie geht es dann z. B. darum, Emotionen hinsichtlich des Missbrauchs in all seinen Facetten ausdrücken zu können und die Aufarbeitung dem Entwicklungsstand der Betroffenen anzupassen (Hülshoff 2017).

Fazit: Sexueller Missbrauch sollte klar benannt werden, das Wissen vergrößert und Hilfen in allen Stadien angeboten werden. Vor allem aber – und es ist Teil dessen – müssen wir das Opfer schützen und ihm dazu verhelfen, dass es Übergriffe eindeutig ablehnt.

Literatur

Amann, G./Wipplinger, R. (Hrsg.) (1997): Sexueller Missbrauch. Überblick zu Forschung, Beratung und Therapie. Ein Handbuch. Tübingen: dgvt-Verlag.

Bundesministerium für Familien, Senioren, Frauen und Jugend (BMFSFJ) (2001): Sexueller Kindesmissbrauch – Vorbeugen und Helfen. Berlin, 4. Aufl.

Deegener, G. (1995): Sexueller Missbrauch: Die Täter. Weinheim: Beltz.

DJI (Deutsches Jugendinstitut) (Hrsg.) (2011): Sexuelle Gewalt gegen Mädchen und Jungen in Institutionen. Abschlussbericht im Auftrag der Unabhängigen Beauftragen zur Aufarbeitung des sexuellen Kindesmissbrauchs, Dr. Christine Bergmann. München: DJI

Freund, U. (2010): Zwischen Neugier und Grenzverletzung. Sexuell übergriffiges Verhalten unter Kindern – Ursachen und Folgen. Fachtagung der Fachberatungsstelle Violetta und der DGfPI in Hannover 23.9.2010. https://www.violetta-hannover.de/sites/default/files/vortraege/Sexuelle-Ubergriffe-unter-Kindern-Ulli-Freund.pdf [2.11.2021]

Gerwert, U. (1996): Sexueller Missbrauch an Mädchen aus der Sicht der Mütter. Frankfurt a. M.: Peter Lang.

Goldbeck, L./Allroggen, M./Münzer, A./Rassenhofer, M./Fegert, J. M. (2017): Ratgeber sexueller Missbrauch. Informationen für Eltern, Lehrer und Erzieher. Göttingen: Hogrefe.

Haarten, H.-C. (1995): Sexualität, Missbrauch, Gewalt. Das Geschlechterverhältnis und die Sexualisierung von Aggressionen. Opladen: Westdeutscher Verlag.

Hävernick, M. (2013): Wildwasser Frauenselbsthilfe und Beratung. In Wildwasser e. V.: Vom Tabu zur Schlagzeile. 30 Jahre Arbeit gegen sexuelle Gewalt – viel erreicht?! Eine Kongressdokumentation. https://www.wildwasserberlin.de/tl_files/wildwasser/Dokumente/2014/Dokumentation_30-Jahre-Wildwasser-eV-Berlin.pdf [1.11.2021]

Hülshoff, T. (2017): Psychosoziale Intervention bei Krisen und Notfällen. München: Reinhardt Verlag.

Keupp, H./Straus, F./Mosser, P./Gmür, W./Hackenschmied, G. (2017): Sexueller Missbrauch und Misshandlungen in der Benediktiner Abtei Ettal. Ein Beitrag zur wissenschaftlichen Aufarbeitung. Wiesbaden: Springer.

Moggi, F. (1997): Sexuelle Kindesmisshandlung: Traumatisierungsmerkmale, typische Folgen und Ätiologie. In Amann, G./Wipplinger, R. (Hrsg.): Sexueller Missbrauch. Überblick zu Forschung, Beratung und Therapie. Ein Handbuch. Tübingen: dgvt-Verlag, 187-200.

Mosser, P. (2013): Sexuelle Gewalt in familialen und institutionellen Strukturen. Ein Beitrag zur Tagung: Gewalterfahrung und Gewaltprävention bei Kindern und Jugendlichen am 23.09.2013 in Stuttgart-Hohenheim. https://www.akademiers.de/fileadmin/user_upload/ download_archive/gesellschafts-sozialpolitik/130923_mosser_sexuelle-gewalt.pdf [25.10.2021]

Thyen, U./Kirchhofer, F./Wattam, C. (2000): Gewalterfahrungen in Kindheit. Risiken und gesundheitliche Folgen. Gesundheitswesen. 62(6), 311-319. DOI: 10.1055/s-2000-11468 [1.11.2021]

Unabhängiger Beauftragter für Fragen des sexuellen Kindesmissbrauchs (2021): Zahlen und Fakten. Sexuelle Gewalt gegen Kinder und Jugendliche. https://beauftragtemissbrauch.de/fileadmin/Content/pdf/Zahlen_und_Fakten/Fact_Sheet_Zahlen_und_Fakten_UBSKM.pdf [26.10.2021]

Volbert, R. (2005): Sexuelles Verhalten von Kindern: Normale Entwicklung oder Indikator für sexuellen Missbrauch? In G. Amann/R. Wipplinger (Hrsg.): Sexueller Missbrauch. Überblick zu Forschung, Beratung und Therapie. Tübingen: dgvt-Verlag, 449-465.

Wildwasser e. V. (2013): Vom Tabu zur Schlagzeile. 30 Jahre Arbeit gegen sexuelle Gewalt – viel erreicht?! Kongressdokumentation. https://www.wildwasserberlin.de/tl_files/wildwasser/Dokumente/2014/Dokumentation_30-Jahre-Wildwasser-eV-Berlin.pdf [1.11.2021]

6 Lernfall ‚Entwicklungskrise im Jugendalter'

Erwachsenwerden ist ein Prozess – und braucht soziale Unterstützung

6.1 Die Fallgeschichte

Der Einstieg

Der junge Mann schlurft mit dicken schwarzen Stiefeln über den Boden des Eingangsraums der Beratungsstelle. Der Kragen seiner Jacke, die die Breite der Schultern betont, ist bis zum Kinn hochgeschlagen, die Hände sind in den Hosentaschen der tiefergehängten Jeans vergraben. Ich schätze ihn auf 19 Jahre. Er schaut mich nicht an, schlendert zum Fenster, dann zu der Sesselgruppe, greift nach einer Zeitschrift auf dem Tisch, blättert kurz rein, legt sie wieder weg.

Ich spreche ihn an: „Sie würden gerne etwas besprechen?"

Er fährt sich mit der Hand durch das dunkle, halblange Haar. „Ja, schon." Jetzt werde ich mit einem kurzen Blick bedacht.

„Na, dann gehen wir nach drüben in den Beratungsraum. Da haben wir Ruhe."

Ich lächele ihn freundlich an und er wirkt erleichtert auf mich, dass ich ihn nicht mit seiner Unsicherheit stehenlasse und abwarte, sondern ihm rasch ein Angebot mache. Diese Beobachtung nehme ich als Hinweis darauf, dass es für den Gesprächsbeginn sinnvoll sein könnte, die Führung zu übernehmen.

Ich stelle mich mit meinem Namen vor und erkläre ihm kurz, wer ich bin und was ich hier in der Beratungsstelle mache. Er schaut mich dabei weiter kaum direkt an, mein Eindruck ist aber, dass er aufmerksam zuhört. Es entsteht eine kurze Stille. Dann grinst er mich an und streckt mir die Hand entgegen:

„Ich bin Jan Sperber."

Ich freue mich. Wir sind gut in Kontakt gekommen und haben damit schon mal eine Basis für das Gespräch.

Herr Sperbers Geschichte

Der Anlass, hierher zu kommen, sind Angstzustände, die ihn seit einigen Wochen belasten und ihm zunehmend Sorgen bereiten. In Ruhesituationen, speziell aus dem Schlaf heraus, fällt ihn ein massives, diffuses Angstgefühl an, das mit körperlichen Symptomen wie Schweißausbrüchen, Herzrasen und dem subjektiven Gefühl von Atemnot einhergeht. Zum ersten Mal traten die Angstzustände auf, kurz nachdem er von zu Hause in seine erste eigene Wohnung gezogen war. Seitdem liegt er des Öfteren nachts mit diesen starken angst- bis panikartigen Zuständen wach und leidet sowohl unter den Angstinhalten als auch unter dem daraus folgenden Schlafmangel.

Herr Sperber ist der jüngste von drei Brüdern, die älteren sind schon vor längerer Zeit von zu Hause ausgezogen. Die Eltern trennten sich ein Jahr nach seiner Geburt, zum Vater besteht wenig Kontakt. Die Mutter beschreibt er als ‚stillen Typ' und ‚eher schwermütig', vor allem, seit er seinen Auszug zu planen begann. Herr Sperber fühlte sich schon immer verantwortlich dafür, seine Mutter zu stützen und aufzumuntern. Er empfand die Nähe zu seiner Mutter nach dem Auszug der Brüder als zunehmende Belastung, die ihn zu erdrücken drohte, so dass er sich schließlich dafür entschied, eine eigene Wohnung zu suchen. Er hat also räumlich und innerlich mehr Distanz zu seiner Mutter geschaffen und empfindet dies als Befreiung. Zugleich hat er aber Schuldgefühle gegenüber seiner jetzt „alleingelassenen Mutter", so beschreibt er sie.

Beruflich fühlt er sich stark beansprucht und oft überlastet durch seine Ausbildung im kaufmännischen Bereich, in dem viele Überstunden anfallen, so dass er kaum Zeit für anderes oder Freunde hat. Die Tätigkeit stellt ihn außerdem nicht zufrieden, er will die Ausbildung jedoch wegen der günstigen Berufschancen auf jeden Fall fortführen. Nachts grübelt er dann stundenlang über seine berufliche Zukunft. Er sieht sich selber in dem Dilemma, dass er auf der einen Seite den Berufswunsch seiner Mutter verwirklichen will, indem er eine wohl vorbereitete und geplante Karriere im betriebswirtschaftlichen Bereich durchläuft.

Nebenbei ist er jedoch in einem ganz anderen Feld aktiv und als er davon erzählt, wirkt er plötzlich lebendiger und seine Augen leuchten. Er tanzt. Er nimmt an Kursen in klassischem und modernem Tanz teil und aufgrund seiner Begabung und des kontinuierlichen Trainings hat er schon einige Tanz-Performances verwirklicht. „Tänzer" ist sein eigentlicher Berufswunsch, den er seit der frühen Jugendzeit hegt, der jedoch von beiden Eltern schon immer abgewertet wurde. Sie hielten den Beruf für zu unsicher, nicht genügend gesellschaftlich anerkannt und vor allem schrieben sie allen männlichen Tänzern eine homosexuelle – und damit abzulehnende – Ausrichtung zu. Herr Sperber erzählt, dass er viel mit diesen widerstreitenden Bewertungen beschäftigt ist.

Zudem leidet er darunter und schämt sich dafür, dass er mit 19 Jahren noch nie eine Freundin hatte. Im Gespräch äußert er das nur zögernd auf meine Nachfrage nach einer Liebesbeziehung hin und wird dabei schamrot im Gesicht.

Dann aber, als ob damit das Eis gebrochen ist, erzählt er immer mehr: Er wünscht sich Nähe, Sexualität, Geborgenheit und Austausch, beschreibt sich jedoch als zu schüchtern und außerdem vom Pech verfolgt, so dass es bisher noch nie zu näheren, geschweige denn sexuellen Kontakten mit Mädchen bzw. Frauen gekommen ist. Er vermeidet inzwischen die Kontaktaufnahme und verhält sich passiv, wenn Frauen in der Nähe sind. Er hat auch schon ein paarmal versehentlich eine falsche Telefonnummer von sich weitergeben. Das „versehentlich" setzt er mit Handgesten in Anführungszeichen, er deutet es so, dass er sich wohl unbewusst seine Chancen verbaut.

Er ist inzwischen so entmutigt, dass er nun auch noch Angst hat, sein gesamtes weiteres Leben als Single zu verbringen. Außerdem denkt er darüber nach, die Ursache für seine Unfähigkeit, eine Freundin zu finden, könnte darin begründet sein, dass er eigentlich schwul sei, es nur noch nicht wisse. Obwohl er sich eine Freundin wünscht, kreisen seine Gedanken um den Vorstellungsinhalt, schwul zu sein oder gegen seinen Willen von einem schwulen Mann ‚umgekrempelt' zu werden. Diese Bedenken sind ein Inhalt seiner Angstzustände und scheinen sich beinah zu einer fixen Idee verfestigt zu haben.

Er vermeidet das Gespräch mit Freunden über seine Probleme. Er sitzt dann allein zu Hause und schaut eine Serie nach der anderen. Ab und zu schlägt er ‚über die Stränge' und macht die Nächte durch. Danach sind die Angstzustände besonders stark, er selbst interpretiert das als eine Art der Selbstbestrafung.

Reflexion der Beraterin

Mein Gesamteindruck von Herrn Sperber ist zunächst von seinem schüchternen Auftreten geprägt. Später im Gespräch entsteht ein ganz anderer Eindruck: Er hat eine lebendige und offene Art zu erzählen und kann seine Gedanken und Gefühle differenziert beschreiben. Ich empfinde dies in gewisser Weise als Widerspruch, den ich weiterverfolgen möchte: Schränkt die von ihm beschriebene Schüchternheit ihn tatsächlich so stark ein, oder sind weitere Gründe für seine Kontaktprobleme ausschlaggebend?

Ich frage mich, womit die Angstsymptomatik in Zusammenhang stehen könnte. Zwar war die Angst der Anlass für ihn, zur Beratung zu kommen, im Verlauf des Gespräches gelangen wir jedoch schnell von den Angstsymptomen zu seiner gesamten Lebenssituation, von der er gerne und umfassend erzählt. Er wirkt emotional sehr engagiert, interessiert und neugierig, sobald es um seine Lebensfragen geht. Mein Eindruck verstärkt sich, dass er mit seiner Identitätsfindung innerlich sehr viel mehr beschäftigt ist als mit dem Leiden an den Angstzuständen.

Die Intervention

Auftragsklärung und Aufklärung über ‚Angst'

Nachdem ich einen Überblick über Jan Sperbers Problemlage und seine Lebenssituation gewonnen habe, erfrage ich nun genauer, was für ihn vorrangig zu klären ist.

„Eigentlich bin ich ja schon wegen dieser Angstzustände hierhergekommen. Ich will einfach wieder meine Ruhe haben und normal schlafen können. Ich würde auch gerne wissen, wo diese Ängste herkommen."

Ich behalte im Kopf, dass ich es für sinnvoll halte, auch seine Lebenssituation anzusprechen, und gehe erst einmal auf seine Fragen zum Thema ‚Angst' ein. Zuerst erfrage ich seine subjektiven Erklärungsansätze für seine Angstzustände.

„Keine Ahnung, wo so was herkommt. Vielleicht ist bei mir irgendwas durcheinander? Haben andere in meinem Alter sowas auch?"

„Viele Leute haben Ängste, das gibt es schon relativ häufig. Aber bei jedem gibt es unterschiedliche Ursachen. Die kann man manchmal herausfinden, wenn man überlegt, wann die Angst zum ersten Mal aufgetreten ist. Was war denn zu der Zeit so los bei Ihnen?"

Nach dem ersten ratlosen Schulterzucken sagt er: „Naja, ist schon auffällig, dass die Angst zum ersten Mal da war, kurz nachdem ich von zu Hause ausgezogen war. Aber eigentlich bin ich froh, dort raus zu sein."

Ich frage hier genauer nach, wie es ihm mit dem Auszug ging und geht und erkläre ihm dann auf einer allgemeineren Ebene Grundlagen zum Thema ‚Angst', die er auf sich beziehen kann, wenn er möchte. Damit will ich ihm eine Idee davon vermitteln, dass Angst erst mal nichts Negatives sein muss, sondern zum Leben dazugehört und in bestimmten Lebenssituationen auftaucht; und dass Ängste häufig in Zusammenhang mit problematischen Lebenssituationen zu sehen sind. Deshalb sei es auch sinnvoll, wenn er versucht, die Angstinhalte genau anzuschauen, anstatt zu versuchen sie wegzuschieben, was ohnehin nicht gelingt: Wovor genau hat er Angst, welche Gedanken gehen ihm durch den Kopf? Was ist das Schlimmste, was passieren könnte?

Herr Sperber scheint an meinen Erklärungen interessiert zu sein und fragt mehrmals nach, deshalb erkläre ich ihm weiter, dass es eine Entlastung von nächtlichen Grübeleien und Ängsten sein kann, wenn er seine Gedanken, Befürchtungen und Zukunftsängste mehr ins Tagesbewusstsein holt. Das klingt für ihn einleuchtend. Er kommt von sich aus auf die Idee, es wäre gut, wenn er mal jemandem all die verrückten Dinge erzählt, die er sich in seiner Angst ausdenkt. Mein Eindruck aus seinen Erzählungen bestätigt sich, dass mit der Angst eine Vielzahl von Themen verbunden ist. Da er selbst gerade implizit auf seinen Bedarf für ein oder mehrere weitere Gespräche hingewiesen hat, biete ich ihm Folgegespräche für die nächste Zeit an, die er gerne annimmt.

Ich frage ihn außerdem nach seinen Möglichkeiten, sich in sozialen Beziehungen zu entlasten: „Wie sieht es denn mit Freunden aus? Gibt es da welche, mit denen Sie mal über sich und Ihre Probleme oder auch die Ängste reden könnten?"

„Nee, eher nicht. Das sind so Kumpels, mit denen quatscht man nicht so persönlich. Mit einer Freundin wäre das bestimmt anders, aber das wird vielleicht sowieso nie was. Ich bin halt zu schüchtern. Meinen Sie, das könnte sich irgendwann doch nochmal ändern?“

„Da kann sich sicher ganz viel verändern. Ich glaube kaum, dass Sie nie eine Freundin kennenlernen. Vielleicht braucht es aber noch mehr Initiative von Ihnen, um auf Frauen zuzugehen.“

Er grinst etwas schief. „Jaaaa, könnte sein.“

Ich sage ihm, dass ich darüber gerne im nächsten Gespräch ausführlicher reden würde, da ich den Eindruck habe, dass er hinsichtlich Kontaktaufnahme zu Frauen vieles noch unversucht gelassen hat. Wir vereinbaren einen Termin für die nächste Woche. Er erzählt, dass er phasenweise in seinem Leben immer wieder Tagebuch geführt hat und gerne schreibt. Wir verabreden, dass er bis zum nächsten Gespräch so viel wie möglich aufschreiben wird: zu seinen Angstinhalten, zu seinen Plänen und Wünschen für die Zukunft und zum Thema ‚Freundin kennenlernen‘.

Folgegespräche: Weiterentwicklung der beruflichen Perspektive

Im ersten Folgegespräch erzählt mir Herr Sperber gleich, dass er in der vergangenen Woche seit unserem letzten Gespräch so gut wie keine Angstzustände gehabt habe. Er habe viel aufgeschrieben und nachts weniger gegrübelt.

„Meinen Sie, es könnte sein, dass die Ängste einfach weggehen?“

„Offensichtlich sind Sie auf dem richtigen Weg, auch wenn Ängste immer mal wieder auftreten *können*. Es ist sicher ein Hinweis dafür, dass Sie mit dem Schreiben und der Beschäftigung mit den Angstinhalten in die richtige Richtung gehen.“

In diesem und dem nächsten Beratungsgespräch geht es dann fast durchweg darum, Herrn Sperbers berufliche Perspektive zu erweitern. Seine nächtlichen Angstzustände tauchten gelegentlich wieder auf, schienen jedoch einen Großteil ihres Schreckens für ihn verloren zu haben. Im Gespräch wird deutlich, dass sich die meisten seiner Ängste auf Vorstellungsinhalte beziehen, die er als Ängste seiner Eltern – vor allem seiner Mutter – in Bezug auf ihn kennt: Die Angst, sein Leben zu verpfuschen und als ‚Penner in der Gosse zu landen', oder auch die Angst, eigentlich schwul zu sein. Er schließt daraus, dass ihn diese – wie er sie nennt: ‚absurden' – Ängste davon abhalten, sich mit seinem Leben zu beschäftigen, so wie er es eigentlich leben will.

Durch meine Nachfragen merkt er, dass er den Beruf des Tänzers bisher als Berufsmöglichkeit nie ernsthaft in Erwägung gezogen hat. Ich kann ihm rückmelden, dass er bei diesem Thema sehr lebendig, tatkräftig, selbstbewusst und mutig wirkt. Er stimmt zu und äußert, dass er jetzt, wo er den Berufswunsch mir gegenüber ‚öffentlich' ausgesprochen hat, diesen schon sehr viel weniger abwegig findet als bisher. Im weiteren Gesprächsverlauf wird deutlich, wie intensiv er sich eigentlich schon mit dieser Berufsperspektive beschäftigt hat: Berufschancen, Kontaktmöglichkeiten zu Tanzlehrern und Regisseuren, Entwicklungs- und Ausbildungsmöglichkeiten sind ihm umfassend bekannt. Bei mir entsteht der Eindruck, dass Herr Sperber schon seit langer Zeit auf das Ziel eines Berufes als Tänzer hingearbeitet hat, sich dies jedoch noch nicht eingestanden hatte. Vorbehalte seiner Eltern und eigene Ängste hielten ihn davon ab, zu seinem Ziel zu stehen, wodurch ein großer Teil seiner Lebendigkeit und Energie nicht freigesetzt werden konnte. Herr Sperber betont jedoch mir gegenüber immer wieder, dass er – unabhängig von seinem weiteren Berufsweg – auf jeden Fall seinen Ausbildungsberuf zu Ende bringen will. Ich äußere meine Vermutung, dass er dies so stark betont, gerade weil er sich nicht mehr so sicher ist, ob er die Ausbildung wirklich beenden will. Darauf geht er nicht ein.

Ich bekomme deshalb die Phantasie, bei ihm könnte die Gefahr bestehen, dass er – so wie bei der Ausbildung – vordergründig auch im Beratungsgespräch ‚gut mitmacht' und erst hinterher wieder Angst bekommt und dann die Beschäftigung mit eventuell anstehenden Umorientierungen beiseiteschiebt. Möglicherweise würde er seine hochmotivierte Auseinandersetzung mit seinen Ängsten und Lebensfragen ohne eine kontinuierliche professionelle Unterstützung schnell wieder aufgeben. Im ungünstigsten Fall könnte ich mir bei ihm auch die Entwicklung einer chronischen Angststörung vorstellen. Ich spreche diese Sorge an und frage ihn nach seiner eigenen Einschätzung. Herr Sperber sackt auf seinem Sessel etwas in sich zusammen und es entsteht eine längere Pause. „Kann sein, dass das, was wir hier besprechen, im Alltag wieder untergeht. Ich weiß, dass ich dann oft nicht dranbleibe an solchen Themen."

„Haben Sie schon mal daran gedacht, eine Psychotherapie zu machen? Dort könnten Sie die Themen, die wir hier nur streifen, ausführlicher vertiefen. Und Ihre Ängste, Ihre Partnerin-Suche oder Ihre Berufswünsche – das sind ja alles sehr wichtige Themen, die Ihnen anscheinend im Alltag leicht wieder wegrutschen."

Da Herr Sperber interessiert ist, mehr darüber zu erfahren, erkläre ich ihm einiges zum Thema Psychotherapie und verabrede mit ihm, dass er möglichst bis zum nächsten Gespräch schon versucht, mit einem Psychotherapeuten Kontakt aufzunehmen.

Kontaktaufnahme zu Frauen

Im dritten Folgegespräch reden wir fast nur über seine Art, Kontakt zu Frauen aufzunehmen – oder eher zu vermeiden. Ich frage ihn nach seinen Vorstellungen und Wünschen und ermutige ihn zu einer Zukunftsvision: Stellt er sich eine feste Beziehung vor oder möchte er erst einmal ausprobieren, ohne sich fester zu binden? Was für Frauen findet er attraktiv, wie stellt er sich seine Idealfrau vor? Welche Eigenschaften müsste sie haben? Wie würde die Beziehung aussehen, welche Nähe/Distanz würde es geben? Was würden sie zusammen unternehmen, worüber würde er mit ihr reden?

Hier wird deutlich, dass sich Herr Sperber bisher sehr viel weniger mit Beziehungen zu Frauen als mit seiner beruflichen Orientierung auseinandergesetzt hat. Ich äußere mein Erstaunen darüber und frage nach Erklärungen, er zuckt nur mit den Schultern. Ich beziehe mich deshalb auf seine Ängste, schwul zu sein und frage, ob er möglicherweise tatsächlich homosexuelle Neigungen hat. Er ist zwischendurch empört über meine Frage und kommentiert, ich würde genau wie seine Eltern denken. Es entspinnt sich ein kontroverses Gespräch über das Thema Homosexualität.

„Mir fällt auf, dass Sie richtig wütend werden, wenn ich das Thema anspreche. Warum lehnen Sie denn die Beschäftigung mit Homosexualität so vehement ab?"

„Mit diesem ganzen Schwul-sein-Thema haben mich meine Eltern schon viel zu viel genervt. Ich will einfach ganz normal eine Freundin haben. Punkt."

Ich merke, dass er die Auseinandersetzung bezüglich seiner sexuellen Identität ablehnt, und gehe mehr auf seinen Wunsch ein, Möglichkeiten der Kontaktaufnahme zu Frauen zu besprechen. Es wird dabei immer wieder deutlich, dass er sich bei bisherigen Kennenlernversuchen selbst Hindernisse aufgebaut hat, die eine Annäherung verhinderten.

Am Ende der drei Gespräche sind die Angstzustände seltener und schwächer geworden und belasten Herrn Sperber kaum noch. Er wirkt sehr motiviert, eine Psychotherapie zu beginnen. Für den Fall, dass diese Motivation im Alltag wieder in den Hintergrund treten könnte, biete ich ihm an, dass er jederzeit mit mir weitere Beratungsgespräche vereinbaren könne, wenn sich seine Situation nicht bessern oder wieder verschlechtern sollte.

6.2 Interventionsprinzip ‚Lebensperspektiven entwickeln'

Wenn die bisherigen Perspektiven für das eigene Leben nicht mehr stimmen, stehen viele Menschen wie Herr Sperber in einer Krisensituation erst einmal ohne vertraute Sicherheiten da. Mit ‚Lebensperspektive' sind Sichtweisen und Gefühle gemeint, mit denen jemand in Hinblick auf den weiteren Verlauf seines Lebens in die Zukunft blickt. Das gewohnte, geplante Leben ist aufgrund innerer und/oder äußerer Umstände durcheinandergeraten und kann in der bisherigen Form nicht weitergelebt werden – eine neue Form ist noch nicht gefunden.

Dabei spielt die Zukunft eine zentrale Rolle, denn Lebensperspektive wird in die Zukunft hineingedacht. Wenn Sie sich gedanklich mit dem Begriff der Zukunft auseinandersetzen, kann Ihnen das helfen, Menschen bei der Suche nach neuen Lebensperspektiven zu unterstützen. Die Grundidee hinter dem Entwickeln von Zukunftsperspektiven ist: Wenngleich die Zukunft nie sicher ist, kann sie dennoch für den suchenden Menschen eine gegenwärtige Sicherheit geben, denn eine ‚hypothetische Zukunft' kann Zuversicht, Halt und Orientierung in der Gegenwart schaffen und auch Lust und Freude am Leben wecken. In der Zukunft kann sich jeder Mensch als frei gestaltend erleben. Die krisenhafte Einengung kann dadurch geweitet werden.

Ebenso halten wir es für Sie als Beratende und für Ratsuchende sinnvoll, sich mit dem Thema der Zuversicht auseinanderzusetzen, denn gerade in einer Krise mangelt es den Ratsuchenden an Zuversicht. Zuversicht heißt, Vertrauen in eine positive Entwicklung zu haben. Zuversicht ist die Überzeugung, dass etwas gut und richtig geschieht. Dazu können Sie sich fragen, wie Sie selbst mit dem Thema Zuversicht umgehen und dementsprechend Zuversicht vermitteln können.

Um Lebensperspektive zu entwickeln, können Ihnen außerdem zwei Ansätze helfen: das Zukunftsszenario und die Wunderfrage.

Mit dem *Zukunftsszenario* laden Sie die Ratsuchenden zu der Entwicklung eines Zukunftsszenarios ein, das so konkret wie möglich gestaltet werden sollte: „Stellen Sie sich vor, Sie wären ein Jahr, fünf, zehn oder zwanzig Jahre älter als jetzt. Lassen Sie ein Szenario vor Ihrem inneren Auge entstehen: Wie würde Ihr Leben in dieser Zukunft aussehen? Wo sind Sie? Was machen Sie? Wie fühlen Sie sich? Mit welchen Menschen haben Sie zu tun? Was denken Sie über Ihre Situation in dieser Zukunft? Mit welcher Haltung blicken Sie auf Ihre zurückliegende Krise?“ Diese Intervention dient vor allem dazu, die bei Krisen typische Einengung der Perspektiven zu erweitern. Es geht darum, wieder beweglicher im Denken zu werden, neue Hoffnungen zu entwickeln, Lust am Leben zu schüren und das meist als zutiefst ängstigend und quälend empfundene ‚Nichts‘ der zukünftigen Zeit probeweise zu füllen.

Mit der *Wunderfrage* versucht man in kurzzeittherapeutischen Verfahren, die Veränderungen, die sich aufgrund eines Wunders in einer zukünftigen Wunschsituation zeigen, zu analysieren und anschließend als Grundlage für reale Veränderungen und Ziele zu nutzen: „Stellen Sie sich vor, Sie wachen am Morgen auf und über Nacht ist unbemerkt ein Wunder eingetreten: Ihr bisheriges Problem ist gelöst. Was wird am Morgen anders sein, wodurch Sie bemerken, dass das Wunder geschehen ist? Was wäre anders in Ihrem Leben als bisher?“ (vgl. z. B. Berg u. a.1997).

Die Lust und Freude daran, sich solche Zukunfts- und fiktiven Szenarien auszumalen, war in den Gesprächen mit Herrn Sperber deutlich. Schon allein die Fragen danach sowie das Mitgehen und Kommentieren der Ideen zur eigenen Zukunft helfen vielen Ratsuchenden, neue Hoffnung und Zuversicht zu entwickeln – eine gute Basis für eine erfolgreiche Krisenbewältigung.

6.3 Literaturexkurs zu Entwicklungskrisen im Jugendalter

Im Jugendalter und darüber hinaus reift die kindliche Identität zu der des Erwachsenen. Damit sind tiefgreifende Umbrüche verbunden, was die Beschreibung als Entwicklungskrise nahelegt. Es ist der erste von den jungen Menschen mehr oder weniger bewusst erlebte Entwicklungsübergang. Ist er mit einem krisenhaften Geschehen verbunden, dann ist außer den Jugendlichen auch das soziale Umfeld davon betroffen – vor allem die Eltern, aber auch zum Beispiel Lehrpersonen in Schule und Ausbildung, in Sportvereinen oder anderen Einrichtungen.

Die Entwicklungs- und Krisenthemen dieser Zeit sind vielfältig und komplex: tiefgreifende körperliche Veränderungen und die damit sich verändernd erlebten gesellschaftlichen Zuschreibungen; die veränderte Kontaktaufnahme zu Gleichaltrigen beiden Geschlechtes, auch in intimen Beziehungen; die Entwicklung einer eigenen, von elterlichen Vorbildern unabhängigen Identität und eines Lebenskonzeptes in Auseinandersetzung mit gesellschaftlichen Normen und Anforderungen oder auch der Auszug von zu Hause mit der dafür notwendigen Alltagsorganisation.

Weiter unten gehen wir detaillierter auf diese Entwicklungsaufgaben ein. Erst einmal schauen wir uns genauer an, wie sich die Identität der jungen Menschen – oft krisenhaft – entwickelt und welche weiteren Forschungsergebnisse Ihr Verständnis von Krisen im Jugendalter vertiefen können.

Identitätsentwicklung als Krise?

In der Literatur ist man sich einig, dass die Identitätsfindung mit dem Jugendalter nicht abgeschlossen ist. Dennoch erfolgt der Schwerpunkt der Identitätsarbeit im Jugendalter. Gesellschaftliche Prozesse wie die der Individualisierung und Pluralisierung machen die Identitätsentwicklung heutzutage nicht einfacher. Der gesellschaftliche Prozess der Individualisierung bedeutet, dass eine stärkere Selbstbestimmung gefordert und möglich ist, sich Freiheitsräume ausweiten, Politik und Kirche nicht mehr die Lebensweise eingrenzen, sondern jeder für seine Lebensweise Verantwortung trägt. Manche verfügen aber nicht über die dafür erforderlichen Ressourcen und fühlen sich gänzlich überfordert, geraten in eine Krise. Unter Pluralisierung versteht man, dass unterschiedliche Lebensformen in der Gesellschaft möglich sind. Man kann wählen als Single zu leben, als Paar, als traditionelle Familie, Patchworkfamilie, in gleichgeschlechtlicher Partnerschaft usw. Keupp (1999) beschreibt den Prozess der Identitätsentwicklung als konstruktive Selbstverortung, indem Menschen eine Passung zwischen äußerer und innerer Welt herstellen, indem sie im Laufe ihres Lebens ein System von Zielen, Werten und Überzeugungen entwickeln. Jeder ist sein eigener Konstrukteur, zumindest lautet so die gesellschaftliche Botschaft. Identitätsentwicklung bedeutet in Auseinandersetzung oder in Bezug zu sozialen Bezügen, dass die Jugendlichen herausfinden, was wertvoll und erstrebenswert im Leben ist bzw. sein könnte, welche Lebenseinstellungen sie teilen bzw. anstreben und welche Lebensweise sie bevorzugen bzw. möglich ist (Calmbach 2014). Weiterhin ist es in der Identitätsentwicklung wichtig, eine Kontinuität über die Lebenszeit und Kohärenz des Handelns in verschiedenen Lebenswelten herzustellen, Sinn und bedeutsame Ziele zu finden und eine Balance zwischen Autonomie und Bezogenheit auf andere Menschen zu verwirklichen. Dabei sollte ein Gefühl der Stimmigkeit, also der Authentizität erwachsen.

Zur Identitätsarbeit sind kulturelle, soziale, psychische, gesundheitliche und materielle Ressourcen notwendig. Die Pandemiezeit mit den langen sozialen und kulturellen Einschränkungen, unter denen die Jugendlichen gelitten haben, macht deutlich, wie sehr Jugendliche das öffentliche Leben als Ressource zur Entwicklung brauchen, die Begegnungen in Cafés, ‚Malls' und Sportvereinen als Rückzugsorte, an denen man sich unbeobachtet vom Elternhaus ausprobieren kann (Junges Europa 2021).

Der heute stattfindende Freisetzungsprozess, d. h. sich nicht mehr in traditionellen Bahnen zu bewegen, wo vieles vorgegeben ist, ist nicht nur eine Befreiung, sondern auch eine erhebliche Belastung für das Individuum und seine Identitätsentwicklung (Keupp 1999). Die Lebenswelten von Jugendlichen in Deutschland sind *diversifiziert*, also mit unterschiedlichen Ressourcen und unterschiedlichen Erwartungen und Risiken behaftet. Calmbach u. a. (2014, S. 4) gehen von sieben unterschiedlichen Lebenswelten aus. Ob diese Lebenswelten immer so zu klassifizieren sind, bleibt offen, aber sie zeigen ein Bild, was mit Diversifizierung gemeint ist:

– *Konservativ-bürgerliche Lebenswelt:* Die familien- und heimatorientierten Bodenständigen mit Traditionsbewusstsein und Verantwortungsethik.

- *Sozialökologische:* Die nachhaltigkeits- und gemeinwohlorientierten Jugendlichen mit sozialkritischer Grundhaltung und Offenheit für alternative Lebensentwürfe.
- *Expeditive:* Die Erfolgs- und Lifestyle-orientierten Networker auf der Suche nach neuen Grenzen und unkonventionellen Erfahrungen.
- *Adaptiv-Pragmatische:* Der leistungs- und familienorientierte moderne Mainstream mit hoher Anpassungsbereitschaft.
- *Experimentalistische Hedonisten:* Die spaß- und szeneorientierten Nonkonformisten mit Fokus auf Leben im Hier und Jetzt.
- *Materialistische Hedonisten:* die freizeitorientierte Unterschicht mit ausgeprägten markenbewussten Konsumwünschen.
- *Prekäre*: Die um Orientierung und Teilhabe bemühten Jugendlichen mit schwierigen Startvoraussetzungen und Durchbeißermentalität.

Vieles spricht daher dafür, dass die Lebenssituation von Jugendlichen heute sehr spannungsreich und konfliktgeladen ist (Engel u. a. 2015). Somit ist es nicht verwunderlich, dass Jugendliche immer wieder in Identitätskrisen geraten.

Verlängerte Jugendzeit

Auch in der Shell-Jugendstudie (Albert u. a. 2019) zu Denk- und Lebensweisen Jugendlicher in Deutschland bezieht sich das Jugendalter auf einen Zeitraum von 15 bis 24 Jahre. Deutlich wird dabei ein Verständnis einer verlängerten Jugendphase. Diese steht im Gegensatz zu früheren entwicklungspsychologischen und reifungstheoretischen Ansätzen, in denen die Adoleszenzphase (bis 21 Jahre) noch als dramatischer Entwicklungsübergang mit heftigen Reifungs- und Ablösungskonflikten beschrieben wird und das junge Erwachsenenalter (21-24 Jahre) als eine Phase der Konsolidierung, aufbauend auf einer gelungenen Adoleszenz und ausgestattet mit einer stabilen Ich-Identität (z. B. bei Erickson 1970).

Nach Lerner u. a. (2005) in Hess (2017) gilt es in der Jugendzeit die fünf „Cs" zu entwickeln, die wir als Beratende bei der Unterstützung von Jugendlichen mit einbeziehen können:

- *Connection:* positive Beziehungen und Bindungen zu Mitmenschen,
- *Caring:* Fürsorge bzw. Empathie für andere Personen,
- *Confidence:* Vertrauen in eigene Kompetenz und anderen Personen,

- *Competence:* Förderung interpersonaler Kompetenzen,
- *Character:* Entwicklung eines gefestigten Charakters samt Werthaltung.

Diese Anforderungen sind auf der körperlichen, kognitiven und sozial-emotionalen Ebene zu meistern: körperliche Entwicklungen in Bezug auf körperliches Wachstum, Hormone, Neurotransmitter, Gehirnstruktur; kognitive Entwicklungen mit zunehmend abstraktem Denken und kognitiver Kontrolle und sozial-emotionale Entwicklungen mit Selbstkonzeptentwicklung und in Bezug auf Emotionen (Hess 2017). Nicht immer gelingt es hier, eine Gleichzeitigkeit der Entwicklungsveränderungen herzustellen – mit der Folge von Entwicklungsproblemen.

Erkenntnisse aus der 18. Shell-Studie zur Jugendzeit

Die Ergebnisse der Shell-Jugendstudie von 2019 zeigen, dass das frühe Erwachsenenalter wie auch die Adoleszenz mehr von Themen betroffen ist, die auch die Erwachsenen umtreiben, verbunden mit gesellschaftlichen Krisen und einer zunehmenden Flexibilisierung und Pluralität der Lebensentwürfe. Dies schafft neue Entfaltungsmöglichkeiten aber auch Herausforderungen für die Jugendlichen wie etwa eine verlängerte Bildungsphase. Die jungen Menschen nehmen krisenhafte gesellschaftliche Entwicklungen wie Umweltzerstörung und Terrorismus wahr und fordern eine Auseinandersetzung. Im Gegensatz zu früher sehen und schätzen sie die Eltern jedoch überwiegend als partnerschaftliche Unterstützungsinstanz. Verselbständigung geschieht zunehmend nicht mehr im Konflikt, sondern im Einverständnis mit den Eltern. Elterliches Zutrauen in das Kind zeigt sich als wichtigste Ressource für Zukunftsoptimismus und Selbstwirksamkeit, aber auch die Unterstützung von Freunden.

Gerade an dieser Form der Unterstützung mangelt es jedoch dem jungen Erwachsenen, Herrn Sperber, im Fallbeispiel. Er erfährt eher ängstliche Besorgtheit seiner Mutter und fehlende Unterstützung in seinen Interessen auch von Seiten seines Vaters. Kompensiert wird es nicht durch die Unterstützung von ihm zugewandten Freund:innen. Außerdem haben seine Eltern eine von ihm unterschiedliche berufliche Orientierung: Ein sicherer Arbeitsplatz und ein gutes Einkommen sind den Eltern wichtiger als berufliche Erfüllung. Laut Shell-Jugendstudie (Albert u. a. 2019) ist zwar vielen jungen Erwachsenen ein sicherer Arbeitsplatz, genügend Freizeit und ein hohes Einkommen wichtig, aber es gibt auch Jugendliche und junge Erwachsene, die die berufliche Erfüllung als Lebensziel an die erste Stelle setzen.

Entwicklungsaufgaben in der Jugendzeit

Entwicklungsaufgaben, die mit der Jugendzeit verbunden werden, sind vielfältig und stellen die Jugendlichen und jungen Erwachsenen vor neue Anforderungen. Sie müssen diese Aufgaben in Auseinandersetzung mit eigenen Zielen und Wünschen, mit der eigenen Leistungsfähigkeit und soziokulturellen Normen und Erwartungen aktiv angehen. Für die Krisenberatung sollten Sie deshalb immer mitbedenken, dass soziale Unterstützung wesentlich für das Gelingen ist: Sowohl die Eltern als auch Gleichaltrige spielen als Quelle der Unterstützung eine entscheidende Rolle (siehe ebd.).

Im Gegensatz zu den fünf C's nach Hess (2017, s. o.), die als zu entwickelnde Kompetenzen formuliert sind, sind folgende Entwicklungsaufgaben (Kirchler u. a. 1992) als konkrete Anforderungen gefasst, die auch heute noch Geltung haben:

- Akzeptanz des im Wandel befindlichen und veränderten Körpers,
- Aufnahme neuer Kontakte zu Gleichaltrigen beiderlei Geschlechts,
- Gestaltung intimer Beziehungen,
- Auseinandersetzung mit gesellschaftlichen Normen und Rollen,
- Verselbständigung vom Elternhaus,
- Auseinandersetzung mit elterlichen Erwartungen,
- eigene Alltags- und Zeitorganisation,
- Entwicklung neuer Lebenskonzepte, Lebensstile und Zukunftsvorstellungen,
- Erfüllung von Schul- und Ausbildungsanforderungen,
- Ausgestaltung eigener Interessen, Ziele und Identitätsarbeit,
- ggf. Übernahme der Elternrolle,
- Auseinandersetzung mit gesellschaftlichen Krisen und Anforderungen.

Da sich seit den 1990er Jahren die Medienlandschaft vollständig gewandelt hat und Jugendliche immer mehr Zeit mit Internet und sozialen Medien verbringen, bedarf es einer entwickelten Medienkompetenz, um diese sinnvoll und ohne Schaden nutzen können.

Psychische Störungen und Problemfelder

Von Angststörungen über Depression oder Hyperaktivität bis hin zu Essstörungen oder Substanzmissbrauch – die Bandbreite psychischer Störungen im Kindes- und Jugendalter ist groß (Klicpera 2019). Auch kann man im Jugendalter mit einem vermehrten Auftreten von kritischen Lebensereignissen rechnen: z. B. durch ungewollte Schwangerschaft, die Gefahr, Opfer von Gewalt zu werden sowie Trunkenheits- und Drogendelikte. Diese Probleme stehen auch in Zusammenhang mit sozioökonomischen Lebensbedingungen und dem Verlust sozialer Bindung und Unterstützung (Bastine 1998). Haben die Probleme sich schon zu Störungen verdichtet, so sollten sie Gegenstand von Interventionen werden. In unserem Fallbeispiel reichte es aber aus, Informationen zu geben und die Zuversicht zu vermitteln, dass die Störung bei der Bearbeitung zentraler Probleme wieder verschwinden bzw. sich verringern werden, in diesem Fall in der Krisenintervention. Dennoch war die Empfehlung einer weiterführenden Psychotherapie bei Herrn Sperber sinnvoll.

Krisenintervention

Familienorientierte Krisenintervention

Auf der einen Seite sind familiäre Ressourcen wesentlich für die Identitätsarbeit im Jugendalter, auf der anderen Seite liegt auch ein Konfliktfeld in den Familien. Ein häufig genanntes Konfliktthema sind Trennungswünsche der Jugendlichen und Trennungsängste der Eltern, wobei die Option, sich zu trennen, ohne den Kontakt zu verlieren, manchmal nicht genügend berücksichtigt wird. Trotz Trennungswünschen der Jugendlichen haben diese natürlich auch Ängste und Sorgen, die ihnen selbst zunächst gar nicht auf der Erlebensebene zugänglich sind. Ablösungsprobleme werden deshalb häufig erst bei einem Wechsel zu einem anderen Ort, z. B. zu Ausbildungszwecken, relevant.

Weitere familiäre Belastungsfaktoren können nach Meurer (2021) sein: Überforderung mit Leistungserwartungen, das Gefühl, unerwünscht in der Familie zu sein, angespannte Familienathmosphäre geprägt durch chronische Streitigkeiten, Alkoholismus, finanzielle Sorgen, als Partnerersatz fungieren zu müssen usw.

Der Einbezug der Familie oder relevanter Bezugspersonen in die Krisenintervention hat den Vorteil, dass man sich schnell orientieren kann über die Tragfähigkeit familiärer Beziehungen, dysfunktionale Muster und unterstützende Kräfte, die es bei der Intervention zu nutzen gilt. Eine familienorientierte Krisenintervention kann sehr schnell relevante Themen erkennen und sie der Bearbeitung zugänglich machen. Es gibt aber auch gute Gründe, den Jugendlichen allein zu beraten, z. B. wenn dieses Setting eher seinen Wünschen nach Autonomie entspricht.

Entwicklungsorientierte Einzelberatung und Krisenintervention

Mit Beginn des Jugendalters entwickeln Jugendliche eigene Vorstellungen über ihr bisheriges, aktuelles und zukünftiges Leben. Selbstbeobachtung und Selbstbewertungsprozesse sind wichtig. Diese sind auch von eigenen Entwicklungszielen und lebensthematischen Orientierungen abhängig. So hat z. B. Herr Sperber im Fallbeispiel eine negative Sicht auf seine Fähigkeit eingenommen, intime Kontakte zu Frauen aufnehmen zu können, da dies gemäß seinen Entwicklungsvorstellungen schon längst hätte geschehen müssen.

In einer entwicklungsorientierten Beratung können Sie auf die Repräsentationen der eigenen Entwicklung und Entwicklungsbedingungen, der Selbstbeobachtung, Selbstbewertung und Wahl von selbstregulativen Handlungen Einfluss nehmen. Einige dieser Themen können Sie aufgreifen, sofern geboten:

- Entwicklungsvorstellungen (Stand der oben genannten „Cs"),
- Verständnis eines ‚guten Lebens',
- Identitätsprojekte und Ziele,
- Handlungsschritte dorthin,
- Ressourcenaktivierung.

Sie sollten jedoch insbesondere bei Jugendlichen keine eigenen Vorstellungen aufdrängen sowie keine konkreten Lösungsvorschläge geben, da Jugendliche diese oft als nicht durchführbar zurückweisen (Meurer 2021).

Fazit: Die Entwicklungsaufgaben und die Lebenssituation sowie das gesellschaftliche Umfeld von Jugendlichen sind im Wandel und es ist wichtig, diese Veränderungen in die Beratung mit einzubeziehen. Vieles ist anders als in Ihrer eigenen Jugendzeit, und dennoch ist die Auseinandersetzung damit hilfreich, um den Jugendlichen in der Beratung offen und einfühlsam zu begegnen, sie in ihrer Identitätsentwicklung und somit auch bei der Krisenbewältigung zu unterstützen.

Literatur

Albert, M./Quenzel, G./Hurrelmann, K./Kantar, P. (2019): Shell Jugendstudien: Weinheim: Beltz. https://www.shell.de/about-us/shell-youthstudy/_jcr_content/par/toptasks.stream/1570708341213/4a002dff58a7a9540cb9e83ee0a37a0ed8a0fd55/shell-youth-study-summary-2019-de.pdf.Zusammenfassung [2.11.2021]

Bastine, R. H. (1998): Klinische Psychologie. Bd. 1, 3. Aufl. Stuttgart: Kohlhammer.

Berg, I. K./Miller, S. D. (1997): Die Wunder-Methode. Dortmund: Modernes Lernen.

Berk, L. E. (2011): Entwicklungspsychologie (5. Aufl.). München: Pearson.

Calmbach, M./Schleer, C./Resch, J. (2014): *Jugendliche Lebenswelten in Brandenburg. Ergebnisse einer Befragung von Schüler/innen aus Fürstenwalde, Eisenhüttenstadt, Lübben und Königs Wusterhausen.* https://www.dkjs.de/fileadmin/Redaktion/Dokumente/themen/Bildungslandschaften/150323SINUS-Studie_Brdg_Zusammenfassung.pdf [28.08.2018]

Hess, M. (2017): Entwicklungsaufgaben und -herausforderungen im Jugendalter. Fachtag für Fachkräfte im Kinderschutz. Hannover, 27.9.2017. https://www.docsity.com/de/entwicklungsaufgaben-und-herausforderungen-im-jugendalter/5447220/ [4.11.2021]

Engel, U./Hurrelmann, K. (2015): Psychosoziale Belastung im Jugendalter: Empirische Befunde zum Einfluss von Familie, Schule und Gleichaltrigengruppe. Berlin: Walter de Gruyter.

Erikson, E.H (1970): Jugend und Krise. Stuttgart: Klett.

Junges Europa (2021): Die Jugendstudie der TUI STIFTUNG: https://www.tui-stiftung.de/wp-content/uploads/2021/06/2021_06_16_TUI-Stiftung-Jugendstudie-2021-Beitrag-Spittler_WZB.pdf [3.11.2021]

Keupp, H. (1999): Identitätskonstruktionen. Das Patchwork der Identitäten in der Spätmoderne. Reinbek bei Hamburg: Rowohlt Taschenbuch Verlag.

Kirchler, E./Palmonari, A./Pombeni, M. L. (1992): Auf der Suche nach einem Weg ins Erwachsenenalter. Jugendliche im Dickicht ihrer Probleme und Unterstützung seitens Gleichaltriger und der Familienangehörigen. Psychologie in Erziehung und Unterricht, 39(4), 277-295.

Klicpera, C./Gasteiger-Klicpera, B. (2019): Psychische Störungen im Kindes- und Jugendalter. Stuttgart: UTB Verlag.

Meurer, S. (2021) „Eigentlich will ich leben, aber so wie jetzt kann ich nicht mehr weiter" – Krisenintervention bei Kindern und Jugendlichen. In Ortiz-Müller, W./Gutwinski, S./Gahleitner, S. (Hrsg.): Praxis Krisenintervention. 3., überarbeitete Auflage. Stuttgart: Kohlhammer, 154-166.

7 Lernfall ‚Notfall Psychose'
Gefahren einschätzen – zügig handeln

7.1 Die Fallgeschichte

Der Einstieg

Eine junge Frau ruft merklich aufgeregt im Krisendienst an und stellt sich als Frau Weinberg vor. Sie berichtet, dass sie in einer studentischen Wohngemeinschaft lebt, vor einem halben Jahr ist ein anderer Student eingezogen, der sich zunehmend merkwürdig verhält. Seit Wochen versuchen sie und die anderen vier, die in der WG wohnen, dem Kommilitonen zu helfen. Herr Walter lehnt jedoch jede Hilfe ab. Die Situation hat sich so zugespitzt, dass sich die Mitbewohnerinnen von Herrn Walter bedroht fühlen: Er verhält sich aggressiv und verdächtigt vor allem die Frauen in der Wohngemeinschaft, sie würden ihm Gift ins Essen mischen. Durch nichts ist er von der Überzeugung, er solle vergiftet werden, abzubringen. Es begann damit, dass er bei gemeinsamen Abendessen die Teller vertauschte, so dass eine der Frauen den für ihn bestimmten Teller bekam. Er stellte die Verdächtigte dann auf aggressive Art zur Rede. Später nahm er gar nicht mehr an gemeinsamen Essen teil. Inzwischen mutmaßt er, dass die Frauen heimlich in sein Zimmer schleichen und die dort versteckten Lebensmittel mithilfe einer Spritze vergiften. Ein auch in der Wohngemeinschaft lebender Mann blieb bislang weitgehend von Anschuldigungen verschont.

Anfangs nahm man sein Verhalten nur als etwas verschroben wahr. Mittlerweile tyrannisiert Herr Walter die ganze Wohngemeinschaft und tritt zunehmend drohend auf. Frau Weinberg ist anzumerken, dass sie Angst vor Herrn Walter hat, denn sie nimmt seine Äußerungen ernst. Ihre Stimme klingt schrill, während sie Details schildert:

„Heute Abend hat er sich in sein Zimmer eingeschlossen und spricht laut vor sich hin: ‚Ihr bekommt mich nicht, vorher bringe ich euch alle um.' Und gestern hat er mit dem Lippenstift einer Mitbewohnerin ein Messer mit Blutstropfen auf den Badezimmerspiegel gemalt. Jetzt vermissen wir auch noch einige Küchenmesser. Wir glauben, dass er sie mit in sein Zimmer genommen hat."

Zunächst höre ich Frau Weinberg zu, um mir ein Bild von der Situation zu machen. Im Verlauf des Gespräches komme ich zu der Überzeugung, dass wir mit Herrn Walter persönlich sprechen und im Rahmen eines mobilen Einsatzes zu ihm fahren sollten. Ich erfrage einige wesentliche Informationen wie die Adresse und Telefonnummer, ob es Angehörige oder andere tragfähige Sozialkontakte gibt, die wir mit einbeziehen könnten, und wie viele Personen vor Ort sind.

Dann erkläre ich Frau Weinberg, dass ich mit einem Psychiater und vorsichtshalber der Polizei vor Ort erscheinen werde. Dagegen protestiert Frau Weinberg heftig, sie habe extra keine „staatliche Stelle" angerufen, weil sie in der Wohngemeinschaft beschlossen hätten, dass sie keine Gewaltanwendung wollen und nicht möchten, dass Herr Walter irgendwo amtlich registriert wird. Ich erkläre ihr, dass wir uns mithilfe der Polizei vor möglichen Gewalttätigkeiten schützen müssen und versichere ihr, dass wir die Polizei instruieren werden, sich im Hintergrund zu halten. Nachdem sie sich mit ihren Mitbewohner:innen abgesprochen hat, stimmt sie dem Hausbesuch zu, wohl weniger aus Überzeugung denn aus Ratlosigkeit und Mangel an Handlungsalternativen.

Reflexion der Beraterin

Bei allem, was ich bislang von Herrn Walter erfahren habe, vermute ich, dass er an einer paranoiden Psychose leidet. Ich entschließe mich zu dem Hausbesuch, da mir die Situation bedrohlich erscheint und eine Fremdgefährdung aufgrund der aggressiven Drohungen von Herrn Walter und der verschwundenen Messer nicht auszuschließen ist. Nur vor Ort ist es möglich herauszufinden, wie real die Bedrohung durch den Klienten ist und wie wir sowohl Herrn Walter als auch den Mitbewohner:innen helfen können. Vor Ort ist es auch besser möglich, mit allen Beteiligten nach einer Lösung zu suchen. Da ich am Telefon das Ausmaß der Gefährdung nicht abschätzen kann, rufe ich die Polizei hinzu. Ich überlege, wie ich die Situation vor Ort so strukturieren kann, dass es nicht zu einer chaotischen Situation und zu einer gefährlichen Eskalation kommt: Gerade, wenn viele Menschen an der Situation beteiligt sind, ist es wichtig, die Intervention so zu gestalten, dass die Übersicht nicht verloren geht. Menschen mit einer Psychose, die sowieso schon ängstlich und erregt sind, sind durch zu viel Verwirrung um sich herum noch leichter zu verunsichern. Aus diesem Grund entscheide ich mich auch, die Polizei und den Bereitschaftsarzt auf der Straße vor dem Wohnhaus zu treffen, damit wir den Einsatz gut vorbesprechen können.

Die Intervention

Hausbesuch der Krisendienstmitarbeiterin mit Hintergrundarzt

Ich informiere die Polizei und unseren Bereitschaftsarzt und wir verabreden uns vor der Haustür der WG. Als ich dort ankomme, warten sie schon und ich erzähle ihnen in groben Zügen den Inhalt meines Telefonats mit Frau Weinberg. Wie mit Frau Weinberg besprochen verabrede ich mit der Polizei, dass die Beamten im Hausflur warten und nur hinzukommen, falls wir sie rufen. Zunächst sind die Beamten nicht damit einverstanden, weil sie sich für die Sicherung der Situation verantwortlich fühlen und sich sorgen, dass etwas passieren könnte. Sowohl der Arzt als auch ich erläutern den Polizisten, dass im Moment ein Eingreifen so vieler Personen zu einer Eskalation führen könnte. Wir überzeugen sie, dass wir mit dieser Art Erkrankung genügend Erfahrung haben und versprechen, sie sofort zu rufen, sollte sich Gefahr abzeichnen. Die Polizisten stimmen dem Vorgehen schließlich zu.

Mit dem Hintergrundarzt vereinbare ich, dass ich mich um die Mitbewohner:innen kümmere und er sich mit Herrn Walter befasst. Zu dieser Rollenaufteilung entschließen wir uns, weil der Klient größere Angst vor Frauen zu haben scheint und deshalb der Arzt bessere Chancen hat, einen Zugang zu ihm zu finden. Wir verabreden, nach circa einer halben Stunde wieder miteinander zu sprechen, um Informationen zum Stand der Dinge auszutauschen. Dann gehen wir hinauf in die Wohnung.

Wir begrüßen die Beteiligten und lassen uns das Zimmer von Herrn Walter zeigen. Ich bitte die Mitbewohner:innen in die Küche, um in Ruhe mit ihnen zu reden; auch, um dem Arzt eine Gelegenheit zu geben, mit Herrn Walter allein zu sprechen.

Herr Walters Geschichte

An dieser Stelle greifen wir in der Fallschilderung voraus, um die Informationen über Herrn Walter zu bündeln, die wir aus dem Gespräch mit den Mitbewohner:innen und dem Gespräch des Arztes mit Herrn Walter erfahren.

Der 22-jährige Mann, den wir in seiner WG besuchen, erzählt zum Teil selbst seine Geschichte, anderes steuern die anderen bei. Er ist vor einem Jahr aus einer Kleinstadt nach Berlin gezogen, so erfahren wir von seinen Mitbewohner:innen. In seiner Heimatstadt hat Herr Walter bei den Eltern gewohnt und dort die ersten Semester Informatik studiert. Bald schien ihm das Lehrangebot der Universität zu eingeschränkt und er beschloss, sein Studium in Berlin fortzusetzen. Hier wohnte er dann erst in einem Studentenwohnheim, konnte aber weder dort noch an der Universität Freundschaften schließen. Da er politisch interessiert ist, begann er, entsprechende Veranstaltungen zu besuchen und engagierte sich in einem Menschenrechtsprojekt. Dort lernte er auch seine jetzigen Mitbewohner:innen kennen. Als ein Zimmer in der Wohngemeinschaft frei wurde, zog er ein. Doch wurde ihm bald die räumliche Nähe mit den anderen zu viel, wie er selbst mehrmals gegenüber Einzelnen äußerte. In der Gruppe herrscht eine beziehungsreiche Kultur mit lebhaften Diskussionen und starkem Gemeinschaftssinn. Auch Freundinnen und Freunde kommen häufig zu Besuch.

Herr Walter wird beschrieben als ein auffallend intelligenter, dabei eher gehemmter und etwas eigenbrötlerischer Mensch, der in seinem bisherigen Leben noch wenig Erfahrung im Umgang mit Menschen und Gruppen erworben hat. Neben den Schwierigkeiten in der Wohngemeinschaft fühlt Herr Walter sich in der großen Universität verloren und ist deshalb mit seinem Studium nicht vorangekommen. In den letzten Wochen ist er gar nicht mehr zu den universitären Veranstaltungen gegangen. Er zog sich immer mehr in sich selbst zurück, verließ kaum das Haus und entwickelte zunehmend starke Ängste, die anderen wollten ihm etwas Böses antun und er solle vergiftet werden. Seinem Mitbewohner vertraute er vor kurzem an, er wolle nicht mehr zur Universität gehen, denn er meinte, dort redeten alle über ihn und die Frauen wollten ihn vergiften, weil er schmutzige Dinge denke. Dabei hat er immer wieder betont, dies seien nicht seine eigenen Gedanken, sie seien ihm nur eingepflanzt.

Das Gespräch mit den Beteiligten

Ich setze mich mit den drei Mitbewohnerinnen und dem Mitbewohner an den Küchentisch und lasse mir die Situation genau erklären; auch, weil ich merke, dass die Beteiligten sehr aufgeregt sind und ich ihnen Gelegenheit geben möchte, sich zu entlasten. Es wird deutlich, dass die letzten Wochen von Angst und Sorge geprägt waren. Alle Beteiligten bemühten sich um Deeskalation – vergeblich. Jetzt herrscht großes Unverständnis darüber, wie sich jemand so stark und schnell verändern kann. Sie fühlen sich hilflos: Sie haben alles versucht und sind nun am Ende ihrer Kraft.

Als ich das Gefühl habe, dass der Druck etwas nachlässt, entschließe ich mich, den Mitbewohnern das Krankheitsbild Herrn Walters näherzubringen. Ich bezeichne es als Psychose und erläutere, wie diese sich äußern kann. Herr Meier, der andere Mann aus der Wohngemeinschaft, möchte wissen, wie man eine Psychose behandeln kann. Ich äußere, dass man manchmal um eine stationäre und medikamentöse Behandlung nicht herumkommt. Daraufhin reden alle Mitbewohnerinnen durcheinander und betonen, sie wollten nicht, dass Herrn Walter Gewalt angetan wird.

„Wenn er erst in der Klapsmühle ist, wird er mit Medikamenten vollgepumpt und kommt da nicht wieder raus", sagt Frau Weinberg aufgeregt.

„Das stimmt zum Glück schon lange nicht mehr", erwidere ich. „Ein stationärer Aufenthalt dauert heute in der Regel nur noch wenige Wochen, und es kann sehr wichtig sein, Menschen mit einer Psychose frühzeitig zu behandeln, weil es häufig vorkommt, dass sie sonst Dinge tun, die sie später sehr bereuen. Grundsätzlich ist es unsere Aufgabe als Krisendienst, Krankenhauseinweisungen zu verhindern, aber manchmal ist es besser, wenn jemand im Krankenhaus behandelt wird."

Die Runde um den großen Tisch beruhigt sich jetzt etwas und wir besprechen, ob sie notfalls für ein paar Tage die Wohngemeinschaft verlassen könnten, wenn sich herausstellen sollte, dass dies die Lage entschärft. Ich erkläre ihnen dazu, dass ich zum einen Sorge habe, Herr Walter könnte andere gefährden und zum anderen, dass er selber sehr geängstigt ist und ich vermute, dass es eine Hilfe für ihn bedeutet, wenn dieser Zustand so bald wie möglich aufhört. Das wäre zwar ein sehr großes Opfer, aber sie erklären sich dazu bereit.

Ich merke jedoch, dass die Mitbewohner:innen unschlüssig sind, ob sie mir vertrauen können. Deshalb verabrede ich mit ihnen, dass sie jederzeit zu einem Gespräch zu mir in den Krisendienst kommen können, falls Herr Walter ins Krankenhaus muss und sie das Gefühl haben, sie bräuchten zusätzlich begleitende Beratung zum weiteren Verlauf der Psychose von Herrn Walter. Dieses Gesprächsangebot scheint sie etwas zu beruhigen, weil sie merken, dass ich mich ernsthaft auf den Fall einlasse. Ich bin selbst besorgt, weil ich befürchte, es könne zu einer Eskalation kommen, die das Eingreifen der Polizei erfordert und zu einer Unterbringung nach PsychKG, also einer Einweisung gegen den Willen des Betroffenen nach dem Gesetz für psychisch Kranke führt. Vielleicht würden die Mitbewohner:innen dies verhindern wollen? Ich nehme mir vor, mit dem Arzt über die Möglichkeit zu sprechen, dass die Frauen für ein paar Tage aus der Wohngemeinschaft ausziehen. Vielleicht besteht für Herrn Walter die Möglichkeit einer ambulanten Behandlung, wenn die Situation zu Hause erst einmal entschärft ist.

Gespräch zwischen Herrn Walter und dem Hintergrundarzt

Der Hintergrundarzt Herr Wiese klopft an die Zimmertür. Als keine Reaktion kommt, betritt er das Zimmer. Herr Walter sitzt in einer Ecke und sieht fern. Es macht den Eindruck, als würde er den Besucher gar nicht bemerken.

„Guten Abend, mein Name ist Wiese, und ich würde mich gerne mit Ihnen unterhalten."

Herr Walter blickt kurz auf und wendet sich wieder dem Fernseher zu.

„Es wäre freundlich von Ihnen, wenn Sie den Fernseher ausmachen könnten, damit wir miteinander sprechen können. Frau Weinberg hat im Krisendienst angerufen und erzählt, dass sie sich große Sorgen um Sie macht."

„Die wollen mich fertigmachen", sagt Herr Walter jetzt.

„Wer will Sie fertigmachen?"

„Die Weiber da draußen wollen mich fertigmachen, sie wollen mich vernichten."

„Warum sollten Ihre Mitbewohnerinnen Sie denn fertigmachen wollen?"

„Ich sage nichts ohne meinen Anwalt."

„Ich glaube, hier liegt ein Missverständnis vor, ich bin hier, um Ihnen zu helfen, und nicht, um Ihnen etwas vorzuwerfen."

Herr Walter guckt Herrn Wiese jetzt zum ersten Mal direkt an und fragt: „Heißt das, Sie werden die Weiber verhaften?"

„Nein, das nun auch wieder nicht, ich bin ja Arzt und kein Polizist, aber ich sehe, dass Sie große Angst haben und glaube, dass Sie dringend Hilfe benötigen."

„Ich werde mir schon selber helfen", sagt Herr Walter und zeigt auf mehrere Küchenmesser, die auf seinem Tisch liegen. Dann scheint er wieder in sich zu versinken und die Anwesenheit von Herrn Wiese zu vergessen.

„Herr Walter, ich sehe, dass Sie sich sehr bedroht fühlen, wenn Sie schon die Messer breitlegen. Ich glaube, dass Sie Hilfe benötigen. Diese Hilfe könnten Sie in einem Krankenhaus am besten bekommen. Außerdem mache ich mir Sorgen, dass Sie hier in der Wohngemeinschaft jemandem etwas antun."

„Was soll ich denn im Krankenhaus? Glauben Sie ja nicht, dass ich bekloppt bin."

„Nein, das glaube ich nicht, ich glaube, dass Sie krank sind und deshalb so große Angst vor den anderen in Ihrer WG haben. Ich denke, dass Sie eine Behandlung benötigen, und ich gehe jetzt zu meiner Kollegin nebenan und bespreche mit ihr, wie wir Sie ins Krankenhaus bringen."

Herrn Walter ist anzusehen, dass er dem Vorschlag zumindest zwiespältig gegenübersteht. Vermutlich ist er einerseits erleichtert, dass er der bedrohlichen Situation zu Hause entkommen kann, andererseits hat er Angst davor, was man im Krankenhaus mit ihm machen wird. Herr Wiese geht davon aus, dass Herr Walter auch aufgrund seiner Erkrankung mit einer Entscheidung überfordert ist, und sagt deshalb sehr bestimmt, was als Nächstes passieren wird.

Absprache und Entscheidungsfindung

Herr Wiese und ich tauschen die Informationen aus, die wir im Laufe der Gespräche erhalten haben. Herr Wiese vertritt die Ansicht, dass Herr Walter auf jeden Fall stationär behandelt werden sollte, aufgrund der akuten Gefährdung der Mitbewohner:innen im Kontext einer eindeutig psychotischen Entwicklung. Wir reden über die Bereitschaft der Mitbewohner:innen, das Haus für einige Tage zu verlassen, was die Lage entspannen könnte, kommen dann aber zu dem Schluss, dass dies die notwendige Behandlung nur verzögern würde, auch weil Herr Wiese nicht den Eindruck hat, dass Herr Walter es schafft, in den nächsten Tagen von sich aus einen niedergelassenen Psychiater aufzusuchen. So wird Herr Wiese ihm die Gründe erläutern und entschieden mitteilen, dass wir einen Krankentransport holen und ihn in die psychiatrische Klinik bringen. Sollte Herr Walter sich weigern mitzukommen, werden wir gemeinsam noch einmal mit ihm sprechen und klären, ob eine akute Fremdgefährdung vorliegt und somit eine Unterbringung nach PsychKG eingeleitet werden muss. Das Messerarsenal, das Herr Walter bereitgelegt hat, und seine ausgesprochenen Drohungen geben zwar Hinweise auf eine Gefährdung der Mitbewohner:innen, bei einem so massiven Eingriff in das Leben eines Menschen müssen wir jedoch genauestens prüfen, ob dieser Schritt der Situation tatsächlich angemessen ist.

Abschluss des Einsatzes

Herr Wiese betritt wieder das Zimmer von Herrn Walter und teilt ihm mit, dass er jetzt einen Krankentransport rufen wird und dass Herr Walter ein paar Sachen für die nächsten Tage zusammenpacken soll.

„Die Weiber kommen aber nicht mit, oder?"

„Nein, Herr Walter, Ihre Mitbewohnerinnen bleiben hier, dass verspreche ich Ihnen."

„Kommen Sie mit?", fragt Herr Walter den Arzt.

„Wenn Sie das möchten, begleite ich Sie bis ins Krankenhaus."

„Ja, alleine gehe ich nicht."

Nachdem ich den Krankentransport gerufen habe und klar ist, dass Herr Walter freiwillig zusammen mit Herrn Wiese ins Krankenhaus gehen wird, bedanke ich mich bei den Polizisten und verabschiede sie mit der Erklärung, dass keine Gefahr droht. Mir ist wichtig, dass es zu keiner Begegnung zwischen Herrn Walter und der Polizei kommt, damit er nicht zum Schluss doch noch in Panik gerät. Außerdem erkläre ich den Mitbewohnern, was jetzt passieren wird und wo sie Herrn Walter in den nächsten Tagen erreichen bzw. besuchen können. Den Frauen in der Wohngemeinschaft rate ich, einige Wochen mit einem Besuch zu warten, zeige mich aber zuversichtlich, dass ein Kontakt mit Herrn Walter bald wieder möglich sein wird. Herr Wiese und ich sind sehr erleichtert, dass keine Zwangsmaßnahmen nötig wurden. Er begleitet den Klienten ins Krankenhaus und ich fahre zum Krisendienst zurück.

7.2 Interventionsprinzip ‚Notfallmanagement'

Notfallmanagement verstehen wir als Teil von Notfallintervention. Das Management bezieht sich auf die Organisation der Hilfen und die Kooperation der Helfenden verschiedener Berufsgruppen miteinander, die bei einem mobilen Einsatz beteiligt sind. In diesem Fall waren vor Ort eine Psychologin, ein Mediziner sowie ein Fahrer eines Krankentransportes und die Polizei. Außerdem mussten wir mit den Mitbewohner:innen in der angespannten Situation adäquat umgehen.

Notfalleinsätze sind sehr komplex. Das liegt daran, dass

- wir relativ schnell Entscheidungen fällen müssen,
- die Situation häufig sehr offen ist, wenig planbar und sogar bedrohlich sein kann und daher mit Anspannung bei uns als Helfenden verbunden ist,
- die Kontaktherstellung zum Betroffenen in zugespitzten Situationen erschwert ist,
- viele Helfende mit unterschiedlichen Kompetenzen, Handlungslogiken und Bereitschaften zur Kooperation daran beteiligt sind,
- auch Angehörige und Nachbar:innen vor Ort sein können, was hilfreich sein, aber auch zu einer Eskalation beitragen kann,
- die Vielfalt der Anlässe ein weites Diagnose- und Handlungswissen erforderlich macht,
- wir eine Unterbringung nicht immer vermeiden können, aber eine Zustimmung dazu möglichst erreichen sollten und
- wir ansonsten den rechtlichen Rahmen beachten müssen.

All diese Aspekte erfordern hohe Handlungskompetenzen und ein gutes Notfallmanagement.

Die Hauptaufgabe des Notfallmanagements besteht darin, eine übersichtliche und klare Situation zu schaffen, um der oft chaotischen Ausgangslage und der häufig verwirrten und angespannten inneren Verfassung von Klient:innen und ihren Angehörigen etwas entgegenzusetzen. Die wichtigste Voraussetzung dafür ist, dass die beteiligten Helfenden gut miteinander kooperieren und klare Absprachen treffen können.

Schwierig wird es, wenn die an einer Notfallintervention beteiligten Helfenden unterschiedliche Aufträge und Sichtweisen der Problematik haben. Der Auftrag der Polizei und der Feuerwehr ist es nicht primär, sich mit Menschen in psychischen Notsituationen auseinanderzusetzen, sondern Gefahren abzuwenden. Mitarbeitende aus dem psychiatrischen und psychosozialen Bereich dagegen verstehen sich eher als Beratende und sind geneigt, die Situation genau zu erkunden und Aushandlungen vorzunehmen.

Weiteres Konfliktpotenzial und die Möglichkeit zu Missverständnissen können in den unterschiedlichen Vorstellungen von der Art der Zusammenarbeit liegen. Ärzt:innen sind es häufig gewohnt, sowohl die alleinige Verantwortung als auch die Führung zu übernehmen, während Mitarbeitende aus anderen psychosozialen Berufsgruppen Entscheidungen häufig im Zuge ausführlicher Kommunikationsprozesse fällen.

Diese verschiedenen Berufsgruppen haben unterschiedliche Handlungslogiken. In Notfallsituationen ist häufig ein klares und bestimmtes Auftreten mit eindeutigen Handlungsanweisungen erforderlich, aber für Menschen aus psychosozialen Berufen ist das ein ungewohntes Vorgehen. Deren übliches Handwerkszeug ist tendenziell das nichtdirektive Gespräch.

Mitarbeitende von Polizei und Feuerwehr sind zudem oft verunsichert von Menschen mit psychischen Problemen, weil sie nicht gelernt haben, mit diesen umzugehen. Aus dieser Verunsicherung heraus kann es zu unangemessener Strenge oder gar zum Gewalteinsatz kommen. Um eine möglichst störungsfreie Kooperation zu erreichen, müssen wir die Handlungslogiken anderer Berufsgruppen kennen und respektieren.

Auch telefonische Absprachen vor dem Einsatz helfen. Hier kann man einen genauen Treffpunkt verabreden, entscheiden, wer die Leitung des Einsatzes übernimmt und den Austausch vorhandener Informationen zwischen allen Beteiligten vor dem Einsatz gewährleisten.

In unserem Fall haben die Helfenden vor der Tür abgesprochen, dass sich die Polizei im Hintergrund hält. Die Beraterin hat die Situation verantwortlich geleitet. In anderen Situationen kann es wichtig sein, dass die Ärztin oder der Arzt dies tut, weil aufgrund von Projektionen der Betroffenen zuweilen ärztliche Autorität mehr Einfluss hat. Je gefährlicher die Notfallsituation ist, umso mehr wird das Management in der Regie der Polizei liegen.

Eine weitere Anforderung an das Notfallmanagement ist der Umgang mit weiteren Beteiligten. Oft sind aufgeregte Angehörige, Freund:innen oder Nachbar:innen zugegen. Alle Anwesenden haben einen Einfluss auf den Verlauf der Situation. Wenn wir sie außer Acht lassen, kann es passieren, dass Durcheinander und Chaos entstehen, was wiederum die Angst oder Aggression des oder der eigentlich Betroffenen verstärken kann. Wie kann man mit den weiteren Beteiligten im Sinne des Notfallmanagements umgehen?

Eine Möglichkeit ist, die Gruppe der Helfenden aufzuteilen, wenn man zu zweit ist, um mit allen Beteiligten gleichzeitig zu sprechen. Für uns als Helfende können Angehörige eine wichtige Ressource sein: Sie kennen die Klient:in, finden sich in der Wohnung zurecht und wissen, wer noch informiert werden muss. Man kann die Anwesenden auch zum Beispiel bitten, einen Tee zu kochen. Menschen fühlen sich in solch angespannten Situationen meist besser, wenn sie etwas tun können.

Es gibt jedoch auch die Situation, bei der Angehörige oder Nachbarn zur Eskalation beitragen, weil sie Teil des Problems sind oder in irgendeiner Form mit den Betroffenen im Konflikt stehen. In diesen Fällen ist es sinnvoll, die Anwesenden zu bitten, sich von dem Betroffenen zu entfernen. In eskalierten Familienkonflikten ist es in jedem Fall wichtig, die Streitparteien zunächst zu trennen.

7.3 Literaturexkurs zu Notfällen

So komplex, wie die Situation in einem Notfall vor Ort ist, so viele Aspekte können Ihnen auch helfen, gut informiert und somit sicher zu handeln. Die folgenden Punkte geben Ihnen einen Überblick über das, was Sie in einem Notfall und insbesondere im Kontext einer akuten Psychose, berücksichtigen können.

Krise und Notfall

Bei einem Notfall liegt sehr viel stärker als bei einer Krise eine Gefährdung von Gesundheit und Leben vor. Es besteht ein unmittelbarer Handlungszwang, der mit Zeitdruck verbunden ist. Häufig ist in einer solchen Situation auch psychiatrische Kompetenz gefordert. Der Hilfebedarf wird zunächst aus Sicht der Klient:in und ihrer Angehörigen, von Freund:innen, Nachbar:innen oder von einer Einrichtung formuliert. Sie erwarten sofortige Hilfe für eine eskalierte Situation.

Sie als Helfende sollten dann in einem ersten Schritt die Gefahr einschätzen und versuchen, sie einzugrenzen, aber im Verlauf der Intervention auch Chancen der Veränderung erkennen. Notfälle liegen unter anderem bei einer akuten psychiatrischen Erkrankung, bei Gewaltandrohungen oder gewalttätigen Eskalationen und bei akuter Suizidgefährdung vor, bei Menschen, die sehr erregt, erstarrt, verwirrt, verzweifelt, aggressiv oder nicht ansprechbar erscheinen, Wahn- und Sinnestäuschungen haben und möglicherweise unter Drogen oder Alkoholeinfluss stehen. Vordringliches Ziel ist es, die Unterbringung in einer psychiatrischen Einrichtung zu vermeiden; dies lässt sich jedoch als Schutzmaßnahme unter dem Aspekt von Selbst- und Fremdgefährdung nicht immer umgehen. Aufgabe einer Kriseneinrichtung ist es, möglichst zu einer Deeskalation beizutragen und Alternativen zur Unterbringung zu finden.

Widerstände gegen eine Unterbringung

Bei Herrn Walter geht es um einen Notfall, er ist akut psychotisch, aber weder er noch seine Mitbewohner:innen befürworten eine Unterbringung in einer psychiatrischen Einrichtung. Was sind die Gründe für eine von vielen geteilte Ablehnung?

Die Unterbringung in einer psychiatrischen Einrichtung ist häufig mit einem Stigma belegt und zugleich mit vielen Ängsten und Vorurteilen verbunden, etwa mit der Angst, nicht mehr entlassen zu werden und dauerhaft eingesperrt zu bleiben. Der Gedanke an eine medikamentöse Behandlung löst in der Regel Erschrecken und Ablehnung aus. Es kann auch sein, dass ehemalige Psychiatriepatient:innen schlechte Erfahrungen mit psychiatrischen stationären Einrichtungen gemacht haben. Sie haben möglicherweise eine Unterbringung als traumatisch erlebt, Fixierung und Zwangsmedikation erlitten. Diese Gruppe wünscht sich zwar Hilfe, auch unter Umständen stationäre, aber keine in einer psychiatrischen Einrichtung. Sie möchten frei über die Behandlungsmethoden entscheiden können, nicht zwangsbehandelt werden, sondern eine helfende Person an ihrer Seite haben, die versucht mit ihnen gemeinsam herauszufinden, was für sie jetzt am besten ist (Hölling 2021).

Zur rechtlichen Situation – Gesetze für psychisch Kranke

Gesetze für psychisch Kranke sind in Deutschland Ländersache und regeln Hilfen für psychisch Kranke sowie die zwangsweise stationäre Unterbringung. In Berlin ist 2016 ein neues Gesetz für psychisch Kranke, kurz PsychKG, in Kraft getreten, das Gesetz über Hilfen und Schutzmaßnahmen bei psychischen Krankheiten. In keinem Bundesland kann jemand zwangsweise untergebracht werden, nur weil die Person eine Belastung für die Angehörigen darstellt, weil sie unsinnige Geschäfte abschließt, wegen Verwahrlosung, wegen einer einfachen Störung der öffentlichen Ordnung oder nicht vorhandener Behandlungseinsicht.

Eine zwangsweise Unterbringung ist nur in eng umrissenen Grenzen möglich. Nur akute und erhebliche Selbst- und Fremdgefährdung berechtigt dazu sowie die Befürchtung, dass die Person bedeutende Rechtsgüter Dritter erheblich gefährdet und in diesem Fall sie nicht der Aufforderung nachkommt, sich in ambulante oder stationäre Behandlung zu begeben. Das Verfahren dazu ist genau geregelt und bedarf einer richterlichen Entscheidung. Kann diese nicht rechtzeitig herbeigeführt werden, so ist eine vorläufige Unterbringung bis zum Ablauf des nächsten Tages zulässig – nach dem neuen PsychKG in Berlin.

Vor einer stationären Behandlung oder Unterbringung sollten die Helfenden möglichst für eine ambulante Versorgung sorgen und auf die Abstimmung individueller Hilfsangebote hinwirken, um eine Teilhabe der Betroffenen am gesellschaftlichen Leben zu erhalten. Eine Schlüsselrolle nehmen dabei Sozialpsychiatrische Dienste im Erwachsenenbereich ein (Ärztekammer Berlin 2021).

Psychotische Erkrankungen und Schizophrenie

Das Bild, das in unserer Kultur von einer psychotischen Erkrankung existiert, ist oft sehr negativ besetzt und mit Selbst- und Fremdstigmatisierungen verbunden. Finzen (2013) bezeichnet die sozialen Folgen und Beschädigungen der Identität, die durch diese Stigmatisierungen entstehen, als zweite Krankheit.

Nach Ciompi (1981) hat der Verlauf einer psychotischen Erkrankung unterschiedliche Erscheinungsformen. Es kann bei einer einmaligen Krise bleiben. Es können Residualzustände verschiedenen Ausmaßes entstehen, also eine nachhaltige Beeinträchtigung der körperlichen oder psychischen Leistungsfähigkeit nach einer Krankheit, z. B. Aufmerksamkeitsstörungen nach Abklingen einer schizophrenen Episode. Es kann auch sein, dass die Erkrankung zu schwerster Chronizität führt. Die Krise kann ohne Medikamente überwunden werden oder eine lebenslange Einnahme von Neuroleptika erfordern.

Die Schizophrenie wird nach der ICD-10 diagnostiziert. Die ICD-10 ist die zehnte Version der internationalen statistischen Klassifikation der Krankheiten und verwandter Gesundheitsprobleme, einer medizinischen Klassifikationsliste der Weltgesundheitsorganisation WHO, die weltweit von den Mitgliedsstaaten im klinischen Alltag verwendet wird. Sie ist zwar seit Anfang 2022 durch die ICD-11 ersetzt, die Einführung wird aber noch einige Jahre dauern. Man unterscheidet demnach drei Subtypen: die paranoid halluzinatorische Schizophrenie – siehe Fallbeispiel –, die hebephrene und die katatone Schizophrenie (ZI Mannheim 2021). Eine Reihe von Symptomen sind für die Schizophrenie laut ICD-10 bestimmend, die aber nicht alle auftreten müssen, damit diese Diagnose vergeben werden kann: Störungen des Denkens, des Gefühls, des Wollens, Handelns und des Ich-Erlebens. Als akute Symptome fallen besonders den Außenstehenden Wahngedanken auf – wie im Lernfall die Vergiftungsangst – und Halluzinationen, also Sinnestäuschungen (Bastine 1998).

Beim paranoiden Typus sind vor allem die Inhalte der Gedanken betroffen. Es stellt sich typischerweise die Gewissheit ein, von anderen beobachtet, absichtlich benachteiligt, verfolgt, geschädigt und beeinträchtigt zu werden, obwohl dies nicht der Realität entspricht, hingegen *nicht* eine desorganisierte Sprechweise, desorganisiertes oder katatones Verhalten oder verflachter oder inadäquater Affekt wie bei den anderen Subtypen. Die größte Gefahr stellen Suizidgedanken dar (mpg 2021).

Im Vorfeld der akuten schizophrenen Erkrankung – insbesondere bei jungen Menschen – kann es zu Problemen bei der Konzentration, der Leistungsfähigkeit oder zu Schlafstörungen kommen. Außenstehende haben den Eindruck, dass sich die Person psychisch verändert hat (ebd.).

Im Zentrum des psychotischen Erlebens steht Angst, die durch die wahrgenommenen Veränderungen hervorgerufen wird. Die Betroffenen erleben sie oft sehr existentiell. „Nicht mehr selbst zu wollen, zu denken und zu handeln“, so bezeichnet eine Betroffene den Zustand (Buck u. a. 1991,

S. 18). Die Gedanken können entzogen werden, an die Stelle des eigenen Willens treten Stimmen, die sagen, was jemand zu tun hat. Viele erleben ungeahnte und äußerst bedeutungsvolle Sinnzusammenhänge. Psychoseerlebnisse gehören zu den intensivsten Erfahrungen, die man haben kann und die für wahr gehalten werden. Neben dem Menschen mit seinem psychotischen Erleben gibt es aber auch den Alltagsmenschen mit vielen intakten Funktionen, so dass andere die Erkrankung häufig schwer einordnen können.

Die Symptome einer Schizophrenie entwickeln sich unterschiedlich rasch, halten häufig über Wochen und Monate an und klingen dann langsam ab (mpg 2021).

Multifaktorielles Erklärungsmodell

Das meistgeteilte Erklärungsmodell für Schizophrenie ist ein biopsychosoziales, multifaktorielles Erklärungsmodell. Es wurde 1977 von dem amerikanischen Internisten und Psychiater George L. Engel (1913-1999) aufgestellt und wird auch auf Schizophrenie angewendet (siehe Ciompi 1981).

Als biologische Ursache gilt eine Störung des Nervenstoffwechsels in Zusammenhang mit einer genetischen Veranlagung zur Schizophrenie. Auf dem Boden der genetischen Veranlagung können dann Zusatzfaktoren wie schwere oder wiederholte Verletzungen des Gehirns oder die Einnahme von Medikamenten und Drogen Denkstörungen und Sinnestäuschungen auslösen. Es werden aber auch Geburtskomplikationen oder infektiöse Erkrankungen des Nervensystems als Ursachen von Schizophrenie diskutiert (mpg 2021).

Als psychosoziale Merkmale spielen schwere psychische Belastungen eine Rolle im Vorfeld der Erkrankung sowie Personenmerkmale und beeinträchtigende Lebensverhältnisse.

Medikamentöse Behandlung

Leider gibt es keine ursächliche medikamentöse Behandlung der Psychose. Bei vielen Psychoseerkrankten würden die Symptome auch ohne Medikamente auf längere Sicht abklingen. Die Erkrankung verursacht jedoch bis zu diesem Zeitpunkt viel Leid und durch die Symptomatik erhebliche soziale Verluste, etwa des Arbeitsplatzes, der Wohnung und der sozialen Einbindung.

Die verabreichten Medikamente – Neuroleptika oder Antipsychotika – wirken spezifisch auf die psychotischen Symptome. Sie beeinflussen den Stoffwechsel der Botenstoffe im Gehirn, indem sie antagonistisch, also hemmend, an den Dopaminrezeptoren wirken. Man unterscheidet klassische Antipsychotika der älteren Generation, die teilweise starke Nebenwirkungen auf die Körpermotorik haben. Atypische oder moderne Antipsychotika haben weniger motorische Nebenwirkungen, aber andere unerwünschte Wirkungen wie etwa Gewichtszunahme.

Die Ziele des Einsatzes von Neuroleptika sind sehr unterschiedlich: Zunächst geht es um die Behandlung der akuten Symptome, dann um die Erhaltungstherapie und schließlich um die Rückfallprophylaxe mit eher niedriger Medikamentengabe (Neurologen und Psychiater im Netz 2021).

Sozialpsychiatrie – ein kurzer Abriss

Neben der medikamentösen Behandlung gab und gibt es alternative psychiatrische Ansätze. Ein wesentliches Ziel der Sozialpsychiatrie etwa – mit einer breiten Mobilisierung reformbereiter Kräfte ab etwa 1970 – war es, Psychosebetroffenen ein Leben außerhalb stationärer Einrichtungen zu ermöglichen. In den 1970er Jahren wurde der Bericht über die Lage der Psychiatrie in der Bundesrepublik Deutschland fertiggestellt, die sogenannte Psychiatrieenquete von 1975. Sie forderte eine Umstrukturierung der stationären psychiatrischen Einrichtungen, den Aufbau halbstationärer, ambulanter und rehabilitativer Einrichtungen, die flächendeckend und gemeindenah vorgehalten werden sollten. Forderungen nach einem multidisziplinären Team gab es schon von Beginn an. Krisenintervention und Rehabilitation zur sozialen und beruflichen Wiedereingliederung verstanden sich als Hauptpfeiler der praktischen Sozialpsychiatrie. Auch die Unterstützung von Angehörigen- und Selbsthilfegruppen sowie Psychose-Seminaren gewannen im Laufe der Zeit an Bedeutung. Sie machten zum Beispiel ein Trialog-Angebot, bei dem Psychoseerfahrene, Angehörige und professionelle Helfende miteinander reden. Auch neuere Entwicklungen wie das Recovery-Konzept gehören dazu, das aus der Betroffenenbewegung entstanden ist und die Betroffenen als Gestalter ihres Genesungsweges verstehen. Damit verbunden ist eine Abwendung vom Heilungsanspruch und die Hinwendung zum Ziel eines möglichst selbstbestimmten und lebenswerten Lebens (Achberger 2016). Auch "EX-IN" – Experienced Involvement –, ein von der EU aufgelegtes Programm, ermöglicht es Menschen, die Erfahrungen mit schwerwiegenden Krisen und psychischer Erkrankung gesammelt haben, diese Erfahrungen zu nutzen, indem sie andere Menschen in ähnlichen Situationen verstehen und unterstützen. Durch eine Weiterbildung können sie sich als Genesungsberater:in qualifizieren. Weitere Veränderungen gab es durch das Bundesteilhabegesetz 2016, welche Leistungen der Eingliederungshilfe gewährleistet. Das Ziel des Bundesteilhabegesetz ist eine möglichst selbstbestimmte Teilhabe am Leben (siehe Zaumseil u. a. 2022).

Seit den Anfängen hat sich viel in der psychiatrischen Versorgungslandschaft verändert. Allerdings haben die danach stattfindenden Reformbemühungen nicht nur Positives bewirkt. Daher ist die „Aktion Psychisch Kranke" vom Bundesministerium für Gesundheit 2018 beauftragt worden, Fehlentwicklungen und Defizite der Psychiatriereform zu benennen (in Zaumseil u. a. 2022).

Krisenintervention als Baustein der Sozialpsychiatrie

Krisenintervention bzw. Notfallintervention hat *verschiedene Aufgaben* beim Auftreten einer Krise bei einer psychiatrischen Erkrankung. In erster Linie sollte Krisenintervention eine stationäre Aufnahme zu verhindern helfen, ambulante Hilfen aktivieren sowie Erste Hilfe vor Ort leisten.

Bei der Notwendigkeit stationärer Aufnahme sollten Sie als Helfenden eine Aufnahme in einem gemeindenahen Krisenzentrum ermöglichen. Falls nicht vorhanden oder möglich, sollten Sie eine als traumatisch erlebte Unterbringung in einer psychiatrischen Einrichtung vermeiden.

Erscheint eine Übernachtungsmöglichkeit für kurze Zeit sinnvoll, so könnte man für die Betroffenen durch die Vorhaltung von Krisenbetten in einem gemeindenahen Krisenzentrum eine stationäre Aufnahme in ein psychiatrisches Krankenhaus vermeiden. Dadurch kann der soziale Kontext samt Bezug zu vertrauten Helfenden erhalten bleiben. Stationäre Kriseneinrichtungen sind offene Stationen mit einem therapeutischen Angebot, multidisziplinären Team, zeitlicher Begrenzung der Aufenthaltsdauer und freiwilliger Medikamenteneinnahme. Diese Einrichtungen unterscheiden sich allerdings darin, ob sie Menschen mit einer akuten Psychose aufnehmen oder nicht. Steht kein derartiges Kriseninterventionszentrum zur Verfügung und ist eine stationäre Aufnahme indiziert, so sollte Krisenintervention bzw. Notfallhilfe diese schonend vorbereiten, so dass sich, wenn irgend möglich, eine (Zwangs-)Unterbringung mit Einsatz von Polizei vermeiden lässt.

In den letzten Jahrzehnten wurde viel über alternative Angebote für Menschen mit Psychosen diskutiert wie oben bereits beschrieben (siehe z. B. Ciompi (1981), Achberger (2016) und Hölling (2021), Zaumseil (2022)). Das bedürfnisangepasste Behandlungsmodell kombiniert mit dem offenen Dialog, ist eine der Alternativen, die in Skandinavien zum Teil umgesetzt wird.

Alternative Krisenintervention

Das Bedürfnisangepasste Behandlungsmodell (Alanen als Entwickler dieses Ansatzes) kommt aus Finnland und wurde erweitert durch den Offenen Dialog von Seikkula (siehe Aderhold u. a. 2009). Bedürfnisangepasst heißt, dass jeder Fall als einmalig angesehen wird, und deshalb muss die Behandlung an den Patienten und seine Familie angepasst werden (ebd., S. 233).

Das bedürfnisangepasste Vorgehen beginnt so schnell wie möglich mit einer Therapieversammlung bzw. einem Netzwerktreffen, also einem Zusammenkommen aller wichtigen und erreichbaren Bezugspersonen der Betroffenen. Die Beteiligten entwickeln im Dialog ein erstes Problemverständnis in Anwesenheit und zunehmend auch in Kooperation mit der betroffenen Person. Diese Therapieversammlungen werden immer wieder einberufen. Sie können als Offener Dialog – als gemeinsames Nachdenken mit unterschiedlichen Perspektiven – gestaltet werden, verbunden mit systemischen Fragen und einem reflektierenden Team. Weitere Elemente können nach Bedarf eine psychodynamische Individualtherapie, stationäre Psychiatrie als therapeutische Gemeinschaft, familientherapeutische Kurzzeitinterventionen und niedrig dosierte und selektive Neuroleptikabehandlung sein (Aderhold 2021).

Dieses Vorgehen – positiv evaluiert – bedarf u. E. bei einer flächendeckenden Umsetzung bei uns aber vieler Veränderungen wie einer Umstrukturierung der derzeitigen gemeindepsychiatrischen Versorgungsangebote, einer engen Zusammenarbeit zwischen dem stationären mit dem ambulanten Bereich sowie einer anderen Finanzierung.

Die Notfall-Krisenintervention, etwa bei akuter Psychose, ist immer eine besondere Herausforderung für Helfende. Mit zunehmender Erfahrung werden wir als Helfende Optionen hinzugewinnen und aus einem umfassenden Erfahrungswissen mit vielen Handlungsmöglichkeiten auswählen können. Der Lernfall soll Ihnen helfen, Ihr Repertoire möglicher Interventionen zu vergrößern, um möglichst situationsangemessen und umsichtig wie auch schützend und entlastend zu intervenieren.

Literatur

Achberger, C. (2016): Erfahrungen aus EX-IN-Kursen – Was hilft? Verhaltenstherapie & Psychosoziale Praxis 1/2016: 59-66.

Aderholt, V. (2021): Krisenintervention bei psychotischen Krisen – Was wir von den Skandinaviern lernen können. In Ortiz-Müller, W./.Gutswinski, S./Gahleitner, S. B. (Hrsg.): Praxis Krisenintervention. Stuttgart: Kohlhammer, 192-202.

Aderholt, V./Greve, N. (2009): Bedürfnisangepasste Behandlung und offene Dialoge. KONTEXT 40.3, 228-242.

Ärtzekammer Berlin (2021): Gesetz über Hilfen und Schutzmaßnahmen bei psychischen Krankheiten (PsychKG) https://gesetze.berlin.de/perma?d=jlr-PsychKGBE2016rahmen [5.11.2021]

Buck, D./Bock, T. (1991): Selbst-Verständlichkeit von Psychosen. In Bock, T./Weigand, H.: Hand-werks-buch Psychiatrie. Bonn: Psychiatrie-Verlag.

Ciompi, L. (1981): Wie können wir die Schizophrenen besser behandeln? Eine Synthese neuer Krankheits- und Therapiekonzepte. Der Nervenarzt, 52, 1981, 506-515.

Finzen, A. (2013): Stigma psychische Erkrankung. Köln: Psychiatrie Verlag.

Hölling, I. (2021): Krisenintervention – (k)ein Angebot für Psychiatrie-Betroffene? – Krisenintervention aus antipsychiatrischer Sicht. In Ortiz-Müller, W./Gutwinski, S./Gahleitner, S. B. (Hrsg.): Praxis Krisenintervention. Stuttgart: Kohlhammer, 253-260.

Neurologen und Psychiater im Netz (2021): Psychopharmaka: Antipsychotika. https://www.neurologen-und-psychiater-im-netz.org/psychiatrie-psychosomatik-psychotherpie/therapie/pharmakotherapie/antipsychotika/[7.11.2021]

Max-Planck-Institut (2021): Schizophrenie. https://www.psych.mpg.de/848212/schizophrenie [6.11.2021]

Zaumseil, M./Frank, S./Marcus, K. (2022): Wandlungen der Sozialpsychiatrie und gegenwärtige Widersprüche. In Behzadi, A./Lenz, A./Neumann, O./Schürmann, I./Seckinger, M. (Hrsg.): Handbuch der Gemeindepsychologie. Tübingen: dgvt-Verlag, im Druck.

Zentral Institut Mannheim (2021): Schizophrene Psychose.https://www.zi-mannheim.de/fileadmin/user_upload/downloads/lehre/flyer/Flyer-Schizophrene_Psychosen.pdf [7.11.2021]

8 Lernfall ‚Depression'
Eine Volkskrankheit – in ihrer Schwere immer noch unterschätzt

8.1 Die Fallgeschichte

Der Einstieg

Es klingelt. Das wird das Ehepaar Teichert sein, denke ich, während ich zur Tür gehe und mich an das kurze Telefonat am vorherigen Tag erinnere, als wir einen Termin für heute vereinbart haben. Er hatte gleich betont, es ginge um seine Frau, mehr wollte er nicht verraten.

Als ich die Eingangstür öffne, sehe ich ein älteres Ehepaar vor mir, ich schätze sie auf Ende 60. Besser gesagt, ich sehe ihn, und vermute dahinter seine Frau. Herr Teichert lässt ihr jetzt den Vortritt und stellt sich und seine Frau im Eingangsbereich vor. Wir begrüßen uns mit Handschlag, ich registriere den kraftlosen Händedruck von Frau Teichert und ihre unbewegte Mimik. Ihr Mann nimmt ihr dann den Mantel ab und führt sie mit fürsorglicher Geste ins Beratungszimmer, bietet ihr leise einen der Beratungssessel zum Platznehmen an. Er selbst bleibt stehen und wendet sich an mich:

„Es geht ja um meine Frau, ich habe sie nur hierher begleitet."

„Ach, setzen Sie sich doch erst einmal, dann können wir gemeinsam besprechen, wie wir am besten vorgehen. Vielleicht ist es ja auch hilfreich, wenn Sie mit dabei sind?"

Herr Teichert setzt sich auf die Vorderkante des Sessels. Ich frage die beiden, ob ich ihnen etwas zu trinken bringen kann, dem stimmt Herr Teichert gleich zu, von seiner Frau gibt es keine Reaktion. Als ich mit dem Tee zurückkomme, hat Herr Teichert dicht neben seine Frau gesetzt und redet leise auf sie ein. Offensichtlich ist daraus ein Entschluss entstanden, wie das Gespräch zu gestalten sei.

„Wir glauben, es ist am besten, wenn meine Frau allein mit Ihnen sprechen kann und ich nur jetzt kurz etwas dazu sage, warum wir hier sind. Ich warte dann draußen."

„Das können wir gerne so machen. Machen Sie es sich solange vorn im Warteraum bequem. Da finden Sie auch etwas zum Lesen."

Herr Teichert nickt und fährt fort.

„Es ist nämlich so, dass es meiner Frau schon wieder seit Monaten sehr schlecht geht. Und vorgestern war in der Zeitung ein Artikel über Depression, und wir glauben nun, dass meine Frau vielleicht eine Depression hat. Uns ist richtig ein Licht aufgegangen, als wir das gelesen haben. Das Internet ist nichts für uns, aber in der Zeitung war alles gut erklärt."

„Weshalb meinen Sie denn, dass Sie an einer Depression leiden könnten?", frage ich Frau Teichert, die bisher geschwiegen hat. Sie wirft mir einen kurzen Blick zu und schaut dann wie zuvor auf ihre Hände, die sie fest im Schoß verschränkt hält.

„Es geht mir schlecht und ich kann nichts dagegen tun. Seelisch schlecht", sagt sie mit leiser Stimme.

Herr Teichert schaltet sich wieder ein: „Wissen Sie, bisher haben meine Frau und ich das eigentlich immer runtergespielt. Jeder ist ja mal niedergeschlagen oder auch mal verzweifelt, so ist das halt im Leben. Ich habe dann versucht, meine Frau aufzumuntern und ihr die trüben Gedanken zu vertreiben. Ich hab' sie auch ein bisschen angetrieben, dass wir was unternehmen. Na ja, damit sie wieder mehr Lust am Leben kriegt. Aber ich muss sagen, das funktioniert eigentlich überhaupt nicht. Sie sitzt nur zu Hause und macht gar nichts. Und es ist auch nicht das erste Mal und es geht schon seit Monaten so."

Herr Teichert wirkt beim Erzählen zunehmend resigniert und zugleich auch ratlos und verzweifelt. Ich sage zu ihm: „Da geben Sie sich anscheinend große Mühe und das seit Langem, und dann merken Sie, dass es nicht hilft."

„Ja, Sie haben Recht, es ist tatsächlich so, dass nichts hilft und dann erlahmt man ja auch selbst irgendwann. Was soll ich denn noch tun? Und seit dem Zeitungsartikel mache ich mir noch mehr Sorgen um meine Frau. Wissen Sie, da standen auch Prozentzahlen zu Selbstmorden von Depressiven. Ich habe sie dazu gefragt, aber sie sagt da nichts. Was machen wir denn, wenn meine Frau wirklich eine Depression hat? Können Sie mit meiner Frau reden und uns sagen, was sie hat? Und was wir machen können?"

„Ja, das kann ich versuchen, wenn Sie das auch möchten?“ Ich wende mich an Frau Teichert, die weiter mit gesenktem Blick unbewegt dasitzt. „Dann würden wir nur zu zweit darüber sprechen, wie es Ihnen jetzt geht, wie es in der letzten Zeit war und wie es nun weitergehen kann. Möchten Sie das?“

Frau Teichert zuckt mit den Schultern. Ich warte eine Weile und sage nichts. Herr Teichert beugt sich auf seiner Sesselkante noch weiter nach vorn, merklich unruhig. Da schaut sie kurz auf und sagt: „Ja, das möchte ich schon.“

„Dann gehe ich jetzt raus und warte draußen“, sagt Herr Teichert eilig, legt seiner Frau noch kurz die Hand auf die Schulter und geht hinüber in den Warteraum.

Ich führe dann ein gut einstündiges Gespräch mit Frau Teichert. Ich brauche anfangs viele verschiedene Versuche der Kontaktaufnahme, um eine Beziehung zu ihr herzustellen. Da sie erst auf meine Kontaktversuche nur mit den Schultern zuckt, frage ich sie nach allem Möglichen in ihrem Leben, wovon ich vermute, dass es für sie von Bedeutung ist, erzähle auch von der Arbeit hier im Krisendienst. An einer Stelle erwähne ich nebenbei, dass ich gerne in der Natur spazieren gehe. Da schaut sie zum ersten Mal interessiert auf.

„Ach, Sie lieben auch die Natur? Haben Sie denn einen Garten? Da kommen ja jetzt gerade die ersten Schneeglöckchen und Winterlinge raus.“

Ich erzähle ihr, dass ich gerne im Wald oder hier in der Stadt im Park unterwegs bin und dass ich als Kind Vögel beobachtet habe. Da lacht sie kurz und leise. Ich merke nun deutlich: Wir sind im Kontakt. Nach und nach erfahre ich mehr von ihr und ihrer Geschichte, und im Lauf des Gespräches wird sie immer offener, da sie mein Interesse an ihrer Person wahrzunehmen scheint. Sie erzählt zunehmend frei über ihre Lebenssituation und von ihrer „trübsinnigen Stimmung“.

Frau Teicherts Geschichte

Nichts bereitet ihr mehr Freude, weder ihr Steingarten auf der großen Terrasse der Wohnung noch die Besuche ihrer erwachsenen Töchter oder die vielen kleinen Aufmerksamkeiten ihres Mannes, mit denen er versucht, sie aufzuheitern. Alles erscheint ihr trübe, düster und egal. Sie hat zu nichts Lust und das geht so weit, dass sie morgens stundenlang im Bett liegt und sich dabei ununterbrochen übelnimmt, dass sie nicht aufsteht. Sie versucht, sich selbst anzutreiben, schafft es aber oft erst gegen Mittag und bis dahin hat sie sich innerlich bereits massiv beschimpft. Ihrem Mann kann sie dann nicht mehr in die Augen blicken. Sie schämt sich sehr für diese – wie sie es nennt – „arge Disziplinlosigkeit und üble Faulheit" und empfindet sich inzwischen als „unmögliche Belastung" für ihren Mann und ihre Töchter, wenn sie sie bei Besuchen in diesem Zustand erleben – und überhaupt für alle Menschen, denen sie begegnet. An einer Stelle im Gespräch sagt sie:

„Ich bin es doch nicht wert, dass man sich mit mir beschäftigt, außer vielleicht aus Mitleid, aber das habe ich nicht verdient. Was habe ich denn anderen schon noch zu bieten als solches Elend? Ich habe ja auch nichts zustande gebracht im Leben."

Hinzu kommt, dass Frau Teichert meist schon um vier oder fünf Uhr morgens aufwacht, was sonst nie ihre Zeit zum Aufwachen war. Sie geht immer erst gegen Mitternacht zu Bett, so dass sie seit Monaten nur vier bis fünf Stunden schläft. Gleich mit dem Aufwachen beginnt das quälende Grübeln. Sie nimmt wegen dieser Schlafstörung seit einigen Monaten jeden Abend eine Tablette Valium, die ihr der Hausarzt verschreibt. Diese hilft zwar nicht, aber sie hat sich daran gewöhnt, und die Tablette am Abend gibt ihr eine gewisse Sicherheit, nicht noch früher zu erwachen. Auf meine Frage hin, ob sie an Gewicht verloren hätte in der letzten Zeit, da sie sehr schmal im Gesicht wirke, winkt sie resigniert ab.

„Ich esse ja nur noch winzige Portiönchen, und das auch nur meinem Mann zuliebe. Ich habe eigentlich überhaupt keinen Appetit und würde am liebsten ganz auf das lästige Essen verzichten. Danach habe nämlich immer Bauchgrimmen und es drückt überall.

„Wie viel Gewicht haben Sie denn verloren?"

„Naja, sicher so zwölf Kilo. Die Dickste war ich ja schon vorher nicht. Aber jetzt habe ich auch Haarausfall deswegen."

Sie zeigt mir ihr Haar, das tatsächlich auffällig ausgedünnt scheint und zudem einen ungepflegten Eindruck auf mich macht.

Ich frage sie, seit wann sie diese Probleme hat. Dabei stellt sich heraus, dass Frau Teichert schon seit sechs Monaten in diesem Zustand ist. Dazu kamen zuvor in den letzten drei Jahren schon zwei ähnliche Phasen, die erste dauerte ungefähr drei, die zweite Phase vier Monate. Jedes Mal hatte Frau Teichert das Gefühl, „völlig unvorbereitet in dieses Loch zu fallen und dann plötzlich wieder daraus aufzutauchen". Hinterher war sie jedes Mal enorm erleichtert, ja euphorisch, und wollte dann alles nachholen, was sie in den Monaten versäumt hatte.

Auf meine Frage nach einem etwaigen Auslöser nickt Frau Teichert mit dem Kopf und kneift die Lippen zusammen: „Ich weiß, wann das ganze Übel angefangen hat. Ich war Abteilungsleiterin in einer Stoff-Fabrik, schon damals in der DDR. 40 Jahre war ich da. Und die Firma hat sich wirklich lange gehalten trotz der Konkurrenz von den Asiaten. Sie haben dann noch ein paar Wessis in die Führungsetagen geholt, das hat auch geholfen, aber schließlich konnten die auch nichts mehr machen. Naja, und mich haben sie dann gekündigt, und zwar eineinhalb Jahre, bevor die Firma Konkurs anmelden musste. Die haben mich nicht bis zum Ende behalten. Ich kann es immer noch nicht fassen."

Frau Teichert sinkt noch mehr in ihrem Sessel zusammen. Sie grübelt seitdem darüber nach, ob sie aufgrund schlechter Arbeitsleistung gekündigt wurde, auch wenn sie ein exzellentes Zeugnis bekam und fast alle ihrer Kolleginnen betriebsbedingt gekündigt wurden. Ihre Gedanken kreisen auch viel darum, ob sie sich zu wenig um ihre Töchter gekümmert hat, ob sie zu viel gearbeitet hat und ob sie ihre Mutter vor ihrem Tod noch zu sich nach Berlin hätte holen sollen.

Ihr Mann war früher hauptsächlich für den Haushalt zuständig gewesen und kümmerte sich vorrangig um die drei Töchter. Er war aufgrund eines schweren Rückenleidens, das er sich als Fabrikschlosser zugezogen hatte, frühberentet. Frau Teichert war also die Versorgerin der Familie. Diese Rollenaufteilung hatte gut geklappt. Frau Teichert beschreibt ihre Ehe als „immer gut".

Jetzt, wo sie nicht mehr arbeitet und ihre Töchter ausgezogen sind, empfindet sie ihr Leben als sinnlos. Sie habe nichts mehr, worum sie sich kümmern könne außer den Blumen auf der Terrasse, aber das empfindet sie nicht als erfüllend.

„Früher war ich für alle meine Mitarbeiterinnen da. Auch, wenn eine mal Probleme hatte oder private Sorgen. Und für die Töchter waren wir immer da. Jetzt braucht mich doch niemand mehr. Mein Mann ist zwar rückenkrank, aber jetzt merkt man, dass er auch gut ohne mich klarkommt."

Und dann sagt sie noch: „Wozu soll ich überhaupt noch aufstehen?"

Reflexion der Beraterin

Während des Gesprächs spüre ich bei mir selbst eine depressive Ansteckung im Sinne einer Gegenübertragung durch die niedergeschlagene trostlose Stimmung Frau Teicherts. Auch ich bin mit einem Mal trübsinnig und kann erst den Ausführungen von Frau Teichert, wie sinnlos und trostlos alles ist, nichts entgegensetzen. Diese völlig andere Stimmung als ich sie vor dem Gespräch hatte, ist für mich zusätzlich zu Frau Teicherts Symptomen und meinen Beobachtungen ein weiterer Hinweis auf das Vorliegen einer Depression. Ihre Symptomatik spricht deutlich für eine Depression mit Krankheitswert, wie das Ehepaar selbst schon vermutet hatte. Ich merke, wie leid mir sowohl Frau Teichert als auch ihr Mann tun, die wiederholt monatelang versuchen, mit diesem quälenden Zustand allein zurechtzukommen. Als wichtigstes Ziel habe ich deshalb im Kopf, beide darüber aufzuklären, was eine Depression genau ist und vor allem, dass und wie man sie behandeln und therapieren kann – also zu vermitteln, dass dies kein Zustand ist, der ohne Hilfe ertragen und erlitten werden muss.

Zudem mache ich mir Sorgen wegen Frau Teicherts Sinnlosigkeitsgefühlen: Ich habe die hohe Suizidrate depressiv Erkrankter im Kopf und ich werde im Folgenden sorgsam abklären, ob eine akute Suizidgefährdung bei ihr vorliegt und wie die Gefährdung langfristig eingedämmt werden kann. Außerdem werde ich beide über diese Gefährdung aufklären.

Des Weiteren war im Gespräch auffällig, dass Frau Teichert ihre Problemlage immer noch herunterzuspielen versucht. Sie versuchte mühsam, jegliches Jammern zu unterdrücken und „Haltung zu bewahren". Ich habe schon im ersten Teil der Intervention, beim Zuhören und Nachfragen, darauf geachtet, ausführlich auf alle Schilderungen einzugehen, um ihr zu vermitteln, dass ich ihren Zustand und ihr Leiden sehr ernst nehme und dass ich mir Sorgen um sie mache. Dies bedeutet auch für das weitere Gespräch, mir viel Zeit für sie zu nehmen.

Die Intervention

Suizidthematik ansprechen

Frau Teichert hat bereits ihre Sinnlosigkeitsgefühle angesprochen und ich nehme deutlich ihre tiefe Verzweiflung wahr, die sie versucht, zurückzuhalten. Ich spreche sie nun auf die Suizidthematik an, die ich dahinter vermute: „Frau Teichert, sie sprechen von Sinnlosigkeit in Ihrem Leben, dass Sie das Gefühl haben, anderen nur zur Last zu fallen – haben Sie auch darüber nachgedacht, nicht mehr leben zu wollen?" Auf diese Frage hin sagt Frau Teichert lange Zeit gar nichts und schaut wie zu Beginn des Gespräches auf ihre Hände. Dann nickt sie. Ich merke, dass ihr diese Frage peinlich ist.

„So wie es Ihnen zurzeit geht, kann ich gut nachfühlen, dass Sie solche Gedanken beschäftigen. Und ich kann mir vorstellen, dass Sie darüber auch nicht gerne reden. Aber ich möchte Sie dazu doch Einiges fragen. Und dann aber vor allem auch erklären, was Ihnen in Ihrer jetzigen Situation helfen kann. Denn so müssen Sie das nicht länger aushalten. Sie sind dem nicht ausgeliefert, Sie können etwas unternehmen."

Im Folgenden spreche ich mit Frau Teichert ausführlich über das Thema Suizid. Sie erzählt, dass ihre Gedanken immer häufiger darum kreisen, sich das Leben zu nehmen. Es sei aber erst zwei Mal so gewesen, dass sie so weit gewesen wäre, wenn sich eine Möglichkeit dazu geboten hätte.

„Wissen Sie, ich bringe es nicht übers Herz, mit meinem Mann darüber zu reden, ich habe nämlich mal Andeutungen gemacht, aber da ist er nicht darauf eingegangen und ich denke, sowas ist nichts für ihn. Ich will ihn ja auch nicht erschrecken."

„Frau Teichert, es ist sehr wichtig, dass Sie mit jemandem über Ihre Suizidgedanken sprechen, und Sie haben Recht, da ist Ihr Mann vielleicht überfordert. Hier oder woanders im Rahmen einer professionellen Beratung sind Sie damit aber genau an der richtigen Stelle und können alles aussprechen, was Sie bewegt.

„Meinen Sie denn wirklich, dass das einen Sinn hat? Was soll das denn noch bringen. Reden hilft doch letztendlich auch nicht."

„Was meinen Sie denn zu unserem Gespräch? Gibt es da etwas, was Ihnen wichtig erscheint, was Sie vielleicht mit sich in Gedanken nach Hause nehmen? Oder sehen Sie darin auch keinen Sinn?"

Frau Teichert ist einen Moment verblüfft. „Nein, nein, das hier ist jetzt was anderes. Ich meinte nur so insgesamt, langfristig gesehen. Hier merke ich doch, dass es wohl ganz gut ist, sich mal mit jemand anderem auszusprechen als mit meinem Mann."

Sie klingt nicht sonderlich überzeugt, ich gehe aber vorerst nicht weiter darauf ein. Ich möchte mit ihrem Mann später verabreden, dass er dafür sorgt, dass sie zu einem Psychiater geht. Jetzt will ich erst noch mehr darüber erfahren, wie konkret ihre Suizidabsichten sind. Ich frage sie deshalb, ob sie schon überlegt hätte, wie sie sich das Leben nehmen wolle, ob sie schon Vorbereitungen getroffen hätte, z. B. Tablettensammeln etc. – was sie glaubwürdig verneint. Das entlastet mich zusätzlich von der Sorge, dass bei Frau Teichert eine akute Suizidalität vorliegen könnte.

Aufklärung über Depression

Wir kommen dann überein, ihren Mann zum Gespräch dazu zu holen, denn ich möchte beide umfassend über Depression und Behandlungsmethoden aufklären. Als beide vor mir sitzen, beschreibe ich erst einmal, wie mutig und gut ich ihre Entscheidung finde, eine professionelle Beratung aufzusuchen. Ich äußere auch meine Achtung gegenüber ihrer bisherigen Umgangsweise mit Frau Teicherts Erkrankung, die mir von großer gegenseitiger Fürsorge geprägt zu sein scheint. Von einem bestimmten Punkt an sei jedoch die Grenze erreicht, wo es besser ist, Hilfe von außen hinzuzuholen – diesen Punkt hätten beide sehr verantwortungsvoll erkannt.

Ich gebe nun beiden zusammen meine abschließende Einschätzung:

„Frau Teichert, Herr Teichert, alles deutet darauf hin, dass Sie an einer depressiven Erkrankung leiden. Und eine Depression ist definitiv eine Erkrankung, und man darf sie nicht verwechseln mit einer bloßen Stimmungsschwankung, das haben Sie ja auch in dem Zeitungsartikel gelesen. Wer an einer Depression erkrankt ist, der kann sich nicht einfach zusammenreißen und dann geht's schon wieder. Das ist mir wichtig, Ihnen zu sagen, damit Sie, Frau Teichert, sich möglichst nicht mehr selbst die Schuld an Ihrer Antriebslosigkeit geben.

Und wichtig ist auch: Bei depressiv Erkrankten besteht eine erhöhte Suizidgefahr. Ich sage das natürlich nicht, um Ihnen Angst zu machen, sondern um zu verdeutlichen, wie dringend behandlungsbedürftig eine Depression ist, weil sie unbehandelt lebensgefährdend werden kann. Frau Teichert, Sie brauchen auf jeden Fall längerfristige Hilfe. Sie sollten sich von Ihrem Mann dabei unterstützen lassen, sich diese Hilfe auch wirklich zu holen. Und falls etwas akut ist, können Sie beide natürlich jederzeit mit uns hier Kontakt aufnehmen. Wenn Sie Ihrem Mann erzählen, wie es Ihnen geht, dann geht es ja erst einmal einfach um die Entlastung, es geht dann gar nicht immer darum, gleich etwas zu unternehmen. Wenn Sie jedoch Angst bekommen, Herr Teichert, dann melden Sie sich lieber einmal zu viel als zu wenig, um sich unterstützen zu lassen. Eine schwerwiegende Depression wie bei Frau Teichert sollte in jedem Fall professionell behandelt werden. Eine psychiatrische und psychotherapeutische Behandlung ist heute langfristig sehr erfolgreich."

Hier meldet sich Herr Teichert entschieden zu Wort.

„Also, Sie haben ja Recht, aber wir wollen auf keinen Fall, dass meine Frau Tabletten für die Seele nimmt, man kann doch das Gemüt nicht mit Tabletten kurieren!"

„Wie auch immer die Medikamente wirken, können Sie jedenfalls akut die Stimmung und den Antrieb verbessern und sind damit zumindest hilfreich, um dann auch gut psychotherapeutisch weiterarbeiten zu können. So kann Ihre Frau überhaupt wieder in den Zustand kommen, Mut zu fassen und neue Perspektiven für die Zukunft zu entwickeln. Ihre Frau muss erst einmal aus dem Loch rauskommen. Und Frau Teichert, so wie ich Sie einschätze, würden Sie sich ja nicht passiv auf der Wirkung der Medikamente ausruhen, sondern mit psychotherapeutischer Hilfe aktiv neuen Lebenssinn und Lebenslust zu entwickeln versuchen. Was meinen Sie?"

Sie nickt zustimmend, Herr Teichert guckt zweifelnd.

Verweis an eine niedergelassene Psychiaterin

Ich verweise Frau Teichert also zu einer niedergelassenen Psychiaterin und rate beiden dringend, dort gleich für den nächsten Tag einen Termin zu vereinbaren, sich dazu bei Bedarf auch auf meine Empfehlung zu berufen. Damit will ich die Dringlichkeit einer psychiatrischen Behandlung unterstreichen, denn ich habe Sorge, dass Frau Teichert aufgrund ihrer Antriebsarmut und Herr Teichert aufgrund seiner Skepsis gegenüber medikamentöser Behandlung den Besuch bei der Psychiaterin hinausschieben. Ich schlage deshalb für die nächste Woche ein telefonisches Nachgespräch mit

Frau Teichert vor, um die weiteren Entwicklungen zu besprechen. Dieser Termin erleichtert Frau Teichert, da er ihr Sicherheit gibt und ihr Mann verspricht, auf die Einhaltung des Telefontermins zu achten.

Zum Abschluss sagt Frau Teichert, es sei eine große Erleichterung für sie gewesen, zu hören, dass sie nicht einfach launisch und disziplinlos ist, sondern dass sie eine Krankheit habe.

8.2 Interventionsprinzip Aufklärung

Aufklärung von Betroffenen im Therapie-, Beratungs- und Behandlungskontext hat in den letzten Jahrzehnten immer mehr an Bedeutung gewonnen. Das zeigt sich auch im medizinischen Bereich als Aufklärungspflicht vor der Durchführung medizinischer Maßnahmen (siehe informed consent). Mehr denn je wird von den Beratenden erwartet, dass neben der fachlichen Kompetenz und dem ärztlichen oder therapeutischen Rat auch eine vielseitige und umfassende Information der Betroffenen stattfindet. Zugleich können wir bei den meisten Menschen – jedenfalls internetaffinen, zu denen das Ehepaar Teichert nicht gehört – meist davon ausgehen, dass sie sich auch im Internet informieren. Hier ist es wichtig zu fragen, welche Informationen bereits vorhanden sind, auf welchen Internetseiten sich die Person informiert hat und welche Fragen wiederum daraus entstanden sind. Häufig sind Menschen durch die vielen, oft auch widersprüchlichen Informationen verwirrt oder entwickeln falsche Vorstellungen über Krankheitsbilder, Symptome und Behandlungsmöglichkeiten. Dann gilt es, in der persönlichen Beratung Missverständnisse zu klären, die verschiedenen Informationen aus unterschiedlichen Quellen einzuordnen und zu bewerten sowie zu klären, was all das für die Betroffenen in ihrem Einzelfall bedeutet.

Ob nun bereits Informationen vorhanden sind oder nicht: Die Kompetenzerhöhung bei den Betroffenen und damit eine partnerschaftlich und von beiden Seiten verantwortlich getroffene Entscheidungsfindung ist zentral für die Beratung. Dieser Wandel bei der Informationsbeschaffung, beim Informationsstand und bei den Erwartungen der Hilfesuchenden vollzieht sich im gesamten Bereich des Gesundheitswesens. Für die Krisenintervention sollten wir zum Beispiel bei den Themen Alkohol, Trauma und Psychose auf eine gründliche Aufklärung achten. Hier zeigen wir exemplarisch, wie eine umfassende Aufklärung verlaufen kann.

Die Wichtigkeit von Aufklärung bei Depression ist mittlerweile Konsens unter Expert:innen z. B. umgesetzt in der Aufklärungskampagne zur Krankheit Depression in Nürnberg zwischen 2001 und 2002 (Freundenberg 2005), die in weiteren Städten Anhänger gefunden hat (siehe auf der Website „Bündnis gegen Depression Nürnberg"). Dennoch: in der Bevölkerung bestehen nach wie vor große Wissensdefizite bei diesem Thema. Eine umfassende Aufklärung von Professionellen, Angehörigen und Betroffenen wird einhellig gefordert, denn dadurch lässt sich die Suizidrate nachweislich deutlich senken wie in der Modellregion Nürnberg (Althaus u. a. 2007). Nicht diagnostizierte und somit unbehandelte Depressionen gehen mit einem sehr hohen Suizidrisiko einher, ebenso drastisch sinkt die Suizidgefahr bei Depressiven, wenn ihre Krankheit behandelt wird.

Wir listen hier die Auswirkungen einer umfassenden Aufklärung über Depression auf, um den Nutzen zu verdeutlichen.

- Durch eine erste diagnostische Einschätzung und die Aufklärung über Symptome und deren Bedeutung wird die betroffene Person von der Vorstellung entlastet, ihre Symptome wären auf persönliches Versagen zurückzuführen. Das ist auch für Frau Teichert sehr entlastend, die sich bisher ihre Antriebslosigkeit selbst bitter vorgeworfen hat.
- Durch Informationen über Behandlungserfolge schöpfen die Betroffenen Hoffnung: Wenn wir darüber aufklären, dass depressiven Menschen durch eine konsequente Behandlung meist gut geholfen werden kann, sind diese deutlich motivierter, eine Behandlung zu beginnen. Es gibt wieder eine Zukunftsperspektive und schon das verringert das sonst hohe Suizidrisiko.
- Die Betroffenen werden befähigt, selbst Entscheidungen auf der Grundlage der erhaltenen Informationen zu treffen. So erhält jemand erst dann Wahlmöglichkeiten über verschiedene Therapieformen. Wir stärken damit das selbstverantwortliche Gesundheitshandeln der Betroffenen, das sowohl ein Gesundheitsmanagement mit Selbsthilfemaßnahmen und Selbstbehandlung als auch präventive Maßnahmen mit einschließt.
- Eine umfassende Aufklärung könnte so aussehen, dass sich Beratende und Betroffene gegenseitig informieren:
- Die betroffene Person informiert über ihr Problem und definiert es, stellt dessen Geschichte, seine Interpretation des Problems und den Bezug zur Lebenssituation, seinen Befürchtungen und Wünschen her.

- Die beratende Person informiert mit ihrem Fachwissen und ihren Erfahrungen über das Problem und seine Bedeutung – in unserem Fall das Krankheitsbild der Depression, so etwa Symptome, Formen, Häufigkeit in der Bevölkerung, psychische und soziale Auswirkungen von Depression, Suizidgefahr etc., Ursachen, Therapieformen und Möglichkeiten der Selbsthilfe. Diese Informationen sollten das gesamte Spektrum möglicher Sicht- und Behandlungsweisen betreffen – nicht nur die selbstbevorzugten.
- Die beratende Person nennt bzw. stellt zur Verfügung weitere Informationsquellen für die betroffene Person, etwa Fachbücher und Ratgeberliteratur, Informations- und Übungsprogramme der Krankenkassen, Informationsseiten im Internet etc.

Wir sollten darauf achten, die Werte und Konzepte der Betroffenen zu bearbeiten und zu berücksichtigen: Vorstellungen in Bezug auf Erklärungsmodelle der Krankheit und in Bezug auf Therapieoptionen müssen den Lebenszielen, dem Wertesystem und der Lebenssituation entsprechen. Herr Teichert sprach sich sofort gegen eine medikamentöse Behandlung aus, weil das nicht zu ihrer beider Vorstellungen passte, wie man mit seelischen Problemen umgehen sollte. Es ist sehr wichtig, solche Bedenken ernstzunehmen und darüber zu sprechen, möglichst zu einer verlässlichen Vereinbarung über das weitere Vorgehen. Wir wissen aus unzähligen Compliance-Studien bzw. Adhärenz-Studien (dem neuerem Konzept, das über Medikamenteneinnahme hinausgeht und einen informed consent einschließt), dass die Bereitschaft von Patient:innen zur aktiven Mitwirkung an therapeutischen Maßnahmen, auch in angrenzenden Berufsfeldern, sonst rapide abnimmt und zum Beispiel Therapie- und Behandlungspläne nicht eingehalten werden – oft, ohne dass andere davon erfahren. Ein Cochrane-Review im Jahr 2008 kam zu der Schlussfolgerung, dass effektive Adhärenz-Programme den Gesundheitszustand der Bevölkerung stärker verbessern könnten als jede Optimierung einer spezifischen Medikationstherapie (zit. n. Salas u. a. 2009). Als Faktoren für die Non-Adhärenz werden unzureichende Kenntnis der Erkrankung und ihrer Behandlung, mangelndes Wissen über die Medikation und ihrer Nebenwirkungen, mangelnde und verbesserungswürdige Kommunikation zwischen Ärzt:in und Patient:in diskutiert aber auch das Bedürfnis, nicht die Kontrolle über das eigene Leben aufzugeben in der Fachliteratur genannt. Man sollte bedenken, dass Non-Adhärenz ein weitverbreitetes, menschliches und krankheitsunspezifischen Verhalten ist (zit. nach Arlt 2019).

Bei Frau Teichert und ihrem Mann ging es noch nicht um eine Entscheidung über die passende Therapie, sondern lediglich um einen Ausblick, was die nächsten Schritte bei der niedergelassenen Psychiaterin sein können. Für beide war es erst einmal wichtig, überhaupt zu erfahren, dass Frau Teichert wahrscheinlich unter einer schweren Depression leidet. Die Aufklärung darüber, dass die Symptome Teil eines Krankheitsbildes sind, empfand sie als sehr entlastend. Zugleich bekam sie damit Informationen an die Hand, durch die sie eine neue Handlungsperspektive erlangte und nicht mehr passiv und hilflos ihren Zustand erleiden musste.

8.3 Literaturexkurs zu Depression

Depressive Störungen gehören zu den häufigsten und hinsichtlich ihrer Schwere am meisten unterschätzten Erkrankungen. Sie sind mit sehr hohem Leidensdruck verbunden, da die Erkrankung Wohlbefinden und Lebensqualität massiv beeinträchtigt. Vom subjektiven Erleben her ist eine Depression nicht nur eine schwere, aufgrund der Suizidgefahr dazu noch eine lebensbedrohliche Erkrankung, sondern sie belastet auch das Zusammenleben in einer Paarbeziehung oder Familie. Menschen mit einer nicht erkannten Depression geraten – mit ihren Angehörigen – oft in eine Krise. Sie können sich länger anhaltende Verstimmungen und andere Veränderungen nicht erklären. Die Erkrankten können Aufmunterungen und gut gemeinte Ratschläge der Angehörigen und Freunde nicht aufnehmen und es entstehen Enttäuschungen, oft verbunden mit Verärgerung und Rückzug auf beiden Seiten. Auch die Gefahr einer suizidalen Handlung ist hoch: 10 bis 15 % aller Patienten mit wiederkehrenden schweren depressiven Phasen sterben durch Suizid (Neurologen und Psychiater im Netz 2021). Bei zwei Drittel der Betroffenen vergingen mehr als drei Monate, bei etwa einem Viertel mehr als drei Jahre zwischen Auftreten erster Symptome und Aufnahme einer Behandlung. Häufigste Behandlungen waren Psychotherapie, Pharmakotherapie oder eine Kombination aus beiden (Dietrich 2017).

Die Symptomatik der Depression

Eine Depression verändert bei den Betroffenen das Erleben und Verhalten, und es treten auch körperliche Beschwerden auf. Die Betroffenen erleben Gefühle der Hoffnungslosigkeit und Leere, oft können sie auch gar keine

Gefühle mehr empfinden, das sogenannte Gefühl der Gefühllosigkeit. Negative Denkmuster herrschen vor, verbunden mit starker Grübelneigung, permanenter Selbstkritik, Konzentrationsproblemen und Suizidgedanken. Die Betroffenen ziehen sich zurück und werden antriebsarm oder aber rastlos. Sie haben ein vermindertes Selbstwertgefühl, Gefühle von Schuld und Wertlosigkeit und sehen pessimistisch in die Zukunft. Schlafstörungen, Appetitstörungen und andere vielfältige körperliche Beschwerden sind oft die Symptome, mit denen Betroffene zum Arzt oder zur Ärztin gehen. Bei 70 bis 80 % der Patienten tritt die Depression in Verbindung mit Angstgefühlen auf – zum Teil bis hin zu einer behandlungsdürftigen Angststörung. Bei etwa 15 % der depressiven Patienten kommt es zu psychotischen Anzeichen wie Wahnideen (Neurologen und Psychiater im Netz 2021).

Schweregrad und Untergruppen der Depression

Es gilt: Je mehr Symptome auftreten, desto höher ist der Schweregrad. Verschiedene Formen depressiver Störungen werden zusammen mit der manischen Störung in der Gruppe der *affektiven Störungen* zusammengefasst. In der ICD-10 gibt es folgende Untergruppen:

- Manische Episode
- Bipolare affektive Störung
- Depressive Episode
- Rezidivierende depressive Störung
- Anhaltende affektive Störung
- Sonstige affektive Störungen und nicht näher bezeichnete affektive Störungen

Häufigkeit von Depressionen

Bei 8,2 % der Bundesbürger:innen zwischen 18 und 79 Jahren wurden in den letzten zwölf Monaten im Jahr 2017 vom Arzt eine Depression festgestellt. Frauen waren doppelt so häufig wie Männer betroffen (Stiftung Gesundheitswissen 2018). Depressive Episoden kommen in jedem Lebensalter vor. Aber 50 % aller Patient:innen erkranken nach dem aktuellen Bundesgesundheitssurvey erstmalig vor dem 31. Lebensjahr. Das Risiko, im Laufe des Lebens an einer Depression (alle Formen) zu erkranken – als

Lebenszeitprävalenz bezeichnet –, liegt national wie international bei 16 bis 20 % (BÄK 2017).

Verlauf und Prognose der Depression

Depressive Erkrankungen treten als Episode, rezidivierend oder anhaltend auf. Die Krankheitsphasen sind zeitlich begrenzt und klingen häufig auch ohne therapeutische Maßnahmen ab (BÄK 2017). Von einer Episode spricht man, wenn die Symptome mindestens zwei Wochen jeden Tag die meiste Zeit über den Tag bestehen. Ein rezidivierender Verlauf besteht bei sich wiederholenden Episoden mit einem gesunden Zeitraum von mindestens sechs Monaten dazwischen. Wenn keine symptomfreien Zeiten zu vermerken sind, dann handelt es sich um eine anhaltende Depression.

Die meisten depressiven Episoden bilden sich innerhalb weniger Monate zurück, 15 bis 20 % der Fälle weisen jedoch eine Dauer von mindestens zwölf Monaten auf. Die Heilungschancen nach einer ersten Episode sind gut. Das Rückfallrisiko beträgt ohne Vorsorge zwischen 50 bis 75 % (neurologen-und-psychiater-im-netz 2021).

Erklärungsmodelle bei Depression

Die verschiedenen Erklärungsmodelle fangen unterschiedlich das Spektrum des bio-psycho-sozial-kulturellen Blicks ein.

Die neurobiologische Perspektive berücksichtigt zum Beispiel genetische Faktoren, Veränderungen auf der Stresshormonachse sowie ein Ungleichgewicht der Botenstoffe in bestimmten Hirnregionen (Deutsche Depressionshilfe 2021).

Zu den psychosozialen Faktoren: Im Vorfeld der Erkrankung lässt sich eine dreifach erhöhte Rate negativer Lebensereignisse sowie Überforderungssituationen feststellen sowie Vulnerabilitätsfaktoren wie ein Mangel an vertrauensvollen Beziehungen und sozialer Unterstützung. Auch ein geringes Selbstwertgefühl ist hier als Faktor zu erwähnen. Wolfersdorf (2011) geht von frühkindlichen Mangelerfahrungen mit dem Gefühl des „existentiellen Zuwenigs“ aus.

Insbesondere mangelnde soziale Integration und das Fehlen stabiler, naher Sozialkontakte wirken als Risikofaktor für die Entwicklung einer Depression

(Scheuermann 2021). Hari (2019) beschreibt Depression als umfassendes Geschehen des Nichtverbundenseins: Man erlebt ein existenzielles Abgeschnittensein, von anderen Menschen, von sinnvoller Arbeit, von Gemeinschaft, von der Aussicht auf ein gutes Leben. Das macht depressiv. Erst eine ganzheitliche Neuausrichtung auf Verbundenheit bringt umfassende und nachhaltige Linderung oder Heilung.

Viele Forschungsergebnisse weisen darauf hin, dass Einsamkeit depressiv macht (Beutel u. a. 2017, Hari 2019, S. 14). Der Einsamkeitsforscher John T. Cacioppo lieferte durch verschiedene Studien den Beweis, dass Einsamkeit zuverlässig Verschlechterungen depressiver Symptome voraussagt. Die Versuchspersonen wurden erst einsam und dann depressiv (Cacioppo u. a. 2006, 2010). Einsamkeit ist eine Ursache von Depression. Dieser Beweis ist für alle Maßnahmen zur Depressionsprävention und -behandlung wichtig.

Bei Frauen, die eine höhere Erkrankungsrate haben, besteht zwischen Depression und sozialer Benachteiligung ein enger Zusammenhang (Mirowsky u. a. 2001 in Bischkopf 2005). Als Erklärung werden mögliche Traumata in der Kindheit, damit verbundene Angst, soziokulturelle Rollen, ein ungünstiger Umgang mit Lebensereignissen und Gewalterfahrungen in der jetzigen Partnerschaft angeführt (Hegaray u. a. 2004 in Bischkopf 2005).

Zu den Risikofaktoren für Depression zählen nach der Bundesärztekammer (2017):

- frühere depressive Episoden
- bipolare oder depressive Störungen in der Familiengeschichte
- Suizidversuche in der eigenen Vor- oder der Familiengeschichte
- komorbide somatische Erkrankungen, also eine Krankheit oder Störung, die neben einer anderen, primären Erkrankung vorhanden ist,
- komorbider Substanzmissbrauch bzw. komorbide Substanzabhängigkeit
- aktuell belastende Lebensereignisse
- Mangel an sozialer Unterstützung

Behandlungsmöglichkeiten bei Depression

Neben medikamentöser Therapie werden vor allem Beratung, psychoedukativ-supportive Gespräche, Psychotherapie, psychosomatische Grundversorgung und Soziotherapie sowie spezielle Behandlungsformen wie Schlafentzug, Lichttherapie, Sport, Gestaltungstherapie u. a. genannt, zudem Selbsthilfegruppen und Online-Programme (BÄK 2017). Aufgrund der multikausalen Genese sind komplexe Vorgehensweisen empfehlenswert, also eine Kombination von mehreren Verfahren, z. B. Antidepressiva, Psycho- und Soziotherapie sowie die anderen genannten Möglichkeiten. Psychiatrische Tageskliniken, die die Depression multikausal verstehen, bieten deshalb vieles Unterschiedliches an wie Kochen, Sport, gemeinsame Aktivitäten, Gruppengespräche, gemeinsames Essen und Einzelgespräche zu bestimmten Problemen, Psychoedukation und Medikamentenberatung.

Es gibt jenseits der psychiatrisch orientierten Empfehlungen zur Depressionsbehandlung Ansätze, die andere Wege gehen. Iljardi (2010) z. B. verweist auf Lebensstilveränderungen, auf eine Ernährungsumstellung, Sport, Tageslicht, Tun statt Grübeln, soziale Verbundenheit und gute Schlafgewohnheiten.

Zu den Alternativen zählen auch körperliche Betätigungen wie schnelles Gehen, Laufen, Schwimmen, Krafttraining, Radfahren usw. Von ihnen weiß man, dass es die Gehirnfunktionen so zuverlässig wie ein Medikament verändert. Sie wirken vorbeugend und heilend, etwa bei Depressionen und Angststörungen. Bewegung ist Medizin (Scheuermann 2019). Um diesen Effekt zu spüren, reichen drei halbe Stunden, verteilt über eine Woche, aus.

In der Psychotherapie sind folgende Themen und Ziele zentral (siehe z. B. bei Wolfersdorf 2000, Bischkopf 2005, Schneider u. a. 2017):

- Teufelskreise von Inaktivität, Passivität und depressiven Symptomen durchbrechen,
- neue soziale Fertigkeiten und Ressourcen erwerben, einen Aktivitätsaufbau erreichen,
- Suizidalität verringern,
- Emotionale Ausdruckfähigkeit fördern,
- Schuldgefühle bearbeiten,
- negative kognitive Schemata verändern und Ablenkung von Grübeleien bewirken,
- wichtige Grundthemen bearbeiten wie Verlust, Enttäuschungen, nar-

zisstische Wünsche, Leistung und Selbstwertgefühl, das lebensgeschichtliche Zu-kurz-gekommen-Sein u. a.,
- den interpersonellen Kontext einbeziehen und soziale Problembereiche bearbeiten,
- die berufliche Leistungsfähigkeit und gesellschaftliche Teilhabe wiederherstellen,
- auf eine klientenzentrierte Beziehungsgestaltung achten. Wichtig ist hier die vertrauensvolle und emotional tragfähige Beziehung, die zudem Hoffnung vermittelt,
- die Präferenz des Hilfesuchenden für ein bestimmtes therapeutisches Verfahren (Schneider 2017) gewährleisten.

Der Schlüssel zum Erfolg ist das „gezielte Sammeln neuer Erfahrungen, was dann zu einer Veränderung des Selbstbildes führt" (Bischkopf 2005, S. 21).

Die Situation der Angehörigen

In der genannten Liste bezieht sich ein Punkt darauf, den interpersonellen Kontext in der Behandlung miteinzubeziehen. Angehörige sind besonders belastet, weil sie mehr Aufgaben in der Familie/Partnerschaft übernehmen und eigene Bedürfnisse zurückstellen müssen, die Stimmungslage gedrückt ist und eventuell sogar die gesamte Familienzukunft in Frage gestellt ist. Partner:innen verstehen in der Regel die Veränderungen und Symptome, die sie am Anderen wahrnehmen, wenn sie diese nicht als Depression deuten (können), entweder als Partnerschaftskrise, als Ausdruck von Stress, als biografisch erklärbare Lebenskrise oder als eine Krankheitsfolge einer noch nicht erkannten somatischen Krankheit. Es führt zu einer Entspannung, wenn diese als das betrachtet wird, was sie ist: als eine Depression (Bischkopf 2005).

Auch wollen die Partner:innen helfen, fühlen sich dabei aber oft wenig erfolgreich und reagieren dann mit Ärger, Resignation, Hoffnungslosigkeit, Schuldgefühlen und Erschöpfung. Männliche Ehepartner versuchen häufig, durch Ratschläge und aktives Tun die Situation zu ‚managen', während Frauen versuchen, den depressiven Partner zu besänftigen, von Verantwortung zu entlasten und sogar vor seinen eigenen Gefühlen zu schützen (Papp 1996). Diese Strategien sind aber wenig erfolgreich und können noch zu einer Verschlechterung beitragen. Die Kinder Betroffener erleben zudem eine Situation des Mangels und der Zurücksetzung.

Krisenintervention

Im Gegensatz zur Psychotherapie begrenzen wir den Zielhorizont bei einer Krisenberatung bzw. Krisenintervention enger. Es geht um eine Diagnoseeinschätzung, die Abklärung akuter Suizidalität, Informationsvermittlung und Aufklärung, u. a. über Informationsseiten im Internet, Ressourcenaktivierung und Akzeptanz der Diagnose.

Diagnoseeinschätzung

Für uns als Krisenberater:innen ist es an erste Stelle wichtig zu entscheiden, ob überhaupt eine depressive Störung vorliegt und wenn ja, welcher Handlungsbedarf erforderlich ist. Diese Fragen können helfen:

- Welcher Schweregrad gemessen am Umfang der Symptome und deren Intensität liegt vor?
- Liegt eine manische oder depressive Form vor?
- Steht sie im Kontext einer Komorbidität, also weiterer Störungen?
- Lässt sich eine psychotische Symptomatik feststellen?
- Welcher Verlauf lässt sich beobachten?
- Wie lange bestehen die Probleme?

Abklärung einer akuten Suizidalität

Sehr wichtig ist bei jedem Verdacht auf Depression, gründlich abzuklären, ob eine akute Suizidalität besteht. Im Zusammenhang mit Suizidalität möchten wir hier nochmals betonen, wie wichtig die Herstellung einer vertrauensvollen Beziehung mit einem Verständnis suizidalen Verhaltens als Notsignal ist.

Information und Aufklärung

Im Interventionsprinzip haben wir beschrieben, wie wichtig und wirksam eine gründliche Aufklärung über Depression ist. Sie sollten nicht davon ausgehen, dass die Betroffenen sehr viel über Depression wissen, obwohl die Störung weit verbreitet ist und man im Internet natürlich beliebig viele Informationen über Depression findet. Im Rahmen von Krisenintervention ist Information und Aufklärung über die Erkrankung, die genau zu der Person passt, ein wichtiger Baustein. So kann ein gemeinsames Krankheitsverständnis entstehen.

Verweis auf webbasierte Hilfen und Informationsmöglichkeiten

Die Recherche im Internet auf Seiten, die fundiert und sachlich aufklären und Hilfestellungen bieten, ist eine Gelegenheit für Betroffene, sich in Ruhe mit der Thematik auseinanderzusetzen. Hinweise auf bestimmte Web-Angebote können den Betroffen auch dabei helfen, gar nicht erst auf unseriöse Seiten zu stoßen, die oftmals mit nicht wissenschaftlich fundierten Ratschlägen nahelegen, dass eine Depression mit deren wieder aus eigener Kraft oder mithilfe von nichttherapeutischen Angeboten zu beheben sei.

Bewusstmachung, Eruierung und Aktivierung von Ressourcen

Gerade aufgrund des negativen Selbstbildes und der wegen der Erkrankung eingeschränkten Handlungsmöglichkeiten ist es besonders wichtig, auf vorhandene, aber möglicherweise nicht wahrgenommene Ressourcen hinzuweisen und diese zu aktivieren. Wir haben das in diesem Buch als Interventionsprinzip im ersten Lernfall beschrieben.

Weiterempfehlung, Überweisung

In der Regel löst sich eine Depression nach einer Krisenintervention nicht auf und weitere professionelle Hilfe wird notwendig. Krisenintervention hat die Aufgabe, Hilfe und Unterstützung bei diesem Schritt anzubieten und sich zu vergewissern, ob die Betroffenen diese Hilfe auch annehmen. Hier ist natürlich die Zuverlässigkeit des Angebotes von Bedeutung. Sie als Krisenberater:in sollten bei einer Weitempfehlung oder Überweisung immer sichergehen, dass das Angebot auch geöffnet hat und eine weitere Begleitung dort momentan möglich ist.

Annahme und Akzeptanz der Depression

Schon von Beginn an kann es bedeutsam sein, die Wertschätzung stark in den Vordergrund in der Krisenintervention zu stellen. Sowohl Kritik als auch wohlgemeinte Ratschläge wirken sich nachteilig aus und können die gerade erst aufgebaute Beziehung empfindlich stören. Mit einer tragfähigen Arbeitsbeziehung, in der Akzeptanz und Wertschätzung im Vordergrund stehen, wird es für die betroffene Person auch leichter werden, die Depression als Diagnose anzunehmen.

Krisenintervention für Angehörige

In der Krisenintervention mit Angehörigen verbinden sich folgende Ziele und Vorgehensweisen (siehe auch Kompetenznetzwerk Depression 2002, Bischkopf 2005), die Sie im Beratungsgespräch mit den Angehörigen beachten können:

- Annahme der Depression als Erkrankung,
- keine Selbst- und Fremdstigmatisierung zulassen,
- Entwicklung von Hoffnung durch glaubwürdige Information und dem Wissen, dass Depressionen heute gut therapierbar sind,
- Bestätigung, dass es richtig war, professionelle Hilfe in Anspruch zu nehmen,
- Hinweise, dass die Wiederherstellung der Gesundheit Zeit braucht und die negative Sicht der Dinge häufig mit dem Ende der Depression verschwindet.
- Zurückhaltung mit Ratschlägen: Können diese nicht umgesetzt werden, kann das die Schuldgefühle der Betroffenen oder Angehörigen noch erhöhen,
- Eventuelle (Neu-)Verteilung der Rollen während der Erkrankung oder darüber hinaus,
- Vergewisserung, dass die Hilfe der Angehörigen auch als solche erlebt wird,
- Unterstützung von Eigeninitiativen der Angehörigen,
- Hinweise darauf, dass suizidale Drohungen ernstgenommen werden müssen, und wie sie sich dann Hilfe holen können,
- Entlastungsstrategien erarbeiten, zum Beispiel durch den Austausch in Angehörigengruppen oder mit Freunden und Bekannten.

Sobald Angehörige oder andere nahe Bezugspersonen involviert sind, benötigen in der Regel auch diese Menschen Hilfe. Wir können Angehörige stärken und unterstützen, damit sie selbst bei Kräften bleiben – und dann auch den Betroffen besser helfen können.

Literatur

Althaus, D./Niklewski, G./Hegerl, U. (2007): Veränderung der Häufigkeit suizidaler Handlungen nach zwei Jahren „Bündnis gegen Depression". Der Nervenarzt 78, 272-282. https://doi.org/10.1007/s00115-005-2031-5 [25.02.2022]

Arlt, A. D. (2019): Optimierung der Adhärenz bei Personen mit chronischen Erkrankungen. https://archiv.ub.uni-marburg.de/diss/z2019/0512/pdf/daa.pdf [25.02.2022]

AOK-Bundesverband (2021): Zahlen und Fakten über Depression. https://www.aok.bv.de/imperia/md/aokbv/presse/pressemitteilungen/archiv/2018/07_faktenblatt_depressionen.pdf [10.11.2021]

Beutel, M. E./Klein, E. M./Brähler, E./Reiner, I./Jünger, C./Michal, M./Wiltink, J. u. a. (2017): Loneliness in the General Population: Prevalence, Determinants and Relations to Mental Health. In BMC Psychiatry 17(1), 97.

Bischkopf, J. (2005): Angehörigenberatung bei Depression. München: Reinhardt Verlag.

Bündnis gegen Depression in Nürnberg. https://www.deutsche-depressionshilfe.de/regionale-angebote/nuernberg/start [25.02.2022]

Bundesärztekammer (2017): S3-Nationale VersorgungsLeitlinie Unipolare Depression Kurzfassung. https://www.leitlinien.de/themen/depression/2-auflage [21.11.2021]

Cacioppo, J. T./ Hawkley, L. C./Ernst, J. M./Burleson, M./Berntson, G. G./Nouriani, B./Spiegel, D. (2006): Loneliness Within a Nomological Net: An Evolutionary Perspective. In Journal of Research in Personality 40(6), 1054-1085.

Cacioppo, J. T./ Hawkley, L. C./Thisted, R. A. (2010): Perceived Social Isolation Makes Me Sad: 5-Year Cross-Lagged Analyses of Loneliness and Depressive Symptomatology in the Chicago Health, Aging, and Social Relations Study. In Psychology and Aging 25(2), 453-463.

Deutsche Depressionshilfe. Hilfe und Informationen zum Umgang mit der Erkrankung. https://www.deutsche-depressionshilfe.de/depression-infos-und-hilfe/ursachen-und-ausloeser [9.11.2021]

Dietrich, A. (2017): Von den ersten Symptomen bis zur Behandlung einer Depression. Wann und bei wem suchen Menschen mit Depression Hilfe? Welche Rolle spielt Stigmatisierung? Psychiatr Prax 2017, 44(8), 461-468. DOI: 10.1055/s-0042-113237 [8.11.2021]

Freundenberg, P. (2005): Aufklärung zur Krankheit Depression: Auswirkungen einer Aufklärungskampagne zur Krankheit Depression in Nürnberg auf Wissen und Einstellungen in der Bevölkerung. Dissertation, LMU München: Medizinische Fakultät. DOI: 10.5282/edoc.16776 [9.11.2021]

Hari, J. (2019): Der Welt nicht mehr verbunden. Die wahren Ursachen von Depressionen und unerwartete Lösungen. Hamburg: HarperCollins.

Neurologen und Psychiater im Netz (2021): Depression. https://www.neurologen-und-psychiater-im-netz.org/psychiatrie-psychosomatik-psychotherapie/stoerungen-erkrankungen/depressionen/krankheitsbild/ [10.11.2021]

Papp, P./Seibel, J./Klein, G./Feinberg, M. (1995): Depression Project of the Ackerman Family Institute. Gender Differences in Depression. A Marital Approach. Video: New York.

Salas, M./Dyfrig, H./Vardeva, K./Lebmeier, M. (2009): Cost of Medication Nonadherence in Patients with Diabetes Mellitus. Value Health, 12(6), 915-922. DOI: https://doi.org/10.1111/j.1524-4733.2009.00539.x [25.02.2022]

Schneider, F./Härter, M./Scorr, S. (Hrsg.) (2017): S3-Leitlinie/Nationale VersorgungsLeitlinie Unipolare Depression. Berlin: Springer.

Scheuermann, U. (2019): Self Care – Du bist wertvoll. Das Selbstfürsorge-Programm. München: Knaur Balance.

Scheuermann, U. (2021): Freunde machen gesund – Die Nummer 1 für ein langes Leben: deine Sozialkontakte. Knaur Balance.

Stiftung Gesundheitswissen Depression (2018): https://www.stiftung-gesundheitswissen.de/wissen/depression/hintergrund [13.11.2021]

Wolfersdorf, M. (2011): Depressionen verstehen und bewältigen. 4. Aufl. Berlin: Springer.

9 Lernfall ‚Schwerwiegende Beziehungsprobleme'

Beispiel Borderline-Persönlichkeitsstörung – Krisen sind hier häufig

9.1 Die Fallgeschichte

Der Einstieg

Einige Sekunden lang herrscht Stille in der Telefonverbindung und ich höre nur leise Atemgeräusche. Dann eine zarte weibliche Stimme: „Möchten Sie einen Hund geschenkt haben?"

„Nein, danke. Was ist denn der Hintergrund für Ihre Frage?"

„Ich will nicht mehr leben, aber ich will auch meinen Hund nicht unversorgt zurücklassen."

Ich ermutige sie dazu, mehr zu erzählen, und sie fährt fort, sie habe sich heute schon mehrfach mit der Rasierklinge an den Unterarmen geschnitten. Ich frage sie nach dem Anlass. Am Tag zuvor habe sie Streit mit ihrem Therapeuten gehabt. Sie habe sehr große Hoffnungen in diesen Therapeuten gesetzt.

„Aber nun hat sich gezeigt, dass er mir auch nicht helfen kann. Er ist nicht der Richtige."

Inhaltlich sei es bei dem Streit darum gegangen, dass der Therapeut gesagt habe, sie habe heute ein hübsches Kleid an. Für die Klientin war dies ein Beweis dafür, dass auch dieser Therapeut nur an Äußerlichkeiten interessiert sei und sie nicht als Person wahrnehme.

„Es ist eine unglaubliche Enttäuschung, ich hatte so viel Hoffnung in ihn gesetzt. Ich kann nicht mehr. Das ist das letzte Mal gewesen. Ich will nicht mehr leben."

Die Geschichte von Frau May

Schon nach dem ersten Satz war mir klar, dass es sich bei der Anruferin um Frau May handelt. Sie ruft seit einem halben Jahr regelmäßig im Krisendienst an. Die Gesprächseinstiege verlaufen meist in ähnlich dramatischer Weise. Aus verschiedenen Telefonaten von Frau May mit unterschiedlichen Berater:innen war bekannt, dass bedeutsame Beziehungen von Frau May immer wieder in die Brüche gehen und sie darunter sehr leidet. Stets setzt sie große Hoffnungen in neue Beziehungen und glaubt fest daran, dass sich dann ihre Probleme lösen werden. Früher hatte sie kurze und intensive Liebesbeziehungen und enge, aber wenig dauerhafte Freundschaften. Inzwischen ist sie fast nur noch in Helfer:innenbeziehungen eingebunden, wie zu Therapeut:innen, Mitarbeiter:innen von Beratungsstellen und anderen Einrichtungen der psychiatrischen Versorgung. Frau May hat mehrere Klinikaufenthalte hinter sich. Zur psychiatrischen Klinik scheint sie ein ambivalentes Verhältnis zu haben, denn sie betont immer wieder, dass sie auf keinen Fall ins Krankenhaus möchte – auf der anderen Seite bringt sie sich wiederholt in Situationen, die zu einer stationären Aufnahme führen. Frau May hat bereits mehrere Suizidversuche unternommen; alle waren so angelegt, dass sie nicht lebensbedrohlich waren. Nur einmal hatte sie sich die Pulsadern so tief aufgeschnitten, dass sie sehr viel Blut verlor und erst im letzten Moment gerettet werden konnte.

Von ihrer Lebensgeschichte wissen wir aus den Telefonaten, dass sie in einem bürgerlichen Haushalt aufgewachsen ist: Ihr Vater war Strafrichter und ihre Mutter Hausfrau. Ihre Mutter hat viel getrunken und sich den Wünschen ihres Mannes bedingungslos gefügt. Ihren Vater beschreibt Frau May als brutal. Was das für sie bedeutete, führt sie jedoch nicht aus. Beruflich hatte Frau May immer das Ziel, Rechtsanwältin zu werden. So habe sie auch ein Jurastudium begonnen, musste es trotz guter Leistungen jedoch abbrechen, weil sie, wie sie sagt, ‚zu aufsässig' gewesen sei. Die Professor:innen an der Universität hätten sie gezielt gemobbt. Sie habe dann einige Jahre als Verkäuferin in verschiedenen Bekleidungsgeschäften gearbeitet. Spätestens nach einigen Monaten wechselte sie jeweils die Arbeitsstelle. Jetzt arbeitet Frau May schon seit zehn Jahren nicht mehr. Zwischenzeitlich hatte sie eine Rehabilitationsmaßnahme vom Arbeitsamt aufgenommen, brach diese aber sehr schnell ab, weil ihr die Arbeit zu ‚primitiv' war.

Reflexion der Beraterin

Zu Beginn des Telefongespräches nehme ich eine starke Verärgerung in mir wahr, als ich höre, dass Frau May erneut am Telefon ist. Ihr Gesprächseinstieg ist dazu angelegt, mich sofort in höchste Aufregung zu versetzen. Dadurch fühle ich mich manipuliert und reagiere spontan mit Ärger und Ablehnung. Zugleich fällt mir die letzte Supervisionssitzung zu Frau May ein, die ich innerlich noch einmal Revue passieren lasse. In dieser Supervision hat sich gezeigt, dass Frau May in unserem Krisendienst-Team ebenso starke wie unterschiedliche Emotionen auslöst. Mit den meist dramatischen Gesprächsverläufen bewirkt Frau May bei einigen von uns ängstliche Besorgnis. Einmal wurde die Feuerwehr zu ihr nach Hause geschickt, weil Frau May den Eindruck vermittelt hatte, sie würde verbluten. Dieser Teil des Krisendienst-Teams hat großes Verständnis für Frau Mays Lage, betont ihr Leiden und steht auf dem Standpunkt, man müsse ihr weiterhin mit einem Beratungsangebot zur Verfügung stehen. Der andere Teil der Mitarbeiter:innen nimmt nur die aggressive Komponente ihres Verhaltens wahr und besteht darauf, ihr deutliche Grenzen zu setzen und ihr keine Angebote mehr zu machen. Im weiteren Supervisionsgespräch wurde deutlich, dass die sich abzeichnende Spaltung des Teams auf Gegenübertragungsreaktionen beruht.

Mit diesen entweder nur fürsorglichen oder nur aggressiven Gefühlen spiegeln wir die Gefühle der Klientin wider, die ihre Umwelt ausschließlich gut und gewährend oder ausschließlich böse und versagend wahrnimmt. Das führt dazu, dass wir ebenfalls eine dieser extremen Positionen übernehmen und es so zu einer Spaltung des Teams kommen kann.

Ich vergegenwärtige mir während des Telefonates diese Erkenntnis und damit lässt mein Ärger auf Frau May nach. Ich kann nun auch wieder das Leiden sehen, das sich hinter ihrem manipulativen Verhalten verbirgt. Ich nehme mir vor, in dem Gespräch mit Frau May Grenzen zu setzen und mich nicht von ihr manipulieren zu lassen. Zugleich möchte ich ihr auch ein Kontaktangebot machen, auf ihre Sorgen eingehen und die Gefährdung, die mit der Suizidankündigung verbunden sein kann, nicht übersehen bzw. bagatellisieren.

Die Intervention

„Frau May, nochmal zurück zum Anfang unseres Gespräches: Ich möchte keinen Hund geschenkt haben und ich fühle mich von Ihrer Suizidankündigung ganz schön unter Druck gesetzt. Ich habe den Eindruck, ich soll mir Sorgen um Sie machen."

„Sie werden schon sehen, dass es mein voller Ernst ist. Wenn mein Hund nicht wäre, wäre ich schon längst tot. Jetzt machen Sie mich hier auch noch fertig und das nennt sich nun Krisendienst."

Um die Situation nicht eskalieren zu lassen, lasse ich den Vorwurf vorerst auf sich beruhen. Ich spreche jetzt das inhaltliche Thema an, den Konflikt mit ihrem Therapeuten, und lasse mir die vorgefallene Situation genauer schildern. Frau May erläutert ausführlich, wie begeistert sie anfangs von dem Therapeuten gewesen sei, sie habe sich umfassend von ihm verstanden gefühlt und ihm vollkommen vertraut. Nach der gestrigen Bemerkung sei für sie eine Welt zusammengebrochen, sie sei schwer gekränkt und enttäuscht.

Ich sage ihr, dass die Enttäuschung für mich sehr spürbar sei und dass ich wahrnehme, wie bedeutsam dieses Erlebnis gewesen sei. Ich teile ihr jedoch auch meine Deutung der Situation mit, dass ich erstaunt darüber sei, wie sie diese Bemerkung des Therapeuten aufgefasst habe und dass ich die Äußerung über das schöne Kleid einfach als freundliches Kompliment aufgefasst hätte. Frau May hält mir daraufhin einen wütenden Vortrag über Männer im Allgemeinen und erzählt mir, dass sich noch nie ein Mann für sie als Person interessiert habe und alle Männer nur an ihrem Körper interessiert seien. „Sie scheinen sehr schlechte Erfahrungen gemacht zu haben," sage ich zu Frau May und spüre in dem Moment Mitgefühl. Ihre Einsamkeit wurde in diesem wütenden und zugleich verzweifelten Redefluss sehr deutlich. Ich frage sie dann, ob sie sich auch andere Interpretationsmöglichkeiten der Bemerkung des Therapeuten vorstellen könne.

„Nein."

Ich beharre auf dem Thema und frage: „Was denken Sie denn darüber, dass ich es als Kompliment empfinde, gesagt zu bekommen, man habe ein schönes Kleid?"

„Na, Sie kennen den Therapeuten ja schließlich gar nicht, aber ich habe ihn durchschaut."

„Wie geht es Ihnen denn sonst mit Komplimenten?“

„Meistens sind Komplimente einfach nur Heuchelei, da bin ich doch für Ehrlichkeit.“

Ich überlege nun, ob in unserem Telefonat etwas Ähnliches wie mit dem Therapeuten passieren könnte. Ich entschließe mich, Frau May dies mitzuteilen.

„Langsam habe ich Sorge, dass ich auch etwas sagen könnte, was Sie in den falschen Hals bekommen. Ich würde mich jetzt nicht trauen, Ihnen etwas Nettes zu sagen.“

An dieser Stelle merke ich, dass sie nachdenklich und etwas verlegen wird.

„Was gibt es denn Nettes über mich zu sagen?“

Ich antworte, dass mir das jetzt wirklich zu riskant sei, weil ich nicht eine weitere Person sein möchte, die von ihr als verlogen bewertet wird. Mit dieser Intervention habe ich den Konflikt in unsere Beziehung geholt und kann ihn sehr viel direkter bearbeiten. Frau May versucht daraufhin, mich zu beruhigen, indem sie mir sagt: „Mit Ihnen ist das doch etwas ganz anderes.“

Meine Sorge, genau wie der Therapeut abgewertet zu werden, habe ich ihr mitgeteilt, damit die Klientin eine Chance hat zu spüren, welchen Effekt ihre Haltung auf andere Menschen haben kann und dass sie sich damit um Komplimente und positive Wertschätzungen bringt. Da ich Frau May schon länger kenne und wir eine zumindest etwas tragfähige Beziehung haben, gehe ich davon aus, dass sie eine solche Intervention aushalten kann. Gegen Ende des Gespräches lasse ich mich dann noch überzeugen, ein Kompliment zu äußern und sage ihr, dass ich eine positive Entwicklung in ihrem Verhalten wahrnehme: „Vor einem halben Jahr hätten Sie nach so einem Streit wie am Anfang unseres Telefonates sofort den Hörer aufgelegt und danach wiederangerufen und mich beschimpft. Ich bin froh, dass Sie eine solche Spannung inzwischen besser aushalten können.“

Ich erkenne Frau Mays Freude über meine Rückmeldung an ihrem verhaltenen, aber freundlichen Lachen. Abschließend komme ich noch einmal auf die Suizidankündigung zu sprechen.

„Denken Sie denn immer noch daran, sich das Leben zu nehmen?“

„Naja, jetzt geht es mir gerade besser, aber für die Zukunft kann ich natürlich für nichts garantieren."

„Okay, für den Moment bin ich dann erst einmal erleichtert."

Frau May fragt, wann ich wieder Dienst hätte und ich erkläre ihr, dass sie jederzeit in Krisensituationen anrufen könne, auch bei anderen Berater:innen, wir jedoch in diesem Rahmen keine festen Verabredungen treffen würden, das wir als Krisendienst unser Angebot für akute Situationen bereithalten müssen. Daraufhin wird Frau May wieder ärgerlich und stellt meine Professionalität in Frage und legt auf. Der Moment von Nähe, der zwischen uns entstanden ist, war für Frau May offensichtlich zu bedrohlich und sie empfand das Nichteingehen auf ihren Verabredungswunsch als Ablehnung.

Dies ist ein Phänomen, das häufig bei Menschen mit einer Borderline-Persönlichkeitsstörung zu beobachten ist: eine Unfähigkeit, sich „im Guten" zu verabschieden. Hintergrund: Nähe zu anderen Menschen wird bei diesen Klientinnen sehr gefürchtet. Mit Nähe taucht die Angst vor Enttäuschung und Verlassenwerden auf, so dass er für die Klientinnen einfacher scheint, die helfende Person selbst zu verlassen.

Ich bin unzufrieden mit diesem Gesprächsende, tröste mich aber damit, dass diese Abschiede Teil von Frau Mays Störung sind. Ich sage mir, dass es trotzdem ein gutes Gespräch war und versuche damit, dem Impuls zu widerstehen, mich in Frau Mays Dynamik hineinziehen zu lassen und gleich das ganze Gespräch zu entwerten.

9.2 Interventionsprinzip ‚Umgang mit Grenzen'

In einer Krise wird Vertrautes in Frage gestellt und Grenzen werden durchlässig. Diese instabilisierten Grenzen nimmt ein Mensch in der Krise mehr oder weniger bewusst wahr und handelt dementsprechend. Er kommt in die Beratung und wirkt ‚grenzenlos'. Er spricht möglicherweise viel und schnell und findet keine Struktur. Er wird von Angst und anderen heftigen Gefühlen überflutet. Indem wir als Beratende Grenzen vorgeben und strukturieren, kann die ratsuchende Person ihre eigenen Grenzen wiederfinden. Für uns ist daher das Wahrnehmen der eigenen Grenzen – psychische, institutionelle, kräftemäßige, zeitliche etc. – ein wichtiges Instrument der Beratung. Es erfordert ständige Achtsamkeit, Erfahrung und Reflexion.

Die Grenzen zu wahren, ist wichtig für beide: für die Beratenden, da sonst schnell Überlastungserscheinungen auftreten, und für die Klient:innen, da sonst eine Verstärkung der Symptomatik und der Krise folgen kann.

Bei Menschen mit Persönlichkeitsstörungen ist das Thema ‚Grenzen' zentral. Häufig haben diese Menschen in ihrer früheren Geschichte traumatische Erlebnisse massiver Grenzüberschreitungen durch Bezugspersonen erlebt, wie körperliche und seelische Misshandlungen und sexuellen Missbrauch. Die Ich-Grenzen sind dementsprechend instabil. Einerseits gibt es Wünsche, mit anderen zu verschmelzen, andererseits wird dadurch die Angst mobilisiert, die ohnehin brüchigen Ich-Grenzen zu verlieren und die Ohnmacht und Vernichtungsangst wieder zu erleben.

Wir können dann in der Gegenübertragung in uns ebenfalls die Spaltung in a) nur helfende, die eigenen Grenzen überschreitende, sorgende oder b) nur strikte, Grenzen setzende Impulse erleben. Diese Spaltung sowohl in der Helfer:in-Person als auch im Team sollte erkannt und überwunden werden. Für uns ist es also wichtig, klare Grenzen zu setzen und eine professionelle Distanz einzuhalten. Es gilt zu reflektieren, dass diese Grenzsetzung nicht aus einem aggressiven Impuls geschieht, um die anstrengenden Klient:innen loszuwerden. Die Grenzsetzung sollte in eine wertschätzende und kontaktaufnehmende Grundhaltung gegenüber der Klientin, dem Klienten, eingebettet sein. Diese hohe Anforderung ist immer ein Balanceakt.

Die Arbeit an den Grenzen, hier speziell mit Menschen mit Borderline-Persönlichkeitsstörung, kann auf verschiedenen Ebenen stattfinden, je nachdem, welche Ansatzpunkte sich im Gespräch anbieten:

- *Zeitliche Begrenzung*: Die Ankündigung der Gesprächsdauer zu Beginn oder eine Ankündigung des nahenden Gesprächsendes hilft oft, das Gespräch auf *ein* Thema zu fokussieren. Dabei ist die eigene Befindlichkeit als Gegenübertragungsgefühl meist der beste Indikator für die ‚richtige' Gesprächszeit: Beginnt das Gespräch, sich im Kreise zu drehen, beginnt man innerlich abzuschalten, ärgerlich zu werden oder sich zu langweilen, entsteht das Gefühl, weiteres Sprechen würde die Ergebnisse ‚zerreden', sollte dies thematisiert werden, um dann ggf. bald zum Ende zu kommen.
- Ebenso sollte auf der *inhaltlichen Ebene* thematisch begrenzt werden: Statt dem Gegenüber ‚von Hölzchen auf Stöckchen' zu folgen, sollte in der Krisenintervention auf ein oder zwei zentrale Themen fokussiert werden.

- Auf der Ebene der *Interaktion* geht es darum, dem Gegenüber die Verantwortung für ihr Leben und Handeln zurückzugeben und klar die Grenzen der beraterischen Hilfsmöglichkeiten deutlich zu machen.
- *Institutionelle Abgrenzung*: Wir sollten erwägen, ob der ratsuchenden Person in der Institution Krisendienst das passende Hilfsangebot gemacht werden kann. Möglicherweise wird im Gesprächsverlauf deutlich, dass jemand eine langfristige therapeutische Betreuung benötigt – eine Erwägung, die speziell bei Menschen mit Persönlichkeitsstörungen angezeigt ist.
- Eine *gefühlsmäßige Abgrenzung* der Helfenden trägt dazu bei, zwar die aggressiven und autoaggressiven Seiten des Gegenübers wahrzunehmen, sich jedoch nicht schockieren oder erpressen zu lassen von extremen Verhaltensweisen wie z. B. selbstverletzendem Verhalten. Zugleich hilft eine gefühlsmäßige Abgrenzung, für Not und Verzweiflung offen und empathisch zu bleiben.

Die emotionale Abgrenzung ist auch bei einem idealisierenden Verhalten gegenüber der Helferin, dem Helfer erforderlich. Durch die Idealisierung wird man zur guten, einzig hilfreichen Person mit der Gefahr eines übermäßigen Engagements, das in ein Nicht-mehr-Können mündet und irgendwann, wie bei dem Therapeuten im Fallbeispiel, unweigerlich wiederum Enttäuschung produziert.

Um klare Grenzen setzen zu können, braucht man im Team verbindliche Absprachen über den Umgang mit einzelnen Klient:innen. Dazu gehört die Klarheit darüber, dass die Berater:innen für Selbstverletzungen von Klient:innen nicht verantwortlich sind. Diese ethische Grundhaltung muss vom Team im Konsens abgesprochen sein, sonst lastet ein ständiger Druck auf den Berater:innen, der sie durch das Agieren der Klient:innen manipulierbar und anfällig für Spaltungen machen kann.

9.3 Literaturexkurs zu Borderline-Persönlichkeitsstörung

Häufig krisenhafte Zustände

Die Borderline-Persönlichkeitsstörung erfährt eine zunehmende gesellschaftliche Beachtung und Bekanntheit, parallel dazu wird die Häufigkeit als ansteigend eingeschätzt, insbesondere das Auftreten von selbstverletzendem Verhalten. Die Prävalenz-Rate, also die Häufigkeit des Vorkommens in der Bevölkerung liegt etwa bei 0,7 bis 4,5 %. Die Störung tritt bei Frauen häufiger als bei Männern auf (Fiedler 2018).

Charakteristisch ist bei dieser Persönlichkeitsstörung die schwerwiegende Beziehungsproblematik. Menschen, die an einer Borderline-Störung leiden, erfahren sehr häufig krisenhafte Zustände. Diese können schon durch kleinste belastende Ereignisse ausgelöst werden und so dramatisch sein, dass sie auch bei Helfenden Angst, Überforderung und Orientierungslosigkeit auslösen. Linehan (1996, S. 8), eine für die Borderline-Therapie sehr renommierte amerikanische Psychotherapeutin, hebt die Krisenanfälligkeit dieser Gruppe hervor und benennt dafür folgende Auslöser: „Ein Muster häufiger belastender, negativer äußerer Ereignisse, Störungen und Hindernisse, von denen einige durch die dysfunktionale Lebensführung der Person verursacht sind, andere durch ein inadäquates soziales Umfeld und viele durch Schicksal oder Zufall."

Diese Menschen nutzen oft telefonisch erreichbare Kriseneinrichtungen und sind somit eine Untergruppe der sogenannten Mehrfachanrufer:innen. Sie glauben, in ambulanten Kriseneinrichtungen die adäquate, weil unkomplizierte und als Kontaktform wenig verbindliche Hilfe zu finden. Sie sind entweder noch nicht oder nicht mehr in therapeutischer Behandlung oder verfügen nicht (mehr) über hilfreiche soziale Netze bzw. liegen mit Unterstützungspersonen im Streit. Insgesamt ist ihre Inanspruchnahme von therapeutischer Hilfe als gering einzuschätzen, allerdings sind die Hilfeangebote auch unzureichend, dazu schreiben wir mehr im übernächsten Abschnitt (Grabe u. a. 2020).

Borderline – eine Persönlichkeitsstörung

Persönlichkeitsstörungen werden nach Fiedler (1995) als komplexe Beziehungsstörungen gesehen mit überdauernden, unflexiblen und sozial wenig angepassten Persönlichkeitsmerkmalen. Sie betreffen die ganze Person. Da Persönlichkeitsstörungen extreme Ausprägungen von Persönlichkeitseigenschaften sind, sehen sich diese Menschen nicht immer als gestört an. Sie leiden dann erst an den Folgen ihrer Störung, an Beziehungsproblemen, von denen sie häufig glauben, dass vor allem ihre Umwelt daran schuld sei. Dies macht Hilfe schwierig, und es bedarf eines expliziten Aushandlungsprozesses, wo genau der Fokus der Hilfe liegen soll. Fiedler (ebd.) betont, dass das Verhalten dieser Personen in Bezug auf ihre Lerngeschichte als verständlich und sinnhaft anzusehen ist, aber im weiteren Lebenslauf als untauglicher Coping- und Selbsthilfeversuch zum Schutz der eigenen sozialen Verletzbarkeit zu bewerten ist.

Eine therapeutisch unterversorgte Gruppe

Menschen mit einer Borderline-Störung haben instabile Beziehungen, wobei die Interaktionspartner sich mit Idealisierungen und Abwertungen im Wechsel konfrontiert sehen. Depressionen, Angst und intensive Verlassenheitsgefühle belasten, Lebensziele und Identität sind unklar. Besonders beeindrucken selbstverletzendes Verhalten – es kommen vor allem Schnittverletzungen vor, Suiziddrohungen und Suizidversuche. Mit Selbstverletzungen helfen sich die Betroffenen, wenn Panik, Selbsthass und depressive Gefühle so übermächtig werden, dass der körperliche Schmerz als einzig mögliche Entlastung von inneren Spannungen empfunden wird. Stiglmayer belegt in einer Studie (2003), dass bei ihnen ein erhöhtes Spannungsniveau häufiger ausgelöst wird als bei anderen, schneller ansteigt und länger bestehen bleibt. Schließlich korrelieren Spannungszustände hoch signifikant mit dissoziativen Zuständen. Nach Linehan (1996) tendieren Menschen mit einer Borderline-Persönlichkeitsstörung dazu, ein Schwarz-Weiß-Denken zu praktizieren, d.h. universell zu denken. Es gibt für sie nur eine Wahrheit, die zu vielen Alltagsschwierigkeiten führt. Frau May wusste etwa, dass alle Männer „nur das eine" von ihr wollen und interpretierte die Äußerungen ihres Therapeuten auf dieser Basis.

Hinzu kommt noch, dass die Komorbiditätsrate sehr hoch ist, es kommt also eine zweite Krankheit oder Störung hinzu. So entwickeln etwa 78 % dieser Gruppe während ihres Lebens zusätzlich eine substanzbezogene Störung bis hin zu einer Abhängigkeitserkrankung, die ihre Symptomatik verstärkt. Die Kombination aus Borderline-Persönlichkeitsstörung und Sucht erfordert daher eine besondere therapeutische Vorgehensweise, verbunden mit weiteren Ansprüchen an professionelle Hilfe (Kienast u. a. 2014).

All diese Schwierigkeiten führen dazu, dass Psychotherapeut:innen diese Klient:innen ungern behandeln. Sie gelten emotional als extrem belastend für die helfenden Personen, was einer Therapieübernahme im Wege steht. Die Helfer:innen fürchten die hohe Suizidalität der Klient:innen sowie ihr fremdaggressives Verhalten. Auch verfügen die meisten Psychotherapeut:innen nicht über eine störungsspezifische Ausbildung (Stiglmayer 2012). Es gibt aber auch Vorschläge und Bemühungen, diese Situation zu verändern, so etwa in einigen Städten ein *Borderline-Netzwerk*, ein Informationsportal, das sich an Hilfesuchende und Therapeut:innen wendet, dem Erfahrungsaustausch dient und Hinweise auf Versorgungsangebote gibt. Hier können sich Betroffene und Helfende über das Störungsbild, Behandlungsansätze und Literatur informieren sowie zu Selbsthilfegruppen für Betroffene und Angehörige und DBT-Fertigkeitengruppen mit der dialektisch-behavioralen Therapie.

Diagnostische Hinweise zu Persönlichkeitsstörungen

Seit den 1980er Jahren besteht ein verstärktes Interesse an den diagnostischen Fragen und Behandlungskonzepten für Persönlichkeitsstörungen. Ursprünglich bedeutete der Name Borderline, dass sich der Mensch mit einer Borderline-Störung zwischen Neurose und Psychose bewegt, was aber nichtzutreffend ist.

Im DSM-IV[3] wird die Borderline-Persönlichkeitsstörung als ein Muster von Instabilität in zwischenmenschlichen Beziehungen und in den Affekten beschrieben. Hingegen spricht die ICD-10 von der emotional instabilen Persönlichkeitsstörung, die zwei Typen umfasst: den impulsiven Typ mit emotionaler Instabilität, mangelnder Impulskontrolle und einer Neigung, andere zu beschuldigen oder vordergründige Rationalisierungen für das eigene Verhalten anzubieten, sowie einen Borderline-Typus, bei dem neben der emotionalen Instabilität das eigene Selbstbild, die Ziele und inneren Präferenzen unklar und gestört sind.

In solchen Klassifikationen werden jedoch nicht die Ressourcen erwähnt, über die natürlich auch jede der so beschriebenen Personen verfügt und die auch einen Anknüpfungspunkt für Veränderungen darstellen. So sucht Frau May trotz vieler Enttäuschungen weiterhin nach Hilfe und ist auch fähig, diese in engen Grenzen anzunehmen. Sie hat sich außerdem mit ihrem Engagement für ihren Hund einen Halt im Leben geschaffen.

3 DSM-IV: ‚Diagnostic and Statistical Manual of Mental Disorders': von der US-amerikanischen Psychiater-Vereinigung eingeführtes Diagnose-System.

Erklärungsansätze für die Borderline-Persönlichkeitsstörung

Unterschiedliche wissenschaftliche Richtungen fokussieren verschiedene Aspekte zu den Ursachen der Borderline-Persönlichkeitsstörung. Es ist inzwischen weitgehend Konsens, von einem bio-psycho-sozialen Modell auszugehen. Das Diathese-Stress-Modell oder Vulnerabilitäts-Stress-Modell beschreibt die Wechselwirkung zwischen Krankheitsneigung und Stress. Es fokussiert zur Erklärung von Persönlichkeitsstörungen auch auf genetische und biologische Prädispositionen, Selbstschutzreaktionen, mangelnden sozialen Rückhalt sowie psychosoziale Voraussetzungen wie dysfunktionale Bindungsstile der Eltern und ungünstige familiäre, erzieherische und soziale Einflüsse auf die frühkindliche Entwicklung, um eine Vulnerabilität zu erklären (Fiedler 2005). Besonders häufig finden sich in der Biografie der Betroffenen sexuelle Gewalterfahrungen (65 %) und/oder körperliche Gewalterfahrungen (60 %) und/oder schwere Vernachlässigung (40 %), die Veränderungen im Gehirn bewirken können (Herpertz 2021).

Schwierigkeiten im Umgang im Kontext von Krisenarbeit

Kriseneinrichtungen sind in ihrem Selbstverständnis zeitlich begrenzte Hilfeangebote. Aber gerade diese werden wiederholt von Mehrfachanrufer:innen in Anspruch genommen. Dies liegt in der Niedrigschwelligkeit solcher Einrichtungen begründet. Kriseneinrichtungen sind für diese Klientel attraktiv, weil sie leicht telefonisch erreichbar sind, weil es im Kontakt entgegenkommende Mitarbeiter:innen gibt, weil sie eine vage ‚Eintrittskarte' präsentieren können – „Ich habe eine Krise!" – und weil sie schnell und ohne weitreichende Konsequenzen den Kontakt abbrechen, etwa den Telefonhörer einfach auflegen bzw. aggressiv werden können. Teams in Kriseneinrichtungen gehen sehr unterschiedlich damit um. Als Gefahr wird gesehen, dass die Mitarbeiter:innen ein Burnout-Syndrom entwickeln und die Klient:innen vom Krisendienst abhängig werden, zwar kurzfristig ‚auftanken', langfristig ihnen so aber nicht geholfen wird.

Die Helfenden erleben Menschen mit einer Borderline-Persönlichkeitsstörung sowohl als Herausforderung, häufig aber auch als ‚Alptraum'. Daher mutet es sympathisch an, wenn Linehan äußert: „I love Borderline Individuals!" (Petersen-Ostroga in Giernalczyk 1998, S. 85). Die Schwierigkeiten für Helfende berühren vor allem die Kontaktebene und sind damit grundlegend. Hier besteht zum Beispiel die Gefahr des Mitagierens, wenn die

Ankündigung von selbstverletzendem Verhalten zu Überreaktionen führt oder die Spaltung der beteiligten Helfer:innen, vor allem in Dauerkontakten. Wie in der Beziehung zu allen anderen Menschen neigen diese Klient:innen auch dazu, die helfende Person anfangs zu idealisieren, um sie bei der kleinsten enttäuschten Erwartung extrem abzuwerten.

Menschen mit einer Borderline-Persönlichkeitsstörung werden als wenig veränderungsfähig eingestuft und als Therapieabbrecher:innen. Wenn ihnen dennoch eine Chance auf nachhaltige Veränderung eingeräumt wird, dann nur im Kontext von längerfristigen Therapien. Wir können uns für die Krisenarbeit fragen, welche Ziele wir verfolgen wollen und können, aber auch, ob das Image der Unveränderlichkeit berechtigt ist.

Therapeutische Behandlungsansätze und Erfolge

Auch wenn medikamentöse Therapien eingesetzt werden können, so sind doch Psychotherapien wesentlich für den Erfolg einer Behandlung (Herpertz 2021). Krisenintervention in Form von telefonischer Beratung ist bei einer Behandlung durchaus unterstützend. Es gibt eine Reihe störungsspezifischer Ansätze in der Psychotherapie von Menschen mit einer Borderline-Störung wie die Dialektisch behaviorale Therapie (DBT) von Linehan (1996) mit Fokus auf eine Störung der Affektregulation, Schematherapie (SFT) mit dem Fokus auf gelernte ungünstige Schemata, eine Mentalisierungsbasierte Therapie (MBT), die von der unzureichend entwickelten Fähigkeit ausgeht, innere Zustände von sich selbst und anderen wahrzunehmen und zu verstehen, insbesondere bei affektiven Zuständen, sowie die übertragungsfokussierte psychodynamische Psychotherapie (TFP), die davon ausgeht, dass sich die Beziehungsschwierigkeiten von Menschen mit Persönlichkeitsstörungen im Rahmen von Übertragung und Gegenübertragung, also in der therapeutischen Beziehung, zeigen und dort auch bearbeiten lassen.

Neue Langzeitstudien weisen darauf, dass es sich bei der Borderline-Persönlichkeitsstörung nicht um eine chronische psychische Störung handelt. Dies ist wirklich überraschend und nichtkompatibel mit dem herkömmlichen Bild der ‚Borderliner'. Diese Studien berichten von einer hohen Remission der Symptome, also einem vorübergehenden oder dauerhaften Nachlassen der Symptome. Allerdings gehören Symptome wie affektive Instabilität, intensiver Ärger, Gefühle der Leere, Depression und Angst vor dem Alleinsein zu den Symptomen mit einer langsameren Remissionszeit (Kienast u. a. 2014). Insgesamt gilt: Früherkennung und frühzeitige therapeutische Maßnahmen können präventiv zur Reduzierung von Langzeitfolgen wie Ausbildungsabbrüchen, Chronifizierungstendenzen, Stigmatisierung und sozialer Desintegration beitragen (Grabe u. a. 2020).

Interventionsziele und Aufgaben im Kontext von Krisenintervention

Was können wir tun, um diesen Klient:innen auch in der Krisenintervention zu helfen? Mit der folgenden Liste geben wir Anregungen, die Ihr Repertoire möglicher Interventionen vergrößern mag.

- *Wertschätzender Kontakt unter Einhaltung von notwendigen Grenzen:* Menschen mit einer Borderline-Persönlichkeitsstörung haben ein sie beschädigendes Umfeld in ihrer Vorgeschichte erfahren und bedürfen deshalb besonders eines Verständnisses für ihre vielfältigen Schwierigkeiten in Beziehungen. Der Aufbau und das Halten eines tragfähigen Kontaktes sind grundlegend und eine wesentliche Ressource im Beratungsprozess.
- *Umgang mit den inflexiblen kognitiven Mustern:* Linehan favorisiert eine dialektische, das heißt flexible, Widersprüche balancierende Haltung mit einem ‚Sowohl-als-auch', die den universellen Denkmustern, dem ‚Entweder-oder' der Klient:innen entgegengesetzt ist. Wichtig ist hier ein Verständnis, dass eine Veränderung nur möglich ist, wenn das aktuelle problematische Verhalten in seiner Sinnhaftigkeit verstanden und der Klient:in auch vermittelt wird.
- *Der Umgang mit suizidalen Gedanken, Ankündigungen, Versuchen und mit Selbstverletzungen:* Es ist auch in der Krisenberatung zentral, diese Probleme zu bearbeiten. Suizidalität und Selbstverletzung werden als Ausdruck subjektiver Not gesehen und als eine Problemlösungsstrategie, zu der es jedoch Alternativen gibt. Die Verantwortung verbleibt bei der ratsuchenden Person, um Manipulationen nicht wirksam werden zu lassen. Wichtig ist es, im Kontakt zu bleiben.
- *Punktuelle Bearbeitung von Krisen im ‚Hier und Jetzt':* Wir können Leiden, Krisen und Problemen im Kontext sehen. Wir identifizieren die Probleme und ordnen sie in ihre situativen Zusammenhänge ein. Die Beraterin antwortet zum Beispiel auf die Einschätzung von Frau May, dass Männer immer nur an ihrem Körper interessiert seien, indem sie

einen neuen Zusammenhang herstellt: „Sie scheinen sehr schlechte Erfahrungen gemacht zu haben". Auch ist es sinnvoll, den Zusammenhang zwischen Verhaltensweisen und Gefühlen herzustellen.

- *Zu erwartende Feindseligkeiten:* Diese sollten wir weder mit Kritik, Abweisung, Abbruch oder Vermeidung beantworten, sondern wiederum in einen Zusammenhang stellen.
- *Eine gemeinsame Haltung im Team finden:* Dies ist unbedingt notwendig, um Spaltungen zu vermeiden. In diesem Zusammenhang sollten Sie auch immer die Wahrnehmung der eigenen Gefühle gegenüber der Klientin oder dem Klienten im Blick zu behalten.
- *Ermöglichung von längerfristigen Hilfen:* Es gilt die Klient:innen zur Aufnahme von Psychotherapie oder längerfristigen Beratung zu motivieren.
- *Ressourcenaktivierung:* Da bei diesen Klient:innen die Fähigkeit, eigene positive Merkmale wahrzunehmen und zu nutzen, häufig wenig entwickelt ist, können wir darauf achten, vorhandene Ressourcen zu aktivieren. Renneberg und Fiedler (2001) schlagen vor, die häufig anzutreffende Spontaneität dieser Klient:innen im Hilfeprozess zu nutzen, ebenso auch ihre sehr gut ausgeprägte interpersonelle Wahrnehmung. Darüber hinaus kann man problematische Verhaltensweisen wie Unterwerfung und Aggression als wichtige Problemlöse- oder Überlebensstrategien in der Biografie der Betroffenen wertschätzen.

Wir können festhalten, dass die Arbeit mit Menschen mit Borderline-Persönlichkeitsstörung oder anderen schwerwiegenden Beziehungsproblemen uns vor große Herausforderungen stellt und uns Anstrengungen abverlangt, aber auch die Chance beinhaltet, durch die intensive Auseinandersetzung mit sich selbst und den eigenen emotionalen Reaktionen und Verhaltensweisen – sowie auch im Team – eigene Beziehungskompetenzen weiterzuentwickeln, was allen und auch wiederum den Klient:innen zugutekommt.

Literatur

Das Borderline-Netzwerk Berlin. Ambulante Versorgung von Borderline-Patienten am Beispiel Berlin. https://borderline-netzwerk-berlin.de/ [23.11.2021]

Fiedler, P. (1995): Persönlichkeitsstörungen. 2. Aufl. Weinheim: Beltz PVU.

Fiedler, P. (2005): Persönlichkeitsstörungen. In Perrez, M./Baumann, M. (Hrsg.): Lehrbuch Klinische Psychologie – Psychotherapie. Bern: Hogrefe, 1012-1033.

Fiedler, P. (2018): Epidemiologie und Verlauf von Persönlichkeitsstörungen. Zeitschrift für Psychiatrie, Psychologie und Psychotherapie, 66(2), 85-94.

Giernalczyk, Th. (1998) (Hrsg.): Zur Therapie der Persönlichkeitsstörungen. Tübingen: dgvt-Verlag.

Grabe, H. J./Giertz, K. (2020): Die Borderline-Persönlichkeitsstörung in den psychosozialen, psychotherapeutischen und psychiatrischen Versorgungssystemen von Deutschland. Psychotherapie Forum 24, 100-107. https://doi.org/10.1007/s00729-020-00147-0 [24.11.2021]

Herpertz, S. C. (2021): Neurologen und Psychiater im Netz. Informationsportal zur psychischen Gesundheit und Nervenerkrankungen. Ursachen einer Borderline-Persönlichkeitsstörung. https://www.neurologen-und-psychiater-im-netz.org/psychiatrie-psychosomatik-psychotherapie/stoerungen-erkrankungen/borderline-stoerung/ursachen [22.11.2021]

Kienast, T./Stoffers, J./Bermpohl, F./Lieb, K. (2014): Borderline-Persönlichkeitsstörung und komorbide Abhängigkeitserkrankungen. Deutsches Ärzteblatt | Jg. 111 | Heft 16 | 18.

Linehan, M. (1996): Dialektisch-behaviorale Therapie der Borderline Persönlichkeitsstörung. München: CIP Medien.

Renneberg, B./Fiedler, P. (2001): Ressourcenorientierte Therapie der Borderline-Persönlichkeitsstörung. In Dammann, G./Janssen, P. L. (Hrsg.): Psychotherapie der Borderline Störungen. Krankheitsmodelle und Therapiepraxis – störungsspezifisch und schulenübergreifend. Stuttgart: Thieme, 123-134.

Stieglmayr, C. (2003): Spannung und Dissoziation bei der Borderline-Persönlichkeitsstörung. Bern: Peter Lang Verlag.

Stiglmayr, C. (2020): Das ambulante Borderline-Netzwerk in Berlin. Psychotherapie Forum 24, 139-145 (2020) https://doi.org/10.1007/s00729-020-00152-3 [23.11.2021]

10 Lernfall ‚Angehörige in Sorge' Auch Angehörige benötigen Hilfe – Beispiel Alkoholkrankheit

10.1 Die Fallgeschichte

Der Einstieg

„Guten Tag, mein Name ist Frank, ich habe ihre Telefonnummer von einer befreundeten Psychotherapeutin bekommen. Ich brauche dringend Hilfe, ich bin nervlich am Ende, glauben sie mir, sonst würde ich nicht bei Ihnen anrufen."

„Selbstverständlich glaube ich Ihnen, Frau Frank, erzählen Sie mir in Ruhe, warum Sie mit Ihren Nerven am Ende sind."

„Mein Mann ist jetzt gerade wieder abgehauen und ich weiß schon, wie es sein wird, wenn er nach Hause kommt. Er wird betrunken sein, dann wird er sich mit unserem Sohn streiten – der ist jetzt 15 Jahre alt – und stundenlang lautstark seine Punkmusik hören. Gott sei Dank, dass Wochenende ist, sonst könnte er morgen wieder nicht zur Arbeit gehen. Irgendwann wird er seine Arbeitsstelle verlieren. Wissen Sie, mein Mann ist Journalist und er hat einen wirklich anstrengenden Job. Immer Hektik und immer der Druck, dass am nächsten Tag ein Artikel stehen muss. Er sagt, er braucht den Alkohol, um kreativ zu sein. Aber in den letzten Jahren hat er es überhaupt nicht mehr im Griff, es wird immer schlimmer mit dem Trinken. Ich habe wirklich alles getan, um ihm zu helfen, ich habe ihm das Leben zu Hause so einfach wie möglich gemacht. Ich bin Schriftstellerin, ich kann es mir erlauben, meine Zeit frei einzuteilen. Ich habe sogar meine Lesereisen abgesagt, obwohl es für mich beruflich sehr wichtig gewesen wäre, aber wenn ich nicht hier bin, geht alles drunter und drüber. Dann gehen Tonio und sein Vater aufeinander los, zum Glück nur mit Worten. Der Tonio respektiert seinen Vater überhaupt nicht mehr wegen der Trinkerei. Ich versuche dann immer zu vermitteln, aber ich kann nicht mehr. Vor drei Wochen dachte ich zwar, jetzt wird alles besser. Martin hat gesagt, dass er ein Problem hat und wollte endgültig aufhören mit dem Trinken. Er hat gesagt, dass er es alleine schafft. Wir haben allen Alkohol weggeschüttet. Es hat dann tatsächlich auch drei Wochen funktioniert. Ich dachte, diesmal würden wir es schaffen, dass er wirklich aufhört. Aber heute Abend ist Martin nach der Arbeit gleich wieder losgerannt und ich habe in dem Weinlokal angerufen, in das er und seine Journalistenkollegen häufig gehen. Der Wirt hat mir gesagt, dass Martin dort ist, na ja, der Rest ist klar. Wie kann ich denn meinem Mann bloß helfen?"

Die Geschichte von Familie Frank

Frau Frank und ihr Mann sind seit über zehn Jahren verheiratet, vorher waren sie sieben Jahre ein Paar. Zwei Jahre, nachdem sie sich kennengelernt hatten, kam ihr gemeinsamer Sohn Tonio. Herr Frank ist erfolgreicher Journalist bei einer großen Tageszeitung. Frau Frank hat, als Tonio noch klein und sie selbst in Elternzeit war, mit dem Romanschreiben angefangen. Seitdem hat sie drei Romane und mehrere Kurzgeschichten veröffentlicht. Wie Frau Frank berichtet, hat ihr Mann schon immer recht viel getrunken, ohne dass es für sie ein Problem war. In der Journalistenbranche wird viel Alkohol konsumiert. Beide sind oft zu Partys gegangen und haben einen großen Freundeskreis. Alkohol gehörte zu diesem geselligen Leben dazu, alle tranken mehr oder weniger viel. So hat sich die Alkoholabhängigkeit von Herrn Frank schleichend entwickelt. Anfangs dachte Frau Frank noch, ihr Mann würde in einem normalen Ausmaß trinken. Sie wurde erst skeptisch, als sie bemerkte, dass er manchmal schon mittags trank. Er arbeitete immer öfter zu Hause und ging nur in die Redaktion, um sich die neuesten Informationen zu holen. Er sagte, er habe zu Hause mehr Ruhe. Frau Frank hat dann aber gemerkt, dass immer eine Flasche Wein in seinem Arbeitszimmer stand und ihr Mann zudem noch zum Schrank ging und sich Wodka eingoss. Seit ca. drei Jahren ist Herrn Franks Alkoholabhängigkeit nicht mehr zu leugnen und verschlimmert sich kontinuierlich, so dass er inzwischen erhebliche Leistungseinbußen hat. In diesen drei Jahren verwendete Frau Frank ihre gesamte Energie darauf, einerseits ihren Mann vom Trinken abzubringen und andererseits den Schaden zu begrenzen, indem sie ihn bei anderen entschuldigt, wenn er sich im Rausch schlecht benommen hat. Außerdem liest sie inzwischen einen Großteil seiner Artikel Korrektur und überarbeitet seine teilweise chaotischen Entwürfe mit viel Aufwand, weil er sich nicht mehr konzentrieren kann. Sie bringt ihn von Partys nach Hause, um drohende Blamagen zu vermeiden. Frau Frank redet auf ihren Mann ein, er solle aufhören zu trinken, und sie versucht, seinen Alkoholkonsum zu kontrollieren, indem sie heimlich Flaschen leert. Meist lässt er sich das nicht gefallen.

Seit einiger Zeit spitzen sich die familiären Konflikte zu, da Tonio seinen Vater zunehmend kritisiert und ihm seine Verachtung zeigt. Immer öfter kommt es zu Szenen mit gegenseitigem Anschreien. Tonio übernachtet dann bei Freunden und meidet seine Eltern, also auch die Mutter. Diese Entwicklung mit ihrem Sohn ist für Frau Frank besonders belastend und es fällt ihr immer schwerer, solidarisch mit ihrem Mann zu bleiben. Sie ist am Ende ihrer Kräfte angelangt, aufgerieben vom Kampf gegen den Alkoholismus ihres Mannes und erschöpft von ihren ständigen Bemühungen, den häuslichen Frieden aufrechtzuerhalten. Ihre eigene Arbeit hat Frau Frank darüber völlig vernachlässigt.

Reflexion der Beraterin

Insgesamt, so denke ich, wird es darum gehen, die Klientin zu entlasten. Die Themen ‚Verantwortung loslassen' und ‚Grenzen setzen' spielen dabei offensichtlich eine wesentliche Rolle. Diese Themen treten häufig bei Angehörigen von Alkoholkranken auf und bei Frau Frank wird dies schnell deutlich. Sie hat sich so stark mit ihrem Mann und seinem Alkoholismus identifiziert, dass sie manchmal von ‚wir' spricht: „Wir schaffen das, mit dem Trinken aufzuhören". Ihr dies bewusst zu machen, könnte ein erster wichtiger Schritt sein, um sie von dem Verantwortungsdruck zu entlasten.

Während Frau Frank von ihrer Situation erzählt, habe ich als Beraterin Mühe, den nötigen Abstand zu behalten. Frau Frank ist so identifiziert mit dem Problem ihres Mannes und der verantwortlichen Rolle, die sie für ihre Familie und die ganze Situation übernommen hat, dass auch ich als Beraterin die Distanz verliere. Ich merke dies daran, dass ich mich zwischendurch verantwortlich dafür fühle, Frau Frank aus ihrer Situation zu befreien. Ich vermute deshalb, dass sich Frau Frank oft ähnlich gegenüber ihrem Mann fühlt. Meine Aufgabe sehe ich gerade darin, mich *nicht* verantwortlich zu fühlen und die Intervention so zu gestalten, dass die Verantwortung für Frau Franks Leben bei ihr selbst bleibt. Für mich ist es wichtig, Frau Frank als die Klientin zu sehen und nicht ihren Mann, obwohl sie immer wieder appelliert, ich möchte ihr doch sagen, wie sie ihrem Mann helfen könne. Aus meiner Sicht ist Frau Frank in einer Notlage, die der ihres Mannes in nichts nachsteht.

Ich nehme mir vor, ihr im Verlauf des Gespräches mitzuteilen, wie belastend und schwierig ihre Situation ist. Sie wirkt auf mich so, als ob sie es sich abgewöhnt hätte, auf sich selber zu achten. Ich werde also Fragen in diese Richtung stellen und versuchen, mit ihr daran zu arbeiten, dass sie ihre Aufmerksamkeit mehr auf sich lenkt. Zugleich frage ich mich, ob sie nicht zusammenbricht, wenn sie in ihrem Aktionismus innehält.

Ein weiterer Fokus könnte es sein, Frau Franks momentane Aufmerksamkeit auf andere, noch funktionierende Lebensbereiche zu richten, so etwa die Unterstützung ihres Sohnes in seiner Entwicklung als Jugendlicher oder ihre schriftstellerischen Erfolge, und damit die Fixierung auf die Probleme ihres Mannes zu lösen. Dies bewirkt häufig eine Erleichterung und Weitung der momentanen Einengung.

Die Intervention

Als Erstes möchte ich erreichen, dass Frau Frank sich mit ihrer eigenen Belastung auseinandersetzt.

„Frau Frank, Sie fragen, wie Sie und ich Ihrem Mann helfen können. Mich beschäftigt aber im Moment mehr, wie ich *Ihnen* helfen kann. Ich glaube nämlich, dass Sie auch Hilfe benötigen. So, wie ich Sie verstanden habe, kämpfen Sie schon seit Jahren darum, dass Ihr Mann mit dem Trinken aufhört, und versuchen ständig, Konflikte nicht eskalieren zu lassen. Ich wundere mich wirklich, wo Sie die Kraft für all das hernehmen. Denken Sie denn überhaupt manchmal auch an sich selbst?“

„Ach, wissen Sie, auf mich achte ich schon lange nicht mehr, aber wenn mein Mann mit dem Trinken aufhören würde, dann ginge es mir auch besser.“

„Frau Frank, können Sie sich vorstellen, dass genau darin das Problem für Sie liegen könnte, dass Sie sich zu viel um Ihren Mann kümmern und nicht zu wenig?“

„Wenn ich das nicht mehr tun würde, dann würde hier alles zusammenbrechen.“

„Wie sähe das denn aus, wenn alles zusammenbrechen würde? Was sind denn Ihre schlimmsten Befürchtungen?“

„Mein Mann würde sicher seine Arbeit verlieren und das wäre definitiv das Aus für ihn. Was dann zwischen ihm und Tonio passieren würde, mag ich mir gar nicht ausmalen. Irgendwann würde mein Sohn wohl gar nicht mehr nach Hause kommen."

„Und was passiert dann, wenn dies alles eingetreten ist?"

„Das wäre der Horror. Dann wäre alles, was mir wichtig ist, kaputt. Ich liebe sie doch beide. Sie bedeuten mir alles."

„Schauen wir uns dieses Schlimmste trotzdem mal genauer an. Das hilft oft dabei, dass es seinen Schrecken verliert. Und dann werden Sie innerlich freier und können neue Ideen entwickeln, was zu tun ist."

Frau Frank nickt. Sie malt sich mit meiner Unterstützung aus, wie es wäre, wenn ihr Mann es nicht schafft, mit dem Trinken aufzuhören, und sie sich trennen müssten – eine sehr schmerzhafte Vorstellung für sie. Uns beiden wird deutlich, dass sie ihre gesamte Energie investiert, um diese Entwicklung zu vermeiden. Sichtbar wird auch, dass Frau Frank die gesamte Verantwortung für die familiäre Situation allein übernommen hat. Ich thematisiere außerdem ihre Aussage, ihre Familie sei alles, was für sie wichtig ist.

„Gibt es nicht noch andere Lebensbereiche, die für Sie eine Bedeutung haben?"

„Das Schreiben ist für mich schon wichtig. Und", setzt sie nach einigem Nachdenken hinzu, „auch meine Eltern. Die werden ja immer älter."

So wird deutlich, dass es noch einige andere Themen im Leben von Frau Frank gibt, die aber alle in den Hintergrund gerückt sind. Im Gespräch kann ich deutlich spüren, dass sie zu diesen Ressourcen derzeit keinen Zugang findet. Ich frage Frau Frank, wie erfolgreich ihre bisherige Strategie war, und ob sie glaubt, dass sie ihren Mann durch weitere Anstrengungen vom Trinken abhalten kann.

„Im Grunde kann ich meinen Mann nicht davon abhalten, weiter zu trinken, das weiß ich ja. Bisher habe ich aber zumindest die schlimmsten Katastrophen verhindert." Frau Frank fängt an zu weinen: „Ich kann ihn doch nicht einfach zugrunde gehen lassen."

Empathie und Aufklärung

Ich äußere meine Wertschätzung für Frau Franks Bemühen, ihrem Mann zu helfen. Ich erzähle ihr auch davon, dass es vielen Partnerinnen von Alkoholkranken so geht wie ihr, dass aber die Erfahrungen zeigen, dass Menschen mit einer Alkoholabhängigkeit letztlich selber die Entscheidung treffen müssen, mit dem Trinken aufzuhören. Sie selbst kann nur entscheiden, ob sie die jetzige Situation weiter ertragen oder andere Wege einschlagen möchte. Dadurch, dass sie die Folgen des Alkoholismus abmildert, zögert sie einen Wendepunkt eventuell sogar noch hinaus. Ich erkläre ihr, dass Unterstützungsangebote zwar wichtig sind, aber dass Menschen mit einer Alkoholproblematik auch einen gewissen Druck brauchen, um etwas zu verändern.

Abgrenzung als Aufgabe

Ich bespreche mit ihr genau, wo die Grenzen ihrer Hilfsmöglichkeiten sind, wo ihr Einfluss aufhört und gebe ihr auch den Raum, um ihre Hilflosigkeit und Angst auszudrücken.

„Vielleicht kriegt er niemals die Kurve", sagt sie leise.

„Ja, das kann sein, und ich kann Sie sehr gut verstehen, wenn Sie davon erzählen, wie schmerzlich es ist, zuschauen zu müssen, wenn sich jemand selber ruiniert. Trotzdem ist es wichtig, dass Sie Ihrem Mann zeigen, dass Sie nicht alles mitmachen und dass Ihre Fürsorge und Ihre Kräfte auch Grenzen haben."

„Vielleicht haben Sie Recht, aber ich glaube, dann bricht mir das Herz."

„Was würde denn Ihr Sohn dazu sagen, wenn Sie mal eine solche Grenze setzen würden?"

„Der sagt ja schon immer, dass Martin unsere Familie kaputt macht, und beschwert sich auch, dass ich alles mitmache. Ich glaube, Tonio würde es richtig finden, wenn ich mich verweigere."

„Das glaube ich auch. Sie würden ihn damit sicher sehr unterstützen. Der Versuch ihren Mann vom Trinken abzuhalten, ist von vornherein zum Scheitern verurteilt. Vielleicht kann Ihr Mann eher wieder Verantwortung für sich übernehmen, wenn Sie ihm in Selbstfürsorge und Grenzensetzen ein Vorbild sind."

Ich sage Frau Frank noch, dass dies eine sehr schwierige Aufgabe ist und dass ich es von außen natürlich leicht habe, so etwas zu empfehlen, aber dass ich durchaus sehe, was das für sie bedeutet.

Weitere Hilfsangebote

Ich lege Frau Frank nahe, eine Angehörigengruppe zu besuchen. Ich erkläre ihr den Nutzen einer solchen Gruppe und suche für sie Adressen heraus. Ich versuche, ihre Schuld- und Schamgefühle zu verringern, indem ich ihr sage, dass ihr Problem eines ist, das alle Angehörigen Suchtkranker erfahren und dass es deshalb hilfreich sein kann, sich gegenseitig zu unterstützen und Erfahrungen auszutauschen. Ich informiere Frau Frank, dass die nächstgelegene Angehörigengruppe in einer Beratungsstelle für Alkoholkranke stattfindet und dass sie sich dort auch professionell beraten lassen kann. Weitere Angehörigengruppen finden bei Trägern von Selbsthilfegruppen statt, z. B. den Anonymen Alkoholikern. Sie notiert sich die Adressen und will über die Angebote nachdenken. Die Vorstellung, mit anderen Betroffenen reden zu können, scheint sie zu erleichtern. Sie möchte sich jedoch erst einmal alles durch den Kopf gehen lassen. Wir beenden das Gespräch und Frau Frank sagt mir noch, dass es ihr gutgetan hat, über das Problem mit einer neutralen Person zu reden.

10.2 Interventionsprinzip ‚Entlastung'

Entlastung als ein wesentliches Element in der Krisenintervention wird von vielen Expert:innen genannt (Sonneck 1997, Heim 2000, Ciompi 2000) bzw. als Erschöpfungsprophylaxe von Hülshoff (2017) thematisiert. Wenig beschrieben ist jedoch, was Entlastung genau bedeutet und wie man Klient:innen dabei unterstützen kann. Entlastung kann auf unterschiedlichen Ebenen stattfinden: auf der Ebene der finanziellen Entlastung, der zeitlichen Entlastung, der Entlastung von Aufgaben und der emotionalen Entlastung. Entlastung folgt immer auf eine Belastung, das heißt, es gibt ein ‚Zuviel' von etwas im Verhältnis zu den vorhandenen Ressourcen: zu viele Ausgaben im Verhältnis zu den finanziellen Ressourcen, zu viel Arbeit im Verhältnis zu den zeitlichen Ressourcen oder zu viele zu starke Gefühle im Verhältnis zu den Bewältigungskapazitäten. Entlastung bedeutet, dieses ‚Zuviel' an Belastungen wieder in ein ausgewogenes Verhältnis zu den Ressourcen zu bringen. In der Krisenintervention befassen wir uns vorrangig mit der emotionalen Entlastung, denn in akuten Krisensituationen entsteht häufig ein großer emotionaler Druck: Angst, Wut, Scham und Trauer überwältigen die Klient:innen manchmal so stark, dass sie das Gefühl haben, jegliche Kontrolle über sich zu verlieren, mit der Folge eines noch stärkeren Angsterlebens.

Auch die Sorge um Angehörige kann eine erhebliche Belastung bewirken und mit großer Hilflosigkeit verbunden sein. In solchen Situationen sollten Interventionen, die eine emotionale Entlastung bewirken, im Vordergrund stehen, auch um Handlungsfähigkeit und Problemlösekompetenz wieder herzustellen. Wie kann diese emotionale Entlastung aussehen?

- Schon am Anfang des Gespräches ist es wichtig, Ruhe in eine möglicherweise hoch angespannte Situation zu bringen, sich mit Namen und Funktion vorzustellen, den Ratsuchenden Sitzmöglichkeiten und vielleicht etwas zu trinken anzubieten und das Setting zu erklären: Wie viel Zeit steht zu Verfügung? In welchem Raum wird das Gespräch stattfinden? Wer ist beteiligt? Die dadurch entstehende Verlangsamung und Ruhe kann unter Umständen schon zu einer ersten Entspannung und Entlastung führen.
- Das emphatische Zuhören und Ermutigen zum Wahrnehmen und Ausdrücken der Gefühle ist ein Hauptfaktor für emotionale Entlastung. Das Sprechen über die Probleme hat schon an sich eine entlastende Funktion im Kontext aktiven Zuhörens, Sie sollten also viel Raum anbieten, damit Ratsuchende ihren Gefühlen Ausdruck geben können und sie merken, dass sie die Last nicht mehr allein tragen. Der Wirkung lässt sich in vielen Studien nachweisen, und das Teilen von schwierigen Emotionen mit Vertrauten ist für Menschen schon immer eine der wichtigsten Methoden der Affektregulierung. Dabei ist zu bedenken, dass sich Emotionen auf der somatischen und motorischen Ebene ausdrücken können (z. B. durch Herzrasen oder in verbaler Motorik wie ‚Schlagen' oder ‚Kritisieren'), sowohl durch Bilder und Metaphern als auch schließlich durch eine Verbalisierung. Diese Form verweist auf eine reflexive Zugänglichkeit der Emotion und ist dann leichter von den Beratenden in einen sinnstiftenden Kontext zu stellen (Splinter 2022).
- Eine weitere Methode der Entlastung, die auf der kognitiven Ebene ansetzt, ist das Sortieren von Problemen. Menschen in Krisensituationen fühlen sich häufig überfordert von ihren Problemen und haben das Ge-

fühl, alles ist zu viel und unüberschaubar. Das Erstellen einer Prioritätenliste und das selektive Anpacken der vorrangigsten Aufgaben kann Klient:innen Halt geben. So können Sie Handlungsoptionen durchsprechen und unterteilen in Aktivitäten, die sofort machbar sind, in einigen Tagen und in ferner Zukunft. Zum Sortieren von Problemen können Sie Belastungen auch analysieren: Was ist der Krisenanlass? Wie sind die Auswirkungen? Welche Handlungsmöglichkeiten gibt es? Dies alles sind strukturgebende Interventionen, durch die Klient:innen ihre subjektiv verloren erlebte Kontrolle zurückerhalten können.

Frau Frank etwa ist durch das Sprechen über ihre Probleme und die damit zusammenhängenden negativen Emotionen entlastet. Sie befindet sich in einer chronisch belastenden Lebenssituation. Hier wird deutlich, dass sich Entlastung und Konfrontation nicht unbedingt ausschließen oder widersprechen. Einerseits gibt es eine Entlastung durch das emphatische Zuhören und Verstehen durch die Beraterin, andererseits konfrontiert die Beraterin sie damit, dass ihre bisherigen Bewältigungsstrategien nicht zum Erfolg führen. Dies ist sehr schmerzlich für sie, weil sie dadurch gezwungen ist, auch über eine Trennung von ihrem Mann nachzudenken und außerdem mit ihrer Verantwortung für ihren Sohn konfrontiert ist. Das kann zunächst belastend sein, längerfristig aber eine Entlastung bedeuten, so von der andauernden, übermäßigen Verantwortung für das Leben des Ehemannes.

Manchmal können entlastende Interventionen auch negative Auswirkungen haben, nämlich wenn sie eine Stagnation stützen. Es gibt Klient:innen, die sich in Beratungsgesprächen entlasten und dabei Kraft sammeln, um an destruktiven Verhaltensweisen nichts ändern zu müssen. In diesen Situationen können Sie die Veränderungsmotivation besser mit Konfrontationen stärken.

Am Schluss der Beratung empfiehlt die Beraterin Frau Frank eine Angehörigengruppe. Ein wichtiges Ziel von Selbsthilfegruppen ist die Entlastung der Betroffenen: durch viele Informationen und Austausch über die Problematik, was den Betroffenen mehr Kontrolle ermöglicht und Handlungsspielräume erweitert. Zugleich findet Entlastung über das Darübersprechen und den sozialen Vergleich statt: Alle erleben in der Gruppe, dass sie nicht allein mit ihren Schwierigkeiten sind und können Ratschläge viel besser annehmen.

10.3 Literaturexkurs zu Angehörigen und Alkoholabhängigkeit

Angehörige suchen Hilfeeinrichtungen auf, weil sie nicht wissen, wie die Schwierigkeiten ihrer Familienmitglieder einzuschätzen sind, was sie selbst noch tun können und wo es adäquate Hilfe gibt. Dabei sind sie oft selbst am Ende ihrer Kräfte, tun sich aber schwer, ihren eigenen Hilfe- und Entlastungsbedarf zu formulieren. Die Problemlagen Angehöriger unterscheiden sich natürlich in Abhängigkeit vom Krankheitsbild oder der Störung ihres betroffenen Angehörigen, vieles gilt jedoch generell für die Situation Angehöriger.

Angehörige – eine vernachlässigte Gruppe

Typisch ist wie im Fall der Familie Frank etwa, dass die Alkoholabhängigkeit und der Alkoholmissbrauch immer die gesamte Familie betreffen. Die Angehörigen stehen dennoch alleine da und erhalten wie auch andere Angehörige von Menschen in Krisen zu wenig professionelle Hilfe (Peukert 2021). Das hat auch damit zu tun, dass Angehörige nach wie vor eine vernachlässigte Gruppe in der psychosozialen Versorgung wie auch in der wissenschaftlichen Literatur sind, obwohl sie öffentlich auf ihre Nöte aufmerksam machen, sich in Selbsthilfegruppen zusammenschließen und auch Krisendienste in Anspruch nehmen. Umso wichtiger ist es, dass Sie die Nöte und den Unterstützungsbedarf von Angehörigen sehr ernst nehmen und auch mitbedenken und die Angehörigen möglichst bei der Krisenintervention mit einbeziehen, selbst wenn sie nicht die primär Hilfesuchenden sind.

Familienprobleme bei Alkoholabhängigkeit

Wenn das Trinken zur Sucht wird, leiden die Familienangehörigen oft am meisten, während die Betroffenen selbst die Augen davor verschließen. Die Angehörigen sorgen sich um die Gesundheit des oder der Betroffenen, haben Angst vor der Zukunft oder vor dem Auseinanderfallen der Familie, etwa, weil sich die Betroffenen aus dem Familienleben zurückziehen und/oder unzuverlässig werden. Häufig entstehen Gefühle der Hilflosigkeit oder Ohnmacht sowie Angst vor Aggressionen vonseiten des oder der Abhängigen. Langfristig verschlechtert sich die Paarbeziehung, Nähe und Öffnungsbereitschaft nehmen ab und eine negative Familienatmosphäre belastet den Alltag. Gewalt, finanzielle Sorgen, Schulden und Arbeitslosigkeit können die Folge sein. Die Familie oder das Paar grenzt sich nach außen mehr ab, oft aus Angst vor Stigmatisierung, oder andere ziehen sich zurück, bis die Betroffenen isoliert sind, womit sie wichtige soziale Unterstützung verlieren. Zukunftspläne sind nicht mehr möglich und Trennungen werden wahrscheinlicher bzw. erscheinen für die Partner:in und ihre Kinder aus Selbstschutz oft unausweichlich, wenn die oder der Abhängigkeitskranke keine Hilfe in Anspruch nimmt. Oft versuchen Angehörige die aus der Alkoholabhängigkeit entstandenen Familienprobleme alleine zu lösen und ihre eigenen Bedürfnisse hintanzustellen oder die Alkoholproblematik geheim zu halten und sich aus sozialen Beziehungen zurückzuziehen (Steckelberg 2021).

Andererseits kann die Familie die alkoholkranke Person auf ihrem Weg in die Abstinenz unterstützen, wenn diese dazu bereit ist und adäquate Hilfen annimmt. Wenn die Familienmitglieder in diesem Fall selber professionelle Hilfe suchen, sind sie noch besser in der Lage, ihre alkoholkranken Angehörigen zu unterstützen. Die Online-Ratgeber in diesem Bereich geben vielfältige Hinweise, was sie tun können und was sie lieber unterlassen sollten, so z. B. von der Stiftung Gesundheitswissen (Steckelberg 2021).

Kinder und Jugendliche aus alkoholbelasteten Familien

Wenn Kinder in Familien mit einem alkoholkranken Elternteil aufwachsen, werden sie in ihrer emotionalen und sozialen Selbstständigkeit oft behindert. Ihre Bedürfnisse werden vernachlässigt und sie haben später als Erwachsene ein erhöhtes Abhängigkeitsrisiko. Zobel (2006) thematisiert in Bezug auf mehrere Autorinnen (siehe S. 29 ff.) *verschiedene Rollen*, die Kinder und Jugendliche einnehmen können: Elternkind, Partnerersatz, das einseitig Partei für ein Elternteil eingenommen hat, Vorzeigekind, verantwortungsbewusstes Kind, schwarzes Schaf oder Sündenbock, verlorenes Kind, einsames Kind, unsichtbares Kind, fügsames Kind, Clown, Friedensstifter, Übererwachsene:r, Distanzierte:r, Unverletztliche:r. Hier wird deutlich, dass die Entwicklung und die Auffälligkeiten wie auch Rollenübernahmen nicht einem bestimmten Schema folgen, sondern dass Kinder und Jugendliche sich auf sehr unterschiedliche Weise anpassen (ebd., S. 14). Wichtig ist dabei, im Sinne einer Ressourcenorientierung im Blick zu haben und dies ggf. auch zu thematisieren, dass diese Kinder und Jugendlichen früh gelernt haben, Verantwortung zu übernehmen und selbstständig zu sein (ebd. 2017).

Verschiedene Formen von Alkoholkonsum

Man unterscheidet zwischen riskantem, missbräuchlichem und abhängigem Konsum. Alle Formen sind ein großes gesellschaftliches Problem in den westlichen Industrienationen, die neben den negativen Folgen für Angehörige, die wir bereits beschrieben haben, zu starken gesundheitlichen Einschränkungen und bis zum Tod führen können.

- *Riskanter Alkoholkonsum* liegt bei einer Trinkmenge vor, die das Risiko von schädlichen Folgen für die körperliche und psychische Gesundheit erhöht. Bei Frauen sind dies mehr als 12 Gramm Reinalkohol bei Männern mehr als 24 Gramm pro Tag vor (Steckelberg 2021).
- *Missbräuchlicher Alkoholkonsum* bedeutet, dass es mindestens einen Monat lang oder wiederholt in den vergangenen zwölf Monaten zu negativen körperlichen, psychischen oder sozialen Folgen kam. Dazu zählen etwa ein eingeschränktes Urteilsvermögen, beispielsweise im Straßenverkehr, oder eine Veränderung des Verhaltens. Das kann zu Schwierigkeiten auch in zwischenmenschlichen Beziehungen führen (ebd.).

Alkoholabhängigkeit ist durch verschiedene Merkmale definiert: zum einen durch Kontrollverlust. Dieses ‚Nicht-mehr-aufhören-Können' betrachtet man als wesentliches Merkmal einer Sucht mit psychischer und physischer Abhängigkeit. Es treten Entzugserscheinungen auf, die die abhängige Person allerdings heute medizinisch in relativ kurzer Zeit bewältigen kann, während die psychische Abhängigkeit anhaltender und schwieriger zu meistern ist. Hinzu kommt die Toleranzentwicklung: Die Wirkung des Suchtmittels lässt allmählich nach, da sich der Körper an das Suchtmittel gewöhnt und es so zu einer Dosissteigerung kommt oder die Intervalle des Konsums sich verkürzen. Es gibt eine Interessenabsorption vom Alkohol, bei der sich das Leben immer mehr um das Suchtmittel konzentriert und alle anderen Interessen unwichtig werden oder der Beschaffung des Suchtmittels untergeordnet sind, verbunden mit gesellschaftlicher Ablehnung und sozialem Abstieg (ebd.).

Alkoholkonsum in Deutschland in Zahlen

Die folgenden Daten verdeutlichen das Ausmaß der Problematik. Sie beziehen sich auf die Gesamtstichprobe der 18- bis 64-Jährigen in Deutschland, also nicht nur auf die der Konsumierenden: Etwa 1,61 Millionen Deutsche im Alter zwischen 18 und 64 Jahren trinken *missbräuchlich Alkohol*. Das sind 2,8 % der Gesamtstichprobe. Etwa 1,77 Millionen Menschen gelten als *alkoholabhängig*, das sind 3,1 % der Gesamtstichprobe. Bei Frauen sind es 1,161 (Seitz u. a. 2018). Bei den 18- bis 20-Jährigen ist der missbräuchliche Konsum am höchsten, gefolgt von der nächsten Altersgruppe. Je jünger das Alter bei Konsumbeginn ist, desto höher ist das Risiko für späteren riskanten Alkoholkonsum (Hohm u. a. 2015).

Alkoholabhängigkeit – eine Krankheit mit Folgen

Jährlich sterben ca. 74.000 Menschen, deren Tod direkt in Verbindung mit Alkohol steht. Diese Zahl ist enorm hoch und verdeutlicht das Ausmaß des Leids, aber auch der direkten und indirekten volkswirtschaftlichen Kosten durch Alkohol. Sie betragen je nach Zählweise zwischen 26 und 79 Milliarden Euro pro Jahr (Atzendorf 2020). Dagegen stehen staatliche Einnahmen über die Alkoholsteuer. Sie liegen lediglich bei 3,14 Milliarden Euro pro Jahr (Aktionswoche Alkohol 2021).

Die Anerkennung der Alkoholabhängigkeit als Krankheit erfolgte 1968 in der Bundesrepublik Deutschland durch ein Urteil des Bundessozialgerichts, infolgedessen die Versicherungsträger die Kosten der Behandlung übernehmen müssen. Es gibt ein breites Angebot unterschiedlichster ambulanter und stationärer Einrichtungen mit den Aufgaben von Prävention, Entgiftung, Beratung und Krisenintervention, Psychotherapie und Nachsorge sowie Angebote von Selbsthilfegruppen.

Wie Alkoholabhängigkeit entsteht

Man kann Sucht als schleichende Entwicklung verstehen, bei der verschiedene Faktoren zusammenspielen. Deshalb sollten wir uns als Beratende auch nicht einseitig auf einzelne Faktoren fokussieren. Sucht entsteht im Spannungsfeld zwischen Selbstverantwortung und fataler Eigendynamik. Diese Entstehungsfaktoren bewegen sich im Ursachen-Dreieck von Suchtmittel, Individuum und Gesellschaft. Mit zunehmender Dauer der Abhängigkeit tritt das körpergesteuerte Geschehen in den Vordergrund, während die Grundstörungen einen immer geringeren Erklärungswert haben (Reinert 2010). Die Entwicklung zur Abhängigkeit entwickelt sich also – wie in unserem Fallbeispiel – im Kontext verschiedener Faktoren:

- *Soziale Gelegenheiten:* So wird zum Beispiel in manchen Berufsgruppen oder anderen sozialen Bezügen viel getrunken.
- *Permissiv eingestellte Gesellschaft:* Es besteht eine tolerante und akzeptierende Einstellung gegenüber dem Alkoholkonsum, vor allem für Männer: Trinkfestigkeit gilt als männlich attribuiert.
- *Toleranzentwicklung,* also zunehmende Gewöhnung.
- *Überzeugung, dass Alkohol zur Arbeitsfähigkeit und zum Stressabbau beitragen kann.* So vertreten zum Beispiel viele die sogenannte Spannungs-Reduktions-Hypothese, nach der Alkohol eine Wirkung beim Stressabbau habe. Nach der Erregungssteigerungs-Hypothese schreibt man dem Alkohol auch eine Leistungssteigerung zu.
- *Erfahrung von Alkohol als Problemlöser:* Menschen erleben den Alkoholkonsum als stimmungshebend, entspannend und angstlösend und missverstehen ihn dann als Problemlöser.
- Verlust anderer Bewältigungsstrategien durch regelmäßigen Alkoholkonsum.
- *Belohnung durch Alkohol,* im Sinne von „Das gönne ich mir jetzt".
- Biologische Veränderungen im Gehirn manifestieren die Abhängigkeit (Reinert 2010).

Das Konzept der Co-Abhängigkeit – kritisch zu bewerten

Der Begriff und das Konzept der Co-Abhängigkeit entwickelte sich im Kontext der amerikanischen Selbsthilfebewegung der Anonymen Alkoholiker (AA) und wurde zunächst als Co-Alkoholismus bekannt. Es beschrieb die Familienangehörigen – zumeist Frauen – von Alkoholikern, weitete sich aber auch auf andere Angehörige von Personen mit substanzgebundenen und nicht substanzgebundenen Abhängigkeiten aus. Das Konzept beschreibt Merkmale von Selbstverleugnung, Überverantwortlichkeit und Kontrollbedürfnis, also in unserem Lernfall, den Alkoholkonsum zu kontrollieren, sowie Verleugnung der Realität, die in diesen Beziehungen und betroffenen Familien gegenüber dem Abhängigen gezeigt wird. Mit diesen

Haltungen nun schafft die co-abhängige Person es nicht, den Abhängigen von seiner Sucht zu befreien, sondern diese wird dadurch noch aufrechterhalten.

Menschen reagieren damit ursprünglich normal auf eine abnormale Situation (Wegscheider 1988). Es gibt dabei einen immer ähnlichen Veränderungsprozess, den Partner:innen, Familien, aber auch etwa Vorgesetze in Betrieben durchmachen (Hallmaier 1999): Auf die Beschützer- und Erklärungsphase folgt die Kontrollphase und schließlich die Anklagephase mit sich aufbauenden Teufelskreisen.

Das Konzept der Co-Abhängigkeit kann man jedoch unterschiedlich bewerten: Es beinhaltet viel negative Zuschreibungen, die die Angehörigen weiter stigmatisieren und ihren Selbstwert vermindern können. Andererseits gibt das Konzept Hinweise dafür, wie Angehörige und Vorgesetzte sich aus den Teufelskreisen befreien können, indem sie nicht mehr versuchen, die alkoholkranke Person zu schützen, zu kontrollieren oder anzuklagen, sondern andere Wege einzuschlagen. Angehörige nehmen dann eigene Bedürfnisse wieder ernst bzw. Vorgesetzte verlieren die betrieblichen Belange nicht aus den Augen und beziehen frühzeitig professionelle Hilfe ein. Das Konzept sollte jedenfalls nicht zu einer Opfer-Täter-Umkehr beitragen oder dazu führen, dass wir die Angehörigen rigide anweisen, wie sie zu handeln haben, um Veränderungen zu bewirken, die gar nicht in ihrer Hand liegen.

Die Behandlungsbereitschaft Alkoholabhängiger

Angebote suchtspezifischer Hilfen finden wir in Deutschland an vielen Orten. Dennoch werden sie nicht entsprechend genutzt, die Inanspruchnahme suchtspezifischer Hilfen ist nach wie vor sehr gering. So war 2015 nur etwa jeder dritte Alkoholabhängige (35 %) im Gesundheitssystem registriert (Kraus u. a. 2015).

Um die Behandlungsquote zu erhöhen, diskutiert man Frühintervention und Diversifizierung, also unterschiedliche Behandlungsangebote, die besser individualisiert werden können sowie einen Paradigmenwechsel in der Abstinenzorientierung, also die Abkehr von der Forderung nach vollständiger Abstinenz (ebd.). Die Vorstellung, jemand müsse nur genug leiden, dann würde er sich Hilfe holen, können wir als zu einfach ansehen: Die Behandlungsbereitschaft ergibt sich nicht nur aus dem Leidensdruck – manchmal ist es etwa für Betroffene motivierender zu sehen, was man noch verlieren kann, als was man durch die Sucht bereits verloren hat. Verschiedene Autor:innen nennen weitere Aspekte, die die Behandlungsbereitschaft beeinflussen, wie Akzeptanz der Erkrankung, Unzufriedenheit mit der jetzigen Situation, Änderungswunsch, Hilfewunsch, ein adäquates Krankheitskonzept, Erfolgserwartung, angemessenes Therapieziel, nicht zu ausgeprägte Therapieangst bzw. Nutzen-Kostenabwägung. Reinert u. a. (2010) schlagen differenzierte und leicht zugängliche Einrichtungen und Angebote mit flexiblem und koordiniertem Übergang zwischen den verschiedenen Versorgungsformen unter Einschluss auch der Selbsthilfe vor. Wir sollten also Behandlungsmotivation als etwas Dynamisches ansehen, die wir in Beratungs- und Therapiesituationen entwickeln und weiterentwickeln können.

Krisenintervention für Angehörige

Viele Angehörige kommen mit der Vorstellung zur Krisenberatung, nicht Hilfe für sich zu suchen. Sie wollen ihrem Angehörigen helfen. Wenn wir dann in der Beratung sie selbst und ihre Belastung in den Mittelpunkt stellen, kann das für Angehörige zunächst verwirrend oder mindestens überraschend sein. Sie selbst übersehen, welch große Veränderungen, Bedrohung und Belastung die Alkoholabhängigkeit des Partners für sie darstellt und wie viel Verantwortung sie schon für die andere Person übernommen haben.

- Daher sollten wir die Balance halten – zwischen deren Erwartung, Hilfe nicht für sich, sondern für ihren Angehörigen zu holen und der diskrepanten Erfahrung, selbst im Mittelpunkt zu stehen. Im Fallbeispiel thematisiert die Beraterin diese Wendung weg vom Betroffenen hin zur Angehörigen. Die Wendung gelingt aber nicht, ohne zugleich die Hilfeanstrengungen und den täglichen Einsatz für das alkoholabhängige Familienmitglied zu würdigen und auch Fragen zum alkoholabhängigen Partner zu beantworten. Dazu ist ein Basiswissen zur Alkoholerkrankung und zu den Folgen für die Partner:in bzw. die Familie hilfreich.
- Darüber hinaus ist es hilfreich, die interaktionellen Teufelskreise, in die sich Angehörige verstricken können, zu thematisieren, so etwa das Bedürfnis der Angehörigen, die Betroffenen zu beschützen, die Hoffnung,

den Konsum kontrollieren zu können sowie den verzweifelten Versuch, durch Vorwürfe etwas ändern zu können.

- Wichtig ist es auch, Angehörige zu ermutigen, die Erkrankung offen anzusprechen und Unterstützung in Aussicht zu stellen, wenn die alkoholabhängige Person sich Hilfe holen will. Dabei sollten Sie deutlich machen, dass die betroffene Person bisher keine Verantwortung mehr für die Erkrankung übernimmt und dass es sich um eine Erkrankung handelt, die man behandeln kann und muss.
- Sollte die betroffene Person diese Hilfe nicht annehmen, ist es wichtig, die Angehörigen in der Krisenintervention dabei zu unterstützen, dass diese ihre eigenen Wege gehen, unabhängig vom dem Partner, der Partnerin. Sie können dabei unterstützen, aus der Isolation herauszukommen und soziale Netzwerke zu reaktivieren.
- Die Entwicklung einer Behandlungsmotivation ist ein Prozess, in dem die Eigenverantwortlichkeit des Betroffenen zentral ist, zugleich sollten Sie aber auch berücksichtigen ist, dass Sucht eine Eigendynamik hat. Kriseneinrichtungen haben eine wichtige Bedeutung in diesem Prozess, sind aber auf die Vermittlung an weiterführende Einrichtungen angewiesen. Deshalb sollten Sie die Betroffenen und Angehörigen auf erreichbare Einrichtungen hinweisen und das Hilfenetz in seinen unterschiedlichen Aufgaben erläutern. Dazu gibt es natürlich auch viele Hinweise im Internet.
- Darüber hinaus gibt es natürlich – wie eingangs thematisiert – auch Möglichkeiten der Selbsthilfe für Angehörige, für die Sie die Hilfeformen erklären und Adressen vermitteln können.

Literatur

Atzendorf, J. (2020): Riskantes Gesundheitsverhalten in der allg. Erwachsenenbevölkerung in Deutschland. https://epub.uni-regensburg.de/43518/ [19.11.2021]

Aktionswoche Alkohol 2021. Missbrauch und Abhängigkeit. https://www.aktionswoche-alkohol.de/hintergrund-alkohol/missbrauch-und-abhaengigkeit/ [20.11.2021]

Hallmaier, R. (1999): Alkohol im Betrieb. In Singer, V./Teyssen, M. (Hrsg.): Alkohol und Alkoholfolgekrankheiten: Grundlagen – Diagnostik – Therapie. Berlin, Heidelberg: Springer Verlag. 497-506.

Hohm, E./Blomeyer, D./Laucht, M. (2015): Pubertätsstadium bei Konsumbeginn als Risikofaktor für späteren problematischen Alkoholkonsum. https://econtent.hogrefe.com/doi/abs/10.1024/0939-5911.a000376?journalCode=su [19.11.2021]

Hülshoff, T. (2017): Psychosoziale Intervention bei Krisen und Notfällen. München: Reinhardt Verlag.

Kraus, D./Piontek, T./Pfeiffer-Gerschel, J./Rehm, J. (2015): Inanspruchnahme gesundheitlicher Versorgung durch Alkoholabhängige. Suchttherapie 2015; 16(1), 18-26. DOI: 10.1055/s-0034-1376999 [8.11.2021]

Peukert, R. (2021): Leidenschaftlich gefordert, selten erreicht -Krisenhilfe aus Sicht der Angehörigen. In Ortiz-Müller, W./Gutwinski, S./Gahleitner, S. B. (Hrsg.): Praxis Krisenintervention. Stuttgart: Kohlhammer, 270-282.

Reinert, T. (2010): Störungsorientierte Psychotherapie der Abhängigkeitserkrankungen. Lindauer Psychotherapiewochen. Erinnern und Vergessen.https://www.lptw.de/archiv/vortrag/2010/reinert-thomas-stoerungsorientierte-psychotherapie-der-abhaengigkeitserkrankungen-lindauerpsychotherapiewochen2010.pdf [25.11.2021]

Seitz, N.-N./John, L./Atzendorf, J./Rauschert, C./Kraus, L. (2019): Kurzbericht Epidemiologischer Suchtsurvey 2018. Tabellenband: Alkoholkonsum, episodisches Rauschtrinken und Hinweise auf Konsumabhängigkeit und -missbrauch nach Geschlecht und Alter im Jahr 2018. München: IFT Institut für Therapieforschung.

Splinter, L. M. (2021): Affektmentalisierung in analytischen Psychotherapien. Erstanwendung der Mesure Grille de l'Élaboration Verbale de l'Affect (GEVA) und der pour l'Identification des Contenus Affectifs (MICA) auf deutschsprachiges klinisches Material. Dissertation, LMU München: Fakultät für Psychologie und Pädagogik

Steckelberg, A. (2021) (a): Alkoholprobleme – Was können Angehörige tun? https://www.stiftung-gesundheitswissen.de/wissen/risikofaktor-alkohol/angehoerige [17.11.2021]

Steckelberg, A. (2021) (b): Risikofaktor Alkohol. Problematischer Konsum. Stiftung Gesundheitswissen. https://www.stiftung-gesundheitswissen.de/wissen/risikofaktor-alkohol /problematischer-konsum [17.11.2021]

Wegscheider, S. (1988): Es gibt doch noch eine Chance! Hoffnung und Hilfe für die Alkoholiker Familie. Osnabrück: Verlag Mono Bögner-Kaufmann.

Zobel, M. (2006/2017): Kinder aus alkoholbelasteten Familien: Entwicklungsrisiken und Chancen. Göttingen: Hogrefe.

11 Lernfall ‚Diagnose Chronische Krankheit'
„Ich bin langfristig krank" – eine einschneidende Erkenntnis

11.1 *Die Fallgeschichte*

Der Einstieg

Herr John war gerade mit der S-Bahn nach einem Arztbesuch auf dem Heimweg, da entdeckte er beim Surfen mit seinem Mobiltelefon das Krisendienstangebot und wählte spontan die Nummer.

„Guten Tag, Herr John am Apparat. Meine erste Frage: um was für eine Einrichtung handelt es sich bei Ihnen? Ich habe Ihr Angebot im Internet gefunden."

Ich schätze den Anrufer auf Mitte dreißig, und er klingt gut organisiert. Ich erkläre das Angebot und die Aufgabe eines Krisendienstes, erste Anlaufstelle für Menschen in akuten seelischen Notsituationen zu sein.

„Ja, dann bin ich bei Ihnen wahrscheinlich richtig. Aber vorher noch: Wie finanzieren Sie sich, wenn es für mich kostenlos ist? Entschuldigen Sie, dass ich frage, aber es gibt doch sehr viele unseriöse Angebote."

Ich beschreibe kurz, wie der Krisendienst organisiert ist und dass wir aus Mitteln des Landes finanziert werden.

„Dann bin ich beruhigt, danke. Und was sind Sie von Beruf, wenn ich fragen darf?"

Dass ich Diplom-Psychologin bin, scheint ihn weiter zu beruhigen. Später erfahre ich, dass er überaus misstrauisch gegenüber Ärzt:innen ist und mit dem Vorsatz angerufen hatte, sich nur von Psycholog:innen oder Sozialarbeiter:innen beraten zu lassen. Nach diesem Gesprächseinstieg beginnt er unvermittelt mit dem Grund seines Anrufes. Er spricht dabei sehr schnell und arbeitet die notwendigen Fakten ohne eine Atempause ab, und so wirkt er gehetzt auf mich. Nach einiger Zeit gelingt es mir, Verständnisfragen zu stellen, manche überhört er, bei anderen stoppt er beinah unwillig seinen Redefluss und geht kurz auf meine Fragen ein.

„Ich weiß seit einer Woche, dass ich eine unheilbare Krankheit habe. Bisher merke ich noch nicht so viel, aber ich weiß, wie die Krankheit verläuft: langsamer körperlicher Verfall, Lähmungen, Atem- oder Schluckstörungen, dadurch vielleicht eine Lungenentzündung, Tod. Angefangen hat es damit, dass ich manchmal unsicher gelaufen bin. Außerdem haben meine Beine gekribbelt oder waren an manchen Stellen taub. Und dann konnte ich auf einem Auge nicht mehr optimal sehen, nur noch verschwommen. Das sind alles erste Symptome der Krankheit. Wissen Sie, ich arbeite in einem großen Unternehmen im Vertrieb, da muss ich außer am Bildschirm auch häufig unsere Produkte im Kundenkontakt präsentieren. Das wurde irgendwann schwierig wegen der Sehprobleme. Ich habe versucht, die Symptome zu ignorieren, bin dann aber nach ein paar Monaten erzwungenermaßen doch zum Augenarzt gegangen, der mich dann ohne aufschlussreichen Kommentar zum Neurologen weitergeschickt hat. Wie das halt so läuft bei den Ärzten.

Dieser Neurologe hat mich dann durchgecheckt und anstatt was zu sagen, erstmal ein bedeutungsschwangeres Gesicht gemacht. Ich kann Ihnen gar nicht sagen, was ich für einen Brast auf diese Ärzte habe. Endlich hat er mir eröffnet, dass ich MS habe. Multiple Sklerose."

Es entsteht eine Pause. Herr John ist verstummt. Er scheint auf meine Reaktion zu warten.

„Er wird doch sicher noch mehr zu Ihnen gesagt haben. Soweit ich weiß, gibt es sehr verschiedene Formen, Verläufe und Ausprägungen von MS?"

„Ja, dasselbe hat besagter Herr Doktor auch gesagt", erwidert Herr John in einem bitteren Tonfall. „Er wollte mir erzählen, dass man erst mit der weiteren Entwicklung mehr zur Prognose sagen könne. Aber ich weiß schon genug über MS, um zu wissen, dass er mich nur beruhigen wollte.

Ich kann mir eine Krankheit nicht leisten in meinem Leben. Ich arbeite vierzehn Stunden am Tag, ich habe eine Familie, und meine Frau ist weiß Gott genug beschäftigt mit den beiden Kindern. Ich habe zwei Töchter, drei und fünf, und die große ist hyperaktiv und aufmerksamkeitsgestört. Sie wissen natürlich nichts von meiner Diagnose, das kann ich meiner Familie nicht antun. Momentan mache ich eine Immuntherapie und nehm' Cortison gegen die Sehstörungen, ist auch schon etwas besser geworden, die Entzündung des Sehnervs geht dann zurück. Ja, so sieht's bei mir aus, und vielleicht lebe ich nicht mehr lange."

Nun ist wieder Stille am Telefon. Mir scheint es, als ob sich Herr John mit seiner Erzählung verausgabt hat, nun ist die Luft raus. Ich merke, wie ich mich vermutlich ebenso ‚überfahren' von seinen Erzählungen fühle wie er von seiner Diagnose. Mir fällt außerdem auf, dass er äußerst distanziert über seine Situation spricht, was für eine starke emotionale Abwehr spricht. Darauf einzugehen wäre jedoch – gerade am Beginn der Kontaktaufnahme – noch zu früh. Ich frage also erst einmal nach, was ich in seiner schwierigen Situation Bestmögliches für ihn tun könne.

Herr John lacht laut und unecht. „Was Sie für mich tun können? Dass ich diese Krankheit wieder los bin. Nein, Spaß beiseite. Ich brauche jemanden, mit dem ich über das Ganze reden kann. Sonst fahre ich demnächst gegen einen Baum. Wie soll ich das denn aushalten? Ehrlich gesagt, ich habe schlicht und einfach eine Riesenangst. Und zwar nachts, da liege ich stundenlang wach, und das kann ich mir nicht leisten. Helfen Sie mir, bitte, wieder alles halb so schlimm zu sehen. Ich will das Ganze angehen, wie ich sonst Probleme auch angehe, nämlich: Für jedes Problem gibt es eine Lösung. Das ist meine Lebenseinstellung. Und bisher hat das auch immer funktioniert."

Ich nehme bei mir immer deutlicher den enormen Druck wahr, unter dem Herr John steht.

„Herr John, Sie sind ja mit dieser Diagnose MS in eine Situation geraten, die für jeden sicher schwer zu ertragen ist. Dass Sie erst einmal große Angst bekommen, ist ganz normal. Sie haben Recht, dass es dann wichtig ist, mit jemandem darüber zu sprechen. Ich finde es mutig von Ihnen, dass Sie hier angerufen haben. Ich habe jetzt den Eindruck, Ihre Situation ist so komplex, dass es besser wäre, alles in Ruhe in einem oder vielleicht auch mehreren persönlichen Gesprächen durchzusprechen. Was halten Sie davon, hierher zur Beratung zu kommen?"

Herr John wirkt erleichtert. „Ja, Sie haben wohl Recht. Ich mag Telefonieren eigentlich auch nicht sonderlich, ich wollte nur erst mal schauen, an wen ich da wohl gerate. Aber die Beratung ist sicher anonym und Sie unterliegen der Schweigepflicht, ja? Nicht, dass nachher auf irgendwelchen

Wegen meine Frau davon erfährt, dass ich zu einer Beratung gegangen bin, ohne ihr davon zu erzählen."

Ich versichere ihm, dass wir keine personenbezogenen Daten aufnehmen und dass ich natürlich der Schweigepflicht unterliege. Wir vereinbaren ein persönliches Gespräch in einer halben Stunde.

Herr Johns Geschichte

Als wir uns wenig später gegenübersitzen und das Gespräch fortführen, fällt mir zuerst auf, dass der 36-Jährige hektisch wirkt, nicht nur mit seiner Sprechweise, die ich vom Telefonat kenne, sondern auch mit seinem unruhig umherschweifenden Blick und der Gestik mit großen schnellen Gesten. Er stellt sich dann im Verlauf der folgenden persönlichen Gespräche als sehr erfolgsorientiert im beruflichen und privaten Kontext heraus. Er ist sehr sportlich und wirkt durchtrainiert, joggt mindestens dreimal pro Woche zwölf Kilometer und spielt regelmäßig am Wochenende Squash und Tennis mit einem Kollegen.

Er stammt aus einem ehrgeizigen Elternhaus – die Eltern setzten all ihre Hoffnungen in ihren einzigen Sohn. Sie haben hohe Ausbildungskosten für Auslandssemester an renommierten US-amerikanischen Universitäten investiert, und er fühlt sich gegenüber seinen Eltern noch immer in der Schuld. Mit seiner Frau ist Herr John seit sieben Jahren verheiratet. Sie ist seit Geburt der Kinder nicht mehr erwerbstätig, auch deshalb, weil die ältere Tochter ein ADHS-Syndrom[4] hat und alle Familienmitglieder sehr beansprucht.

Vor einigen Monaten begannen die Sehstörungen bei Herrn John. Als sein Augenarzt ihn zu einer neurologischen Abklärung an einen Kollegen verwies, vermied er monatelang die Terminvereinbarung. Herr John hat eine schubförmig remittierende MS, eine Form der Multiplen Sklerose, die einen chronisch schubweisen Verlauf nimmt.

Mit der Zeit verstärkt sich mein Eindruck, dass Herr John in Extremen lebt: Es gibt für ihn nur ein Entweder-oder, kaum Zwischentöne: Nach seiner Weltsicht teilen sich die Menschen in Gewinner oder Verlierer, in gesund oder krank, in stark oder schwach, in aktiv oder passiv auf. Bisher sah er

4 Aufmerksamkeitsdefizit-/Hyperaktivitätssyndrom

sich selbst auf der Seite der gesunden, erfolgreichen, überlegenen Gewinner, nun bedroht ihn die Krankheit mit der Realität der anderen Seite, der kranken, hilflosen, abhängigen und ausgelieferten Seite.

Herr John fühlt sich beruflich und privat enorm unter Druck, seit er seine Diagnose erfahren hat. Gewöhnt, jedes Problem in den Griff zu bekommen, sieht er sich nun mit einer für ihn scheinbar ausweglosen Situation konfrontiert. Seinen Hilflosigkeitsgefühlen begegnet er bei mir im Gespräch mit verbal aggressiven Äußerungen gegenüber den behandelnden Ärzten und einem emotionslosen Zynismus. Er äußert Suizidgedanken, falls die Krankheitssymptome zunehmen sollten – die Vorstellung, nicht mehr funktionieren zu können wie bisher, ist ihm unerträglich.

Er erwartet nun von mir, dass ich ihn von seiner ihm unerträglichen Angst entlaste und ihm Rat gebe, wie er mit seiner Familie über seine Krankheit sprechen könnte. Er möchte sich zudem bei mir ‚den Druck von der Seele reden' und jemanden haben, mit dem er offen sprechen kann.

Reflexion der Beraterin

Ich vermute, dass Herr John deshalb so schnell und ohne Unterbrechung auf mich einredet, weil er damit vermeiden will, seinen Gefühlen näherzukommen. Ich schließe daraus, dass Herr John sehr ambivalent ist, was die Beschäftigung mit seiner Krankheit betrifft: Einerseits spürt er wohl, dass eine umfassende – d. h. auch emotionale – Auseinandersetzung nötig ist. Dafür spricht schließlich auch, dass er sich eine psychologische Beratung gesucht hat. Andererseits tut er im Gespräch viel dafür, genau diese ganzheitlichere Auseinandersetzung, bei der er sich seinen Gefühlen stellt, zu verhindern. Doch diese gehört nach meiner Erfahrung dazu, um sein Leben unter den neuen Bedingungen anders einzurichten, um neue Perspektiven zu entdecken – zum Beispiel, dass die Krankheit nicht eine so hoffnungslose Prognose hat, wie er meint –, aber zum Beispiel auch, um sein Tempo zu verlangsamen und mit seiner Frau und seinen Kindern darüber sprechen zu können. Ich werde versuchen, ihn im folgenden Gesprächsverlauf immer wieder in seinem eiligen Redefluss zu unterbrechen und auf seine Gefühlslage anzusprechen.

Bei chronischen Krankheiten ist es wichtig, *mit* einer Einschränkung zu leben und sie bestmöglich in das eigene Leben zu integrieren. Herr John scheint zum Zeitpunkt unseres ersten Gespräches zwischen verschiedenen Haltungen hin- und her zu wechseln: einerseits die Krankheit um jeden Preis weghaben zu wollen, andererseits eine erste Idee davon zu entwickeln, dass er möglicherweise mit dieser Krankheit leben muss. Bei dem zweiten Anliegen kann ich ihm Hilfestellung geben.

Bei mir ist außerdem bisher der Eindruck entstanden, dass Herr John noch keinesfalls umfassend über das Krankheitsbild der Multiplen Sklerose informiert ist. Er scheint eher über ein ungeprüftes Halbwissen zu verfügen, das für ihn den Schrecken der Krankheit verstärkt und ihre Gefährlichkeit überhöht. Ähnlich wie beispielsweise bei einer Krebserkrankung sind an die MS-Erkrankung vielfältige Krankheitsmythen gebunden; häufig wird die Krankheit mit Verfall, Siechtum und Tod in Verbindung gebracht. Ich werde deshalb mit Herrn John verschiedene Möglichkeiten der Wissenserweiterung besprechen und mich außerdem nach dem ersten Gespräch selbst darüber noch einmal neu und umfassender informieren.

Die Intervention

Nachdem Herr John sich beim zweiten persönlichen Gespräch zu Beginn mir gegenübergesetzt hat, fängt er sofort wieder an zu reden. Er erzählt nun von seiner Arbeitssituation und wie seine Kollegen auf die Diagnose-Eröffnung reagieren würden: ablehnend, distanziert, mitleidig. Er redet mit lauter Stimme über verständnislose Vorgesetzte, einen triumphierenden Konkurrenten in seinem Team und unfähige Ärzte. Ich habe keine Chance, mit ihm in ein echtes Gespräch einzusteigen und unterbreche ihn nach einiger Zeit:

„Herr John, Sie reden fast ununterbrochen, seit Sie hier sind. Sie lassen mich gar nicht zu Wort kommen, und ich bekomme seit unserem letzten Gespräch den Eindruck, was ich zu sagen hätte, spielt keine Rolle für Sie."

Einen Moment schaut Herr John irritiert und dann verärgert. „Na, ich gehe davon aus, ich gebe Ihnen wichtige Informationen, damit Sie anschließend Lösungsvorschläge für mein Problem machen können. Davon bin ich jedenfalls ausgegangen. Aber vielleicht können Sie mir ja auch gar nicht helfen und auch das hier hat alles keinen Sinn."

„Okay, dann ist es ja gut, dass wir nochmal genau darüber sprechen, was diese Beratung hier bedeutet. Ich kann Ihnen weder fertige Lösungswege liefern, noch kann ich Ihnen eine medizinisch fundierte Beratung bieten. Ich habe lediglich das Basiswissen über die Krankheit. Aber ich sehe als Psychologin, dass es Ihnen mit Ihrer Situation sehr schlecht geht, Sie stehen offensichtlich enorm unter Druck und möchten einen Ausweg, der das Problem, also die Krankheit, aus der Welt schaffen könnte. Das wird aber nicht gehen. Ich kann versuchen, Sie dabei zu unterstützen, sich mit der Krankheit auseinanderzusetzen, und zwar auf allen Ebenen – sowohl gefühlsmäßig als auch in der Beziehung zu den Menschen, die Ihnen am Herzen liegen, genauso wie bei der Arbeit, und was ganz konkrete Handlungsschritte betrifft."

„Also meine Gefühle, die habe ich im Griff. Ich will nur wissen, wie ich mit meiner Familie reden kann. Na ja gut, und es gibt nachts die Angst, die habe ich nicht im Griff, da haben Sie recht." Herr John wirkt jetzt weniger aggressiv, nachdenklicher, ruhiger.

„Was würde denn passieren, wenn Sie Ihre Gefühle nicht mehr im Griff hätten?"

„Dann würde ich wahrscheinlich durchdrehen. Aber dann wohl auch wieder nicht, wie gesagt, ich bin sehr beherrscht, ein rationaler Typ. Meine Frau beschwert sich oft darüber, sagt, ich soll mal emotionaler reagieren, ihr und den Kindern gegenüber. Aber ich kann auch nicht alles schaffen, ich arbeite doch schon wie ein Verrückter und sorge für meine Familie."

Während Herr John jetzt erzählt, fällt mir auf, wie angestrengt er aussieht hinter seinem dynamischen ersten Eindruck. Er hat dunkle Schatten unter den Augen und die Lider sind gerötet.

„Und was würden Sie tun, wenn Sie einmal nicht mehr voll einsatzfähig wären? Was gäbe es dann, was Sie ihrer Familie geben könnten?"

„Ein paar Jokes vielleicht, ich habe Humor."

Herr John verstummt und stützt mit vorgebeugtem Oberkörper den Kopf in die Hände. Er sagt lange Zeit nichts und ich warte.

„Was glauben Sie, hat Ihrer Frau denn an Ihnen gefallen, als Sie sich kennengelernt haben?"

Nach einer Pause fragt er: „Was meinen Sie denn, was meine Frau denkt?"

„Ich könnte mir vorstellen, dass es für Ihre Frau ein Geschenk wäre, wenn Sie ihr von Ihrer Krankheit erzählen würden, und auch von Ihrer Angst. Ein wenig so, wie Sie jetzt im Moment mir gegenüber etwas von sich zeigen. Sich mit seinen Gefühlen mitzuteilen, kann Nähe schaffen, weil Sie sich als ganze Person zeigen. Ich kann mich zum Beispiel gerade besser in Ihre Lage einfühlen und merke etwas von Ihrer Verzweiflung, weil Sie mehr von sich zeigen."

„Ich habe das Gefühl, ich kann das meiner Frau nicht antun. Sie liebt mich sehr, wir haben zwei Kinder, wie sollen die das schaffen?"

„Aber Sie meinen, *Sie* können alles allein tragen?"

„Irgendwann fahre ich dann vielleicht gegen einen Baum. Auch wenn ich weiß, dass das auch keine Lösung ist."

„Ja, das stimmt. Ich denke, da gibt es zwischen Gesundsein und Totsein ein sehr weites Feld an neuen Erfahrungen und Möglichkeiten für Sie, die Sie sich bisher noch gar nicht angeschaut haben."

„Zum Beispiel?"

„Zum Beispiel die Erfahrung, Hilfe von anderen anzunehmen, wie Sie es ja jetzt auch gerade hier tun, aber da geht noch viel mehr. Unterstützung und Trost von Ihrer Frau, wenn Sie nachts Angst haben. Überhaupt die Erfahrung, sich nicht allein durch ein Problem zu kämpfen, sondern durch eine Krankheit sozusagen aufgehoben hindurchzugehen, mit Menschen, die an Ihrer Seite stehen."

Herr John sitzt weiter vorgebeugt, ich kann sein Gesicht nicht sehen, es ist in seine Hände gestützt, sehe aber ein leichtes Kopfnicken. Also fahre ich fort.

„Sie haben zu mir gesagt, Sie möchten einen Anfang finden, wie Sie mit Ihrer Frau sprechen können. Dazu wäre es bestimmt hilfreich, wenn Sie sich überhaupt hilfebedürftig *fühlen* könnten, weil Sie erst einmal keinen direkten Einfluss nehmen können. Genau damit könnten Sie einen Gesprächsanfang machen."

Herr John sitzt eine Weile nachdenklich im Sessel und nickt langsam vor sich hin. Dann reißt er sich sichtbar zusammen.

„Sie haben mir wichtige Dinge gesagt, ich danke Ihnen dafür. Das muss ich mir jetzt durch den Kopf gehen lassen. Kann ich denn noch einmal wiederkommen?"

Wir fassen einen Termin in zwei Wochen für ein Folgegespräch ins Auge, er will sich einige Tage vorher melden, ob er den Termin wahrnehmen möchte oder nicht.

Bevor Herr John geht, lege ich ihm nahe, sich noch einmal ganz in Ruhe über das Krankheitsbild der Multiplen Sklerose mit den verschiedenen Ausprägungsformen und Behandlungsmöglichkeiten zu informieren. Ich könnte mir vorstellen, dass er inzwischen mit mehr Abstand und einer gewissen ersten Akzeptanz der neuen Situation seine Lage weniger pessimistisch beurteilen kann.

Folgegespräche

Herr John nimmt das zweite Folgegespräch zwei Wochen später wahr. Er hat sich in der Zwischenzeit intensiv über das Krankheitsbild informiert und auch psychosomatische Erklärungsansätze mit berücksichtigt. Er wirkt auf mich nun wesentlich gefasster, ruhiger und nachdenklicher. Er überlegt, ob seine bisherige Lebensweise – Arbeit unter permanentem Hochdruck – ein Raubbau an der eigenen Gesundheit gewesen sei und somit die Ursache der Krankheit sein könnte. Ich äußere dazu, dass ich ein Krankheitsgeschehen immer als multifaktoriell bedingt sehe und ich es wichtig finde, sich nicht mit Schuldfragen zusätzlich zu belasten. Seine Lebensführung könnte möglicherweise *ein* auslösender Faktor gewesen sein. Vor allem ginge es aus meiner Sicht jedoch darum, Schlüsse für die Zukunft zu ziehen und vielleicht seinen Arbeitsstil an die neue Situation anzupassen, und darüber auch mit seinen Kollegen und seinem Chef zu sprechen. Hier macht Herr John jedoch sehr deutlich, dass bei seiner Arbeit keine Abstriche an die volle Leistungsfähigkeit möglich wären.

Er schiebt bisher das Gespräch mit seiner Frau vor sich her, was ihn zunehmend belastet. Ich frage nach, was ihn an einem Gespräch hindert.

„Ehrlich gesagt, ich komme mir vor wie ein Looser mit der Krankheit und ich stelle mir vor, dass sie mich vielleicht nicht mehr so gut findet, wenn sie erfährt, dass ich diese Krankheit habe. Klingt komisch, wenn ich es ausspreche, aber so denke ich."

Wir besprechen in einem intensiven Gespräch, was Krankheit und Kranksein in Herrn Johns Vorstellung bedeutet, wie er kranke Menschen bisher gesehen und bewertet hat und wie er sein eigenes Kranksein positiv in sein

Selbstbild integrieren könnte. Dabei hilft ihm die Erinnerung an einen Onkel mit einem Hüftschaden. Er war sein Lieblingsonkel und er erinnert sich daran, wie humorvoll dieser Onkel trotz starker Schmerzen blieb. Ihm fällt ein, wie gerne er diesem Onkel geholfen hatte, weil dieser ihn stets wie einen Erwachsenen um Hilfe bat. Diese Erinnerung wird für Herrn John zum Leitbild für den Ausdruck von Hilfebedürftigkeit. Sich seiner Frau mitzuteilen, wird für ihn mit dieser Erinnerung vorstellbarer.

In einem weiteren Folgegespräch ein halbes Jahr später hat Herr John gerade einen Krankheitsschub. Er wirkt traurig und scheint einige Male im Gespräch nah am Weinen. Er berichtet, dass er nach unserem Gespräch mit seiner Frau gesprochen hatte und seitdem viel Unterstützung und eine starke Intensivierung ihrer Beziehung erfährt. Die Nähe zwischen ihnen beiden habe zugenommen, obwohl er das Gegenteil erwartet hatte.

Im Folgenden geht es vor allem um Herrn Johns Arbeitssituation. Er ist nun krankgeschrieben und plant mit mir zusammen Schritte, um seine Arbeitssituation umzugestalten. Er wird erst einmal mit seinem Kollegen sprechen, mit dem er regelmäßig Tennis spielt. Danach wird er seinen Chef informieren, den er bezüglich seiner Reaktionsweise nicht einschätzen kann. In der Vergangenheit zögerte dieser Chef nicht, Mitarbeiter schlecht zu behandeln, die nicht die volle Leistung erbrachten. Herr John möchte mit dem Chef einen Plan ausarbeiten, der ihm mehr Raum für unregelmäßige Arbeitszeiten lässt. Er hat dafür schon ein Modell entwickelt, in dem weniger Präsenz in den Räumen der Firma und weniger Außeneinsätze mit Kundenkontakt gefordert sind, bei einer Reduktion seiner Arbeitszeit um vorerst ein Viertel.

Zum Abschluss unseres Gespräches sagt Herr John:

„Und wenn gar nichts mehr geht oder mein Chef sich querstellt, dann seh' ich mich nach einem anderen Job um oder meine Frau fängt wieder an zu arbeiten."

Ich sage ihm, dass ich mich über diese Aussicht für ihn freue, weil sie zu mehr Gelassenheit passt, die ich bei ihm wahrnehme.

11.2 Interventionsprinzip ‚Werte-Neuorientierung'

Die Um- und Neuorientierung des Wertesystems ist bei der Krisenbewältigung häufig ein zentraler Prozess, der an das eigentliche Krisengeschehen anknüpft und eine Nachwirkung der Krise ist. Die Neuorientierung kann – wie bei Herrn John – zuerst aus dem Zwang heraus entstehen, dass die alten Werte nicht mehr lebbar sind, aufgrund einer Einschränkung bzw. Veränderung der gesamten Lebenssituation. Akzeptiert jemand diese Veränderungen und begreift sie weniger als Einschränkung denn als Chance, so kann er sich für neue Perspektiven öffnen und neue Werte entwickeln.

Eine Werte-Neuorientierung betrifft die Umorientierung in grundlegenden Werthaltungen – bei Herrn John etwa in Bezug auf Verantwortung, Leistung und Zuverlässigkeit: Jemand entwickelt neue Werte wie Familienorientierung oder Gefühlsorientierung, wertet vorhandene Werte im Sinne auf oder ab und/oder gibt bisherige Werte auf.

Eine Werte-Neuorientierung wird durch eine Veränderung des Erlebens und Erfahrens der Welt angestoßen, möglicherweise aber auch ohne sichtbaren äußeren Anlass aus einem inneren Bedürfnis heraus, wenn die Zeit dafür reif ist. Oder der Anstoß kommt durch eine positiv erlebte Krise: Jemand hat zum Beispiel lange als Single gelebt und war gewöhnt, sich nur auf sich selbst zu verlassen, erfährt nun in einer liebevollen Beziehung zum ersten Mal, dass er sich geborgen und abhängig fühlen kann, ohne sich selbst aufzugeben und ohne verletzt zu werden. Der Wert der Autonomie verliert dann möglicherweise an Bedeutung.

Dem Prozess einer Werte-Neuorientierung geht meist ein Verlust voraus, eine Trennung von bisher Gelebtem. Schauen wir uns das Phasenmodell zum Ablauf einer Trauer- und Trennungsverarbeitung (angelehnt an Kast 1982/2013) an, das wir gleich vorstellen, so können wir zum Teil aus diesem Ansatz heraus Interventionsschritte entwickeln. Dabei sollten Sie beachten, dass die beschriebenen Phasen nicht notwendigerweise in dieser Reihenfolge auftreten bzw. jede Person alle Phasen vollständig durchläuft:

- *Verlustverarbeitung:* Entsteht ein Verlust, zum Beispiel der Gesundheit, so tritt in der ersten Phase der Verlustverarbeitung meist ein Schock ein, begleitet von Gefühlen der Angst, der Orientierungslosigkeit und des Nicht-wahrhaben-Wollens.
- *Widersprüchliche Gefühle:* In der zweiten Phase sind Betroffene mit ei-

ner Vielzahl durchaus widersprüchlicher Gefühle beschäftigt: Wut, Trauer, Verzweiflung und Angst wechseln einander ab. Sie kämpfen – innerlich und äußerlich – gegen das an, was sie (noch) nicht als Tatsache akzeptieren können.

- *Trennung und Ablösung:* In dieser Phase beginnen Betroffene dann, sich zu verabschieden und loszulassen von dem, was sie verloren haben. Sie akzeptieren die neue Situation bzw. finden sich damit ab.
- *Neuorientierung:* In der nächsten Phase steht die Endgültigkeit der Veränderungen fest und Betroffene akzeptieren sie als gegeben. Auf dieser Basis werden sie offen für neue Möglichkeiten der Lebensbewältigung und neue Zukunftsperspektiven. Die Suche nach neuen Werten wird nun drängender.

In der Krisenberatung geht es häufig zuerst darum, die Ebene der Werte und deren Bedeutung überhaupt anzusprechen und dabei zu unterstützen, sie bewusster zu machen. Erst in einem weiteren Schritt würden Sie dann zusammen mit der Person versuchen, an die persönliche Entwicklung angepasste, neue Werthaltungen zu entwickeln. Wir schlagen dafür folgende Vorgehensweisen vor:

- Um genug Distanz zu der zurückliegenden Lebensphase vor der Krise und damit die nötige Offenheit für Neues zu gewinnen, wäre eine Möglichkeit, mit einer ‚Es war einmal'-Übung zu arbeiten: Sie bitten die Person, von der zurückliegenden Zeit und den dazugehörigen Wertmaximen dieser Zeit zu berichten, als wäre diese Zeit schon abgeschlossen.
- Um eine Auseinandersetzung mit den eigenen Werthaltungen anzuregen, könnten Sie zum Beispiel in der Beratung eine Werteaufstellung machen, um einen Reflexionsprozess anzuregen, mündlich oder schriftlich: Welche Werte haben bisher mein Leben bestimmt? und: Welche Werte sind jetzt wichtig?
- Um herauszufinden, welche Werte zentral sind oder es zukünftig werden, ist ein Perspektivenwechsel in die ferne Zukunft hilfreich: Von einem phantasierten Standpunkt ‚am Ende meines Lebens' oder ‚in zehn Jahren' blickt die Person auf ihr Leben zurück, mit folgenden Fragen: Was erachte ich von hier aus – also in der Zukunft – als wichtig in meinem Leben? Wo hätte ich gerne früher weniger bzw. mehr Energie und Zeit investiert? Was wünsche ich mir mit meiner angesammelten Lebensweisheit, dass ich anders gemacht hätte bzw. was will ich noch nachholen, wenn mir noch Zeit bliebe?

11.3 Literaturexkurs zu Krisen bei chronischen Krankheiten

Krisen im Verlauf chronischer Krankheiten

Chronische Erkrankungen sind in den westlichen Industrienationen inzwischen die häufigste Krankheitsform. Ein chronischer Krankheitsverlauf ist durch eine langfristige Entwicklung gekennzeichnet, oft besteht sie lebenslang, heilt nicht spontan, hat stabile und instabile Phasen und ist insgesamt schwer vorhersehbar, dynamisch, wechselhaft und komplex, was zu immer neuen Herausforderungen führt. Krankheit und Behandlung können erhebliche körperliche und psychische Folgeprobleme und Behinderungen bewirken. Mit einer chronischen Erkrankung kann auch eine Stigmatisierung verbunden sein, die die Erkrankten belastet und auf die sie mit sozialem Rückzug antworten. Der lange Verlauf erfordert ein Selbstmanagement (Haslbeck u. a. 2007) im Umgang mit der Krankheit, da diese mit vielfältigen Herausforderungen einhergeht. Sie betrifft schließlich nicht nur den medizinischen Umgang mit der Erkrankung, sondern sie tangiert auch den Alltag mit seinen Aufgaben und sozialen Bezügen wie auch die eigene Lebensplanung und Biografie und möglicherweise auch die Konfrontation mit der eigenen Endlichkeit.

Chronische Krankheiten sind daher mit Krisen verbunden. Diese treten bevorzugt an kritischen Punkten der Erkrankung auf: Etwa bei der Diagnoseeröffnung, die Betroffene sogar traumatisch erleben können. Ebenso in Zeiten von Verschlimmerungen und Rückfällen, in Hinblick auf anstehende Untersuchungen, konfrontiert mit bleibenden Behinderungen und allgemein in Situationen von Hoffnungslosigkeit und weitreichenden Enttäuschungen, aber auch in Hinblick auf schwierige Entscheidungen, die Betroffene treffen müssen.

Ob und in welchem Ausmaß jemand in diesen kritischen Situationen Krisen erlebt, steht auch in Zusammenhang mit der Beantwortung folgender Fragen (Filipp 1981, S. 4):

- Wieweit werden durch die Erkrankung wichtige Ziele und Anliegen der Person blockiert?
- Welche Lebensbereiche tangiert die Erkrankung?
- In welchen alltäglichen Widrigkeiten manifestiert sie sich?
- Wer ist von der Krankheit noch betroffen?
- Wie bewertet die Person ihrer Bewältigungsschwierigkeiten?

- Wem schreibt sie diese Schwierigkeiten zu?
- Wie setzt die Person sich damit auseinander?
- Welche Ressourcen stehen ihr zur Verfügung?

In unserem Fallbeispiel steht Herr John noch am Anfang seines Prozesses und das ohne soziale Unterstützung, mit geringer Gesundheitskompetenz, also wenig differenzierten Informationen zur Erkrankung und seinen Behandlungsmöglichkeiten, aber voll vager negativer Erwartungen bzgl. seines zukünftigen Lebens, scheinbar beraubt seines bisherigen Umgangs mit Problemen. Er gerät deshalb in eine Krise.

Diagnoseeröffnung – eine Ausnahmesituation

Bei der Eröffnung einer Diagnose können die Betroffenen Zukunftsangst, Unglaube, Hader (‚Warum ich?'), Angst und Panik erleben, wie auch Erleichterung – da der Verdacht endlich bestätigt wird. Auch eine emotionale Leere kann sich einstellen, dann spielen psychische Abwehrprozesse eine Rolle.

Manche Betroffene erinnern sich an die Diagnoseeröffnung später nur unvollständig, verschwommen oder gar nicht. Der Zustand des Geschocktseins hält eine kurze Zeit an. In dieser Zeit bekommen Betroffene dann kaum etwas von dem mit, was gesagt wird (Weber 2019). Dennoch: Die meisten Patient:innen äußern den Wunsch nach umfassender, ausführlicher und individueller Beratung für die weitere Lebensführung und üben Kritik, wenn dafür keine Zeit ist. Das Gespräch ist eine wichtige Grundlage für das notwendige Vertrauen und die Kooperation zwischen Ärzt:in und Patient:in. Zahlreiche Untersuchungen zeigen, dass die meisten eine vollständige Information wünschen; offenbar um Gefühle von Unsicherheit und Ungewissheit zu beenden (Bijani 2005). Da die Art der Diagnosemitteilung und das Vorhandensein bzw. Nichtvorhandensein sozialer Unterstützung einen wesentlichen Einfluss auf das Erleben und seine Verarbeitung hat, ist es insbesondere für dieses Gespräch günstig, wenn eine nahe Bezugsperson anwesend ist.

Gesundheitskompetenz – Health Literacy

Um die zahlreichen Herausforderungen zu bewältigen, bedarf es einer Gesundheitskompetenz, die sich im Krankheitsverlauf entwickelt. Die Krisenberaterin empfiehlt daher auch Herrn John, sich möglichst umfassend noch einmal neu mit der Erkrankung vertraut zu machen, was ihm anfangs mit seiner pessimistischen Schwarz-weiß-Perspektive kaum möglich war.

Eine Definition der Gesundheitskompetenz kann Ihnen helfen, alle Aspekte in der Beratung mitzubedenken: Darunter versteht man „das Wissen, die Motivation und die Fähigkeit, gesundheitsbezogene Informationen finden, verstehen, bewerten und anwenden zu können, um ... sich informiert an Behandlungsentscheidungen beteiligen und im Gesundheits- und Versorgungssystem zurechtfinden zu können" (Schaeffer u. a. 2019, S. 3). Darüber hinaus geht es auch um die Erhaltung von Lebensqualität durch Information. Diese werden nach wie vor im Medizinsystem gesucht (ebd.), aber auch das Internet wird mit all seinen positiven, aber auch Schattenseiten als ‚Dr. Google' quasi zum ärztlichen Ratgeber (Baumann u. a. 2015). Die Quantität der Informationen ist hier oft sehr groß, die Qualität schwer einschätzbar und die Auskünfte oft auch widersprüchlich. Daher ist es wichtig, Gesundheitsinformationen zu erhalten, die verständlich gestaltet und evidenzbasiert sind sowie die Risiken der Behandlung einfach darstellen (Haslbeck u. a. 2015, S. 9.). Dies ist besonders bedeutsam in Bezug auf eine chronische Erkrankung mit einer langfristigen Entwicklung.

Das Medizinsystem befindet sich in einer Umorientierung in Hinblick auf den Umgang mit chronisch Kranken. Erkrankte werden zunehmend als verantwortlich Handelnde mit Informationsbedarf und Entscheidungsrechten gesehen und weniger als diejenigen, die Fürsorge und Führung wünschen und sich unhinterfragt compliant, also den ärztlichen Vorgaben entsprechend, verhalten (Zaumseil 2000). **Sie** werden zunehmend als Expert:innen in eigener Sache **betrachtet.** Umso mehr sind die Patient:innen herausgefordert, sich umfassend zu informieren. In Bezug auf die Multiple Sklerose heißt das, sich im ersten Schritt ein Basiswissen anzueignen.

Basiswissen zu Multipler Sklerose (MS)

Die MS ist nach Friedrich (2020) eine chronische Autoimmunerkrankung des zentralen Nervensystems. Entzündliche Krankheitsherde im Rückenmark und im Gehirn zerstören die Markscheiden, die die Nervenbahnen ummanteln. Die Funktion in den betroffenen Nervenbahnen ist verlangsamt und im Ablauf verändert.

Eine Reihe von Symptomen können auftreten, die häufig flüchtig und wechselhaft in ihrer Intensität sind, u. a. Lähmungen, Seh- und Artikulationsstörungen, Schwindel, Gefühls- und Sensibilitätsstörungen sowie Ermüdbarkeit. Bei jüngeren Menschen ist anfangs eher der Sehnerv betroffen, bei älteren sind eher motorische Störungen zu erwarten. Beim Krankheitsverlauf zeigen sich die Anfänge der Erkrankung eher schleichend, so dass die Multiple Sklerose häufig erst nicht erkannt wird. Es lassen sich weder Schübe noch Remissionen vorhersagen, auch nicht, welche Behinderungen zu erwarten sein werden, so dass das Krankheitserleben und die Zukunftsperspektive von Ungewissheit bestimmt ist. Auch können sich die Symptome nach einem Schub völlig zurückbilden.

Eine heilende Therapie gibt es bislang nicht, aber es ist möglich, den Verlauf der Krankheit mit geeigneter Therapie zu verzögern und die Symptome zu lindern.

Die Multiple Sklerose behindert die Betroffenen in unterschiedlichem Ausmaß, schränkt sie zunehmend in ihrer Autonomie und Leistungsfähigkeit ein, wird damit sichtbar und kann eine soziale Stigmatisierung hervorrufen.

Krankheitsverarbeitung

Innerhalb der verschiedenen theoretischen Ansätze zur Krankheitsbewältigung gehen alle Modelle davon aus, dass Krankheitsbewältigung sehr unterschiedlich verlaufen kann, da nicht nur die Art und Schwere der Erkrankung variiert, sondern auch der Umgang mit der Erkrankung von lebensgeschichtlich geprägten Bewältigungsformen, beruflicher und sozialer Einbindung sowie partnerschaftlicher und familiärer Interaktion abhängt und nicht zuletzt vom Gesundheitssystem. Die Begriffe ‚Verarbeitung' oder ‚Bewältigung' legen alltagssprachlich einen positiven Ausgang nahe, obwohl dies damit nicht unbedingt gemeint ist. Neben der Betonung von Reintegration sollten Sie auch die Seite der Grenzerfahrungen – Leben in einer Normalität und zugleich außerhalb – beachten. Betroffene erleben chronische Erkrankungen auch als Einbruch und Zerstörung der Identität und als Bedrohung. Ziel ist es, aller Widernisse zum Trotz, weiterhin ein ‚gutes Leben' zu führen, die Krankheit ins Leben zu integrieren und den Fokus auf das Leben und nicht auf die Krankheit zu richten. Dennoch ist es ein Jonglieren zwischen Hoffnung, Krise und Normalität (Haslbeck 2010).

Nach dem Verständnis von Strauss und Corbin (Corbin u. a. 2010) besteht eine Wechselwirkung zwischen der chronischen Krankheit an sich, der spezifischen Reaktion des Individuums auf die Krankheit und den krankheitsbedingten oder biografischen Ereignissen, die auf die Krankheit zurückwirken. Chronische Krankheit erfordert Krankheitsarbeit, Alltagsarbeit und Biografiearbeit. Das macht deutlich, dass es nicht nur auf die Leistung des medizinischen Systems ankommt, sondern auch auf die der Angehörigen und der Betroffenen selbst. Zur Krankheitsarbeit gehört zum Beispiel das Einnehmen von Medikamenten, neue Routine der Körperpflege, die Bewältigung von Symptomen, das Einhalten von Diäten etc. Zur Alltagsarbeit zählen die Autoren u. a. Berufsarbeit, Hausarbeit, Kindererziehung. Bei der biografischen Arbeit geht es darum, ein durch eine chronische Krankheit unterbrochenes Leben weiterzuführen. Betroffene müssen herausfinden, welche Aspekte des Selbst verloren oder unkalkulierbar geworden, welche erhalten sind und welche sie weiterentwickeln können. Die Krankheit akzeptieren heißt, zu verstehen und anzunehmen, dass die Krankheit unabänderlich ist und das Handeln eingeschränkt bleibt, oder auch, dass die kranke Person möglicherweise sterben muss. Es bedeutet auch, dass biografische Konsequenzen wie Scheidung, Arbeitsplatzverlust und Abhängigkeit vielleicht die Folge sind. Akzeptieren heißt auch, seinem Leben einen Sinn zu geben. Jede dieser Arbeitsarten impliziert Interaktionen mit der Partnerin, dem Partner, mit den Kindern, Freund:innen, Ärzt:innen und anderen Personen. Ziel ist es, möglichst stabile Phasen zu erreichen und Krankheit, Biografie und Alltag in ein Gleichgewicht zu bringen.

Herausforderungen für Angehörige

Herr John ahnt bereits gleich nach der Diagnoseeröffnung, dass seine Familie und insbesondere seine Frau von seiner Krankheit mitbetroffen sein wird, was er auf keinen Fall möchte. Aber tatsächlich betrifft die Krankheit alle.

Kranke sind gefordert, umzudenken, wenn sie die Anforderungen beruflicher und sozialer Rollen nicht mehr erfüllen können. Angehörige müssen dann einen Großteil der Unterstützung und Pflege leisten. Sie vereinbaren Behandlungstermine, übernehmen bisherige Aufgaben des Partners, der Partnerin, leisten emotionale Unterstützung und lassen damit die andere Person nicht alleine. Sie nehmen Einfluss auf Entscheidungen und regeln das tägliche Leben. Das kann wiederum mit Überforderungen einhergehen und Rollenveränderungen erfordern (Haslbeck 2010). Eine der Schwierigkeiten in der Anpassung an die jeweilige Phase des Krankheitsverlaufes liegt darin, dass diese sich schnell wieder ändern kann. Was gestern noch galt, ist heute schon überholt. Erbrachte Anpassungsleistungen veralten. Das bedingt schnell krisenhafte Zustände (Schaeffer 2004). Kranke und Angehörige haben mit Unsicherheiten zu kämpfen. Das kann schon bei der Diagnose beginnen: Ist diese zutreffend? Wie sind die Untersuchungsbefunde zu deuten, wie ist die Prognose zu bewerten usw. (Haslbeck 2010)?

Da Menschen mit chronischen Krankheiten einerseits krank, andererseits bedingt gesund sind, ist ihre Autonomie und Eigenkompetenz bloß phasenweise eingeschränkt (Schaeffer 2004). Dies macht es den Angehörigen nicht leichter, das richtige Maß von Fürsorge und Zurücknahme der Fürsorge zu finden.

Krisenintervention

Hilfe bei der Akzeptanz des Unabänderlichen und Unterstützung bei der Bewältigung des Möglichen – dies kann eine Zielrichtung für Krisenintervention sein. Wichtig sind dabei aus unserer Sicht folgende Punkte:

- *Verstehen der jeweiligen Situation des Erkrankten:* In schwierigen Situationen des Erkrankungsprozesses können Krisen auftreten, die jeweils sehr unterschiedliche Hintergründe haben.
- *Emotionale Entlastung:* Die emotionale Belastung ist in der Regel hoch. Das Ansprechen von Gefühlen und das Verständnis für die kritische Situation des Erkrankten kann zur Entlastung beitragen, ebenso die Akzeptanz von unberechtigten Vorwürfen anderen gegenüber, wie etwa im Fallbeispiel gegenüber „den Ärzten“. Wichtig ist es, die Abwehr zu respektieren und sie nicht zu durchbrechen.- Aktivierung von sozialer Unterstützung: Es ist wichtig, die Betroffenen zu ermutigen, sich an andere für Unterstützung zu wenden. Allerdings kann es auch zu Belastungen durch andere kommen, deshalb können Sie dabei helfen, geeignete Unterstützungspersonen herauszufinden.
- *Unterstützung von Bewältigungsanstrengungen:* Eine chronische Erkrankung stellt die Betroffenen und ihre Interaktionspartner:innen nicht nur vor eine Vielzahl von, sondern im Verlauf auch vor wechselnde Aufgaben. In der Krisenintervention sollten Sie deshalb feststel-

len, was die Betroffenen bisher schon geleistet haben, und sie dann zu weiteren Schritten ermutigen.

- *Ressourcen entdecken und aktivieren:* Um Bewältigung zu unterstützen, geht es natürlich auch um Ressourcen. In der akuten Krankheits- und Behandlungsphase kann das eigene Gefühl von Stärke und der Zugang zu den eigenen Ressourcen verloren gehen. Sie können dann nach Ressourcen fragen, nach dem, was oder wer hilft.
- *Unterstützung bei der Auseinandersetzung mit dem medizinischen System und bei der Informationssammlung:* Mit einer chronischen Erkrankung sind langfristige medizinische Behandlungen verbunden, so dass hier ein hoher Informationsbedarf besteht sowie eine Auseinandersetzung mit den medizinischen Angeboten. Sehr hilfreich sind hier die Internetforen, mit und ohne professionelle Begleitung, die Information und Austausch anbieten und praktische Fragen beantworten.
- *Perspektivenentwickeln und Neuorientierung anstoßen:* In unserem Fallbeispiel spielt die Entwicklung von Perspektiven und eine Werteneuorientierung eine große Rolle. Auch Corbin u. a. (2010) machen deutlich, dass Biografiearbeit für die Bewältigung chronischer Erkrankung wesentlich ist.
- *Vermittlung in eine Selbsthilfegruppe:* Bei einer chronischen Erkrankung ist zum Beispiel die Vermittlung in eine Selbsthilfegruppe häufig sinnvoll, während die medizinische Hilfe in der Regel schon besteht. Wie andere Personen mit den Bewältigungsherausforderungen chronischer Krankheit umgehen, ist in der Regel für Betroffene hilfreich zu erfahren. Erfahrene Betroffene können als „role models" fungieren. Manchmal führt die Kontrastierung mit anderen Schicksalen auch dazu, dass man sich selber als gar nicht so schlecht dastehend empfindet. Auf der anderen Seite kann die Erfahrung anderer, möglicherweise erschreckender Krankheitsverläufe auch eine Belastung darstellen.
- *Stützende Psychotherapie:* Die Inanspruchnahme von stützender Psychotherapie ist vor allem auch dann empfehlenswert, wenn depressive Verstimmungen oder andere psychische Reaktionen wie Schlafstörungen, Angstzustände oder schwerwiegende Konzentrationsstörungen aufgrund eines ungünstigen Krankheitsverlaufs mit entsprechenden Belastungen auftreten.

Literatur

Bijani, J. (2005): Erleben der Diagnoseeröffnung bei einer Krebserkrankung. https://bonndoc.ulb.uni-bonn.de/xmlui/handle/20.500.11811/2232 [16.11.2021]

Baumann, E./Czerwinski, F. (2015): Erst mal Doktor Google fragen? Nutzung neuer Medien zur Information und zum Austausch über Gesundheitsthemen. In Böcken, J./Braun, B./Meierjürgen, R. (Hrsg.): Gesundheitsmonitor 2015. Gütersloh: Bertelsmann Stiftung: 57-79.

Corbin, J./Strauss, A./Hildenbrand, A. (2010): Weiterleben lernen. Verlauf und Bewältigung chronischer Krankheit. 3., überarbeitete Auflage. Bern: Huber.

Filipp, H.-S. (1981): Kritische Lebensereignisse. München: Urban & Schwarzenberg.

Friedrich, A. (2020): Multiple Sklerose. Antworten auf die häufigsten Fragen. Berlin: Springer.

Haslbeck, J./Klein, M./Bischofberger, I./Sottas, B. (2015): Leben mit chronischer Krankheit. Die Perspektive von Patientinnen, Patienten und Angehörigen (Obsan Dossier 46). Neuchâtel: Schweizerisches Gesundheitsobservatorium.

Kast, V. (1982/2013): Trauern. Phasen und Chancen des psychischen Prozesses. Freiburg i. B.: Kreuz.

Schaeffer, D. (2017): Chronische Krankheit und Health Literacy. In: Schaeffer, D./Pelikan, J.M. (Hrsg.): Health Literacy. Forschungsstand und Perspektiven. Bern: Hogrefe, 53-70.

Schaeffer, D./Moers, M. (2004): Der Patient als Nutzer. Krankheitsbewältigung und Versorgungsnutzung im Verlauf chronischer Krankheit. Bern: Huber.

Schaeffer, D./Vogt, D./Gille, S. (2019): Gesundheitskompetenz. Perspektiven und Erfahrungen von Menschen mit chronischer Erkrankung. Universität Bielefeld. https://www.researchgate.net/profile/Doris-Schaeffer/publication/330468236_GESUNDHEITSKOMPETENZ_-_Perspektive_und_Erfahrungen_von_Menschen_mit_chronischer_Erkrankung/links/5c504bb6299bf12be3eb810a/GESUNDHEITSKOMPETENZ-Perspektive-und-Erfahrungen-von-Menschen-mit-chronischer-Erkrankung.pdf [17.11.2021]

Weber, W. (2019): Der Schock der Diagnose. Traumatisierung durch Diagnoseeröffnung bei Krebs. https://www.drwalterweber.de/der-schock-der-diagnose-traumatisierung-durch-diagnoseeroeffnung-bei-krebs/ [25.11.] [25.11.2021]

Zaumseil, M. (2000): Ein neues Verständnis von chronischer Krankheit? Einleitung. In Hermann, A./Schürmann, I./Zaumseil, M. (Hrsg.): Chronische Krankheit als Aufgabe. Betroffene, Angehörige und Behandler zwischen Resignation und Aufbruch. Fortschritte der Gemeindepsychologie und Gesundheitsförderung. Tübingen: dgvt-Verlag, Bd. 7, 7-20.

12 Lernfall ‚Gesellschaftliche Krisen' Leben mit Unsicherheit – der neue Normalzustand

12.1 Die Fallgeschichte

Der Einstieg

Frau Pfeiffer ist ungefähr Mitte 30. Wir sind zu einem Videomeeting verabredet. Anderthalb Stunden haben wir geplant – genug Zeit, um in Ruhe über ihre quälende Unruhe, die nächtlichen Sorgen, die sie wachhalten, und ihre ausgeprägten Ängste zu sprechen, unter denen sie seit vielen Wochen zunehmend leidet. Im Zuge der Corona-Pandemie haben viele einen sicheren Umgang mit der digitalen Technik gelernt, so dass wir sofort ohne Probleme in ein Gespräch mit guter Audio- und Videoqualität starten können.

Nach einigen kurzen Einstiegssätzen erzählt sie ausführlich davon, wie sich ihre Angstsymptome und ihre Schlafstörung im Laufe der Zeit verstärkt haben. Sie beschreibt sich selbst als dünnhäutig und dass sie schon immer dazu neige, schnell Angst zu bekommen und sich mit Sorgen und düsteren Zukunftsaussichten zu beschäftigen. Im Moment sei dies aber extrem.

„Inzwischen wache ich regelmäßig nach zwei Stunden gegen Mitternacht wieder auf, oder besser gesagt, ich fahre mit Herzklopfen hoch, und dann kann ich stundenlang nicht mehr einschlafen. Ich stehe auf, weil ich gelernt habe, dass man nicht längere Zeit wach im Bett bleiben sollte, und versuche, etwas Ruhiges zu machen. Das geht auch einigermaßen, aber letztlich kreisen meine Gedanken dann doch immer wieder um dasselbe, und inzwischen schlafe ich seit Wochen nur noch drei oder vier Stunden pro Nacht. Ich bin total gerädert und kann gar nicht mehr klar denken. Normalerweise bringe ich es doch auf sieben oder acht Stunden, das brauche ich eigentlich."

„Worum kreisen denn nachts Ihre Gedanken?", frage ich.

„Eigentlich immer dasselbe, das ist ja das Schlimme. ‚Wie wird es bei mir weitergehen? Wie kriege ich die Betreuung meiner Mutter hin und daneben die viele Arbeit? Was tue ich, wenn hier alles den Bach runtergeht?' Und dann dieselbe Leier, seit Jahren: ‚Wie soll ich das alles schaffen?'. Meine To-do-Liste ist ewig lang und sie wird eigentlich nie kürzer."

„Was ist denn Ihr Ziel für die Beratung? Wie möchten Sie hier herausgehen?"

„Ich weiß, dass Sie auch keine Wunder vollbringen können, aber was schon toll wäre: wenn ich einen Weg finde, um dieses Aufgedrehtsein zu beenden, und wenn ich wieder mehr schlafen könnte. Ich denke, wenn ich erst einmal aus diesem Teufelskreis von Schlafmangel, Aufgedrehtheit und Angst ausgestiegen bin, kann ich auch besser wieder zu mir selbst finden."

„Das klingt für mich sehr realistisch, und ich habe den Eindruck, dass Sie sich nicht zum ersten Mal mit diesen Themen beschäftigen. Haben Sie denn schon früher Erfahrungen mit solch hochgefahrenen Zuständen bei sich gemacht?"

„So extrem kenne ich es nicht. Ich gehe sonst viel spazieren und bin draußen in der Natur, das hilft mir normalerweise, wieder runterzukommen. Jetzt habe ich das Gefühl, die Verbindung zur Natur ist abgerissen."

„Was ist denn anders, wenn Sie es mit früheren Situationen vergleichen?"

Im Laufe des weiteren Gespräches wird deutlich, welche besondere Situation bei Frau Pfeiffer dazu geführt hat, dass ihre normalen Bewältigungsstrategien nicht mehr greifen.

Frau Pfeiffers Geschichte

Frau Pfeiffer beschreibt sich selbst als schon immer sehr sensibel und anfällig für Stress und Angst und Sorgen. Sie hat bereits eine Psychotherapie in Anspruch genommen und davon sehr profitiert. Außerdem hat sie als Steuerfachangestellte einen Beruf gewählt, in dem sie relativ ruhig und für sich allein arbeiten kann, ohne allzu viele Kontakte zu anderen. Dieser introvertierte Arbeitsstil kommt ihr entgegen, weil sie sich selbst als menschenscheu empfindet und beschreibt. Sie hat zwei beste Freundinnen, mit denen sie telefoniert oder sich zu Spaziergängen trifft. Darüber hinaus telefoniert sie mehrmals pro Woche mit ihrer Mutter. Sie wohnt allein in einer ruhigen Wohngegend und ist froh über die gewisse Abgeschiedenheit und die Nähe zu einem Park, in dem sie sich häufig aufhält.

Dann kam die Corona-Pandemie. Den ersten und zweiten Lockdown hatte sie recht souverän bewältigt, mit ihrem kleinen, aber tragfähigen sozialen Netz. Mit virtuellen Verabredungen war sie ausreichend gemäß ihren sozialen Bedürfnissen eingebunden und genoss mitunter auch die Reduktion von Kontakten durch die Zurückgezogenheit im Home-Office. Dennoch war sie verunsichert, wie alles weitergehen würde. Als im Februar 2022 der Krieg in der Ukraine begann, steigerte sich die Verunsicherung zu Angstgefühlen. Sie war wie die meisten Menschen schockiert, die Angst hielt auch nach den ersten Wochen weiter an, während bei anderen in ihrem Umfeld längst eine gewisse Normalität zurückgekehrt war. Die Bilder des Krieges verfolgen sie ununterbrochen und bis in ihre Träume, sie liest fast ohne Pause Blogartikel zum Kriegsgeschehen und kann nicht mehr abschalten. Morgens nimmt sie als erstes das Handy zur Hand und liest weiter, klickt auf Nachrichtenvideos, merkt zwar, dass sie dies überlastet, kann aber nicht davon lassen. Sie wollte sich in der Flüchtlingsbetreuung engagieren, hatte aber zugleich Angst, sich damit noch mehr zu überfordern, nachdem sie an einem Wochenende eine Erstbetreuung übernommen und anschließend nur zwei Stunden geschlafen hatte. Es scheint ihr, als ob ihre Widerstandskraft überbeansprucht ist. Zu diesem Zeitpunkt bittet sie bei uns um ein Krisengespräch.

Im Gespräch erzählt sie, dass ihre starke Betroffenheit mit den Kriegserfahrungen ihrer Mutter zu tun habe, die in ihren Telefonaten noch mehr als sonst vom Krieg erzählt. Frau Pfeiffer erinnert sich dadurch an die Geschichten von Krieg und Flucht, mit denen sie als Kind aufgewachsen ist. Ihre Mutter hatte ihr davon kindgerecht erzählt, doch Frau Pfeiffer ahnt, dass darin die Angst und Verlassenheit der Mutter transportiert worden ist, die sie damals unbewusst mit aufgenommen hat. Außerdem hatte ihre Mutter immer wieder davon gesprochen, „wenn die Russen kommen" – eine Vorstellung, die wie ein Damoklesschwert über der Familie hing. All diese angstvollen und bedrückenden Stimmungen sind nun bei der Mutter wie bei der Tochter wieder aktiviert.

Reflexion der Beraterin

Ich merke von Beginn des Gespräches an, dass Frau Pfeiffer sehr reflektiert und psychologisch erfahren ist. Sie hat durch ihre Psychotherapie ein sicheres Verständnis sowohl von psychischen Prozessen als auch von Möglichkeiten der Bewältigung ihrer eigenen Probleme und Symptome entwickelt. Dennoch ist sie nun überfordert mit dem, was aktuell auf sie einstürmt, und kann ihre Emotionen nicht mehr regulieren. Das bedeutet, ich kann bei ihr passende Bewältigungsstrategien voraussetzen, auf die wir im Weiteren aufbauen können. Außerdem bin ich beruhigt, dass die soziale Unterstützung, die sie erhält, ihr einen Rückhalt gibt. Ich habe den Eindruck, dass Frau Pfeiffer so stark mit den Sorgen über die weitere Entwicklung in der Welt beschäftigt ist und es ihr schwerfällt, sich von dem, was sie gerade nicht ändern kann, innerlich abzugrenzen, dass sie über die Maßen mitleidet und sich nicht mehr den naheliegenden Aufgaben des Alltags zuwenden kann, die ihr banal erscheinen. Deshalb möchte ich mit ihr überlegen, wie sie sich wieder stärker auf ihren Alltag fokussieren kann.

Die Intervention

„Frau Pfeiffer, Ich würde gerne mit Ihnen zusammen schauen, wie Sie von dem ständigen Nachrichtenchecken wegkommen können. Das hilft weder Ihnen noch anderen, und Sie können sich immer weniger emotional distanzieren. Dafür gibt es sogar einen Fachbegriff, Doomscrolling, das exzessive Konsumieren von schlechten Nachrichten im Internet. Damit sind Sie nicht allein. Das tun viele Menschen, um eine Möglichkeit zu haben, mit der Angst und Unsicherheit, die im Moment überall herrscht, umzugehen. Doch es ist auf Dauer keine gute Strategie, und die meisten hören nach ungefähr zwei Wochen damit wieder auf."

„Ja, Sie haben Recht, es hilft nicht und ich kann nichts tun. Wir können doch alle nichts tun, wir sind ausgeliefert."

Ich sehe am Bildschirm, wie Frau Pfeiffer in ihrem Sessel zusammensackt. Sie wirkt auf mich so, als ob sie wirklich glaubt, dass gleich alles über ihr zusammenbricht.

„Ich habe den Eindruck, dass Sie im Moment so pessimistisch sind, dass es kein Wunder ist, dass Sie große Angst haben. Sie sammeln immer mehr dieser schrecklichen Informationen und können sie irgendwann nicht mehr verkraften. Das wissen Sie aus ihrer Psychotherapie, dass Sie eigentlich zu sensibel sind, um so viele Bilder von Gewaltszenen, zerstörten Häusern und leidenden Menschen angemessen verarbeiten zu können. Ich würde gerne mit Ihnen besprechen, wie Sie einen besseren Umgang mit Ihrem digitalen

Konsum und Ihrer Unsicherheit, wie alles weitergehen wird, entwickeln können."

„Das will ich ja auch, aber ich schaffe es nicht."

„Sie haben vorhin schon einmal gesagt, dass Sie nichts tun können. Das sehe ich anders, und vor allem vermute ich, dass es Ihnen helfen würde, wenn Sie eine passende Form finden, *wie* Sie etwas tun könnten. Anderen zu helfen ist eine gute Möglichkeit, um selber wieder zuversichtlicher zu werden und sich nicht mehr ausgeliefert zu fühlen."

Selbstwirksamkeit durch Helfen stärken

Im Folgenden besprechen wir, wie Frau Pfeiffer aktiv werden könnte. Grundsätzlich möchte sie helfen, und das ist das, was im Moment gebraucht wird und naheliegend ist, um mit der aus dem Krieg folgenden Flüchtlingsbewegung umzugehen. Für sie ist der Gedanke neu, dass es auch ihr helfen würde, wenn sie anderen hilft. Bisher waren ihre Hilfe-Bemühungen eher einem schlechten Gewissen geschuldet, und um vor Kolleg:innen und den Freundinnen nicht untätig dazustehen. Ich erkläre ihr, dass Hilfe sogar gegen Depression, aber auch bei Angstsymptomen ein nachgewiesen probates Mittel ist, um sich selbst wieder aktiv und tatkräftig zu fühlen. Sie versteht das sofort. Im weiteren Gespräch geht es vor allem darum, die für sie individuell passenden Hilfeformen zu finden. Die ehrenamtlichen Schichten zur Begrüßung von Flüchtlingen waren offensichtlich nicht das Richtige für sie als ausgeprägt introvertierten Menschen. Was sie sich dagegen besser vorstellen kann, ist, Einzelne bei Ämtergängen und für die Weiterreise zu Verwandten zu unterstützen. Sie merkt bei diesem Vorschlag, dass das etwas ist, was für Stabilität bei ihr sorgen könnte.

Schreiben für emotionale Entlastung und Beruhigung

Außerdem erwähnt sie in einem Nebensatz, dass sie sonst immer Tagebuch schreibt und damit aufgehört hat, als der Krieg begann. Es schien ihr, als ob das Tagebuchschreiben im Angesicht einer solchen Schrecklichkeit einfach zu banal sei. Ich bestärke sie darin, das Tagebuchschreiben wieder aufzunehmen, und erkläre ihr, wie zuverlässig das Schreiben bei Krisen und in allen emotional fordernden Situationen beruhigt und entlastet.

Ihr fällt dann ein, dass sie auch nachts Tagebuch schreiben könnte, wenn sie ohnehin nicht schlafen kann, und dann hat sie noch die Idee, eine Art Kriegstagebuch aus der Perspektive einer Kriegsenkelin zu schreiben, die Krieg bisher nur aus Erzählungen kannte und die in ihrem Leben noch nie etwas anderes als Frieden erlebt hat.

Beim Abschied fasst sie zusammen, was für sie das Wichtigste in dem Gespräch war, und sie wirkt dabei zuversichtlich:

„Vor allem habe ich eine völlig neue Erkenntnis, die ja eigentlich naheliegend ist, nämlich, dass ich mir selbst helfe, wenn ich anderen helfe. Ich hatte das bisher immer eher als Verpflichtung und zusätzliche Anstrengung gesehen. Aber Sie haben ja Recht, gerade mit Ämtern und Papierkram kenne ich mich nun wirklich gut aus, da kann ich helfen und bin in meinem Element."

12.2 Interventionsprinzip ‚Mit Unsicherheiten umgehen'

Jede Krise ist mit Unsicherheiten verbunden: Ist der Verlust endgültig? Wird der Angehörige wieder gesund? Erhalte ich die Unterstützung, die mir weiterhilft? Hört die Pandemie jemals wieder auf? Was kommt denn noch?

Menschen haben ein natürliches Bedürfnis nach Sicherheit. Dieses Bedürfnis nach Sicherheit, Kontrolle und Orientierung ist eines der vier Grundbedürfnisse nach Grawe (2000), wie auch das Bedürfnis nach sozialer Bindung, das nach Lustgewinn und Unlustvermeidung und das nach Selbstwerterhöhung.

Ungewissheit verunsichert, schon ein neuer Job oder ein Ortswechsel löst uns aus dem Gewohnten heraus und wir brauchen eine Weile, bis wir uns wieder so aufgehoben fühlen wie vor dem Wechsel und darauf vertrauen können, dass das Leben trotz Sorgen und Befürchtungen grundsätzlich weitergehen wird. Es kann um die Gesundheit oder die Beziehungen gehen, um den Frieden in Europa oder in der Welt und um wirtschaftliche Stabilität. Unsicherheiten in Zeiten mit akuten und globalen Krisen sind vielfältig Aber auch die fortschreitende Digitalisierung und die Unsicherheit bezüglich der eigenen Arbeitsbiografie können eine dauerhafte Quelle von Unsicherheit sein. Wie können wir trotzdem Vertrauen und Zuversicht entwickeln?

Viele Menschen reagieren so auf diese Unsicherheit, dass sie möglichst schnell wieder Sicherheit herstellen wollen – vermeintlich durch sichere Antworten. Kruglanski (2004) spricht von „The psychology of closed mindedness", dem Bedürfnis nach kognitiver Geschlossenheit, d. h. uns selbst davon zu überzeugen, dass unser momentanes Wissen schon ausreicht, um nicht mehr zu grübeln und mit diesem schwer erträglichen Gefühl der Unsicherheit zu leben – ein Bedürfnis, das umso stärker wird, je stressiger und belastender das Leben wird (Roets 2015). Doch diese sicheren Antworten haben wir noch nicht: Während der Corona-Pandemie konnte über weite Strecken niemand verbindlich sagen, wie lange noch Hygieneregeln notwendig sind, was mit den Jobs wird und wie das Leben nach Corona aussehen wird. Wenn man versucht, diese Sicherheit zu forcieren und der Wunsch nach schneller Klärung zu stark ist, entstehen häufig ungünstige und nicht gemeinschaftsorientierte Verhaltensweisen.

Informationen fehlzugewichten führt ebenfalls zu Verharmlosung und zu möglicher Gefährdung von sich selbst und anderen. Schließlich scheint das Leben in einer spätmodernen Gesellschaft aufgrund steigender Komplexität, einhergehend mit zunehmend ungewissen Alltagen, hiervon besonders geprägt zu sein (Engel 2022). Daher muss man lernen, mit dieser Ungewissheit umzugehen, sie auszuhalten, Ambivalenzen zu tolerieren etc., damit das Bedürfnis nach Gewissheiten nicht dazu führt, sich auf vermeintliche Sicherheiten auszurichten.

Aufs Ganze geschaut kann man in Bezug auf eine gesellschaftliche Krise sagen: Wir müssen viele psychische Fähigkeiten (weiter-)entwickeln – etwa Unsicherheitskompetenz, Verbundenheitsgefühl mit anderen Menschen, Sinn für das Gemeinwohl und Zusammenstehen in einer schwierigen Situation, anstatt an Einzelinteressen festzuhalten. Diese psychischen Kompetenzen brauchen Menschen, um aktuelle Krisen bestmöglich zu bewältigen, und auch, um auf eine mögliche nächste Krise besser vorbereitet zu sein.

12.3 Literaturexkurs zum Umgang mit Unsicherheit

Ambiguitätstoleranz oder Unsicherheitstoleranz

Ambiguitätstoleranz oder Unsicherheitstoleranz ist die Fähigkeit, Unsicheres, Mehrdeutiges und Widersprüchliches wahrzunehmen und zu ertragen, anstatt es abzulehnen, etwa mit starken negativen Emotionen zu reagieren. Solche Reaktionen können Aggressionen sein, Empörung, Verzweiflung, Verbitterung etc. oder auch einseitige negative oder positive Bewertungen. Bei wenig oder nicht vorhandener Unsicherheitstoleranz reagieren Menschen mit Stress und Unbehagen, mit einfachen und unreflektierten Ideen und Bewertungen und einer linearen Denkweise, um wieder Ordnung, Struktur und Sicherheit herzustellen. Das Konzept geht auf Frenkel-Brunswik zurück, einer Psychologin und Psychoanalytikerin (1949). Sie versteht darunter eine grundlegende, mit der Person verbundene kognitive und emotionale Orientierung. Weitere Forschungsaktivitäten haben aber gezeigt, dass Ambiguitätstoleranz eher ein inhalts- oder bereichsspezifisches Konstrukt ist als ein generelles Persönlichkeitsmerkmal: „Aus der Toleranz gegenüber der einen Ambivalenz kann nicht automatisch auf eine Toleranz gegenüber allen Gegensätzlichkeiten geschlossen werden" (Müller-Christ u. a. 2007, S. 187).

Selbstwirksamkeit

In unsicheren Situationen spielt häufig die Überzeugung eine Rolle, dass sich jemand der Situation ausgeliefert fühlt oder andererseits überzeugt ist, selbst Einfluss und Gestaltungsspielraum nehmen zu können, um die Situation oder seine eigenen Emotionen zu beeinflussen. Zweiteres wird als psychologisches Konstrukt der Selbstwirksamkeit beschrieben und geht auf die sozial-kognitive Lerntheorie von Albert Bandura (1977) zurück. Es ist eines der bedeutendsten Konstrukte der Kognitiven Psychologie.

Selbstwirksamkeit bedeutet, die innere Überzeugung zu haben, schwierige oder herausfordernde Situationen gut meistern zu können – und das aus eigener Kraft heraus. Es ist die subjektive Gewissheit, neue und schwierige Anforderungssituationen aufgrund eigener Kompetenzen bewältigen zu können, solche Aufgaben, die nicht leicht lösbar sind, sondern Anstrengung und Ausdauer erfordern (Schwarzer u. a. 2002). Das kann zum einen die situative Selbstwirksamkeit sein, also bezogen auf eine konkrete Herausforderung, zum Beispiel, eine Herausforderung im Job gut zu bestehen, oder aber die allgemeine Selbstwirksamkeit, also die Überzeugung, grundsätzlich das Leben gut bewältigen zu können. Menschen mit einer hohen Selbstwirksamkeitserwartung werden so handeln, dass sie das tun, was ihnen Sicherheit gibt. Sie sehen hinter allem einen Sinn, glauben an ihre Kompetenzen und wissen, dass sie vieles selbst beeinflussen können. Sie haben also auch mehr Selbstvertrauen.

Selbstwirksamkeit beeinflusst, wie Menschen denken, fühlen und handeln. Sie sind ausdauernder, strengen sich intensiver an – und setzen sich herausfordernde, aber erreichbare Ziele. Wer selbstwirksam ist, kann eigene Gefühle und Handlungen besser steuern, sich also auch emotional selbst regulieren. Das ist unabhängig davon, über welche Fähigkeiten jemand tatsächlich verfügt. Menschen mit einer niedrigen Selbstwirksamkeitserwartung dagegen fühlen sich eher hilflos gegenüber äußeren Umständen und es fällt ihnen schwerer, schwierige Situationen als bewältigbare Herausforderungen zu sehen. Mit einer Messskala (Jerusalem u. a. 2002) lässt sich die allgemeine Selbstwirksamkeitserwartung erheben.

Die Selbstwirksamkeitserwartung lässt sich verbessern, wenn Menschen sich kleine sowie realistisch und in naher Zukunft erreichbare Ziele setzen – sogenannte Nahziele – und hinterher den Erfolg sehen. Werden nach und nach Teilerfolge erreicht, die helfen, mehr an das eigene Können zu glauben, so lässt sich mit der Zeit das Vertrauen in die eigene Kompetenz steigern. Des Weiteren hilft es, sich Menschen mit ähnlichen Fähigkeiten zum Vorbild zu nehmen, sich mitunter aktiv in herausfordernde Situationen zu begeben oder Dinge auszuprobieren, die viel Überwindung kosten. Manchmal hilft auch Überredung, sich einer neuen Erfahrung auszusetzen. Am wirkungsvollsten ist nach Schwarzer und Jerusalem die eigene erfolgreiche Erfahrung (2002).

Eine Reihe weiterer Konstrukte liegen nah bei dem der Selbstwirksamkeit wie das Kohärenzgefühl von Antonovsky, das Gefühl, Zusammenhänge zu verstehen, das Vertrauen darauf und die Überzeugung, das eigene Leben gestalten und bewältigen zu können, und die Überzeugung, dass das Leben einen Sinn hat (Antonovsky 1997), oder auch das Konstrukt des Optimismus in seinen verschiedenen Formen (Schwarzer u. a. 1997).

Hilflosigkeit und Kontrollverlust

Das Gefühl von Hilflosigkeit und die Erfahrung von Kontrollverlust ist das Gegenteil des Erlebens von Selbstwirksamkeit. Gerade in extremen Krisensituationen wie etwa im Krieg gibt es immer wieder Situationen von absoluter Hilflosigkeit und sehr starkem Leiden. Krieg ist mit dem Gefühl von Ohnmacht und Hilflosigkeit verbunden. Die Psyche wird von diesen Erfahrungen schwer geschädigt. Nach kritischen Situationen ist es wichtig, möglichst viel Kontrolle über das eigene Leben wieder zu haben und Entlastungen zu erleben. Wir als Helfer:innen sollten vermitteln, dass die traumatischen Reaktionen der Betroffenen normale Reaktionen auf unnormale Ereignisse sind (Maercker 2017).

Soziale Unterstützung ist enorm wichtig in diesen Situationen. Ebenso können kollektive Erfahrungen, in denen die Betroffenen sich über die Erfahrungen austauschen können und man sich gegenseitig hilft, die Traumafolgen abmildern (ebd. 2022). Auch ist es wichtig, dass die Betroffenen ihr Smartphone weglegen, wie es bei Frau Pfeiffer der Fall ist. Eine Studie aus Israel weist darauf hin, dass Menschen, die Raketenangriffe erlebt hatten und ihren Medienkonsum danach nicht gut kontrollieren konnten, ein erhöhtes Risiko für eine Posttraumatische Belastungsstörung hatten (Hofmann et.al. 2016).

Emotionale Ansteckung

Ein psychologischer Mechanismus trägt zu mitunter starken Angstreaktionen bei: emotionale Ansteckung. Die aufgewühlte Stimmung bei einer Demonstration, im Supermarkt oder im Fernsehen springt ebenso schnell auf andere über wie Lachen oder Gähnen, Weinen oder die Euphorie bei einem Fußballtor. Auch eher gelassen eingestellte Menschen können so emotional angesteckt werden. Wenn Sie in der Beratung bemerken, dass die betroffene Person sich emotional anstecken lässt, können Sie beim Gegensteuern unterstützen, indem Sie gemeinsam reflektieren und realisieren, was da passiert, und dazu motivieren, mit Menschen Kontakt zu halten, die besonnen und unaufgeregt mit der Situation umgehen.

Hinzu kommt die Kraft der Bilder. Fotos und Filme von Intensivstationen, rollenden Panzern, zerbombten Häuserblocks, verletzten oder verzweifelten Menschen und leergeräumten Supermarktregalen kursieren massenhaft in den journalistischen und Sozialen Medien. Diese Bilder tragen wie auch generell die ständige Thematisierung in den Medien dazu bei, dass belastende Themen im Fokus der Aufmerksamkeit bleiben. Die Bilder können jedoch auch zusätzlich Angst auslösen: Sie aktivieren im Gehirn Vorstellungen von katastrophenhaften Entwicklungen, die wir teils nur aus Spielfilmen, aus Nachrichten über Krisenregionen, aus dem Geschichtsunterricht oder den Erfahrungen und Erzählungen der Eltern und Großeltern kennen. Es gibt das Konstrukt der sekundären Traumatisierung, eine Traumatisierung, die z. B. bei Therapeut:innen auftreten kann, die mit traumatisierten Patient:innen arbeiten. Sie haben selbst das Trauma nicht erlitten, sondern bekamen es geschildert. Allerdings geschieht eine sekundäre Traumatisierung nicht zwangsläufig (Püttker u. a. 2015).

Umgang mit Medien

Die Reaktionsweisen der Klientin auf die Bilder in den Nachrichten sind eigentlich normal und nachvollziehbar. Wer auf einem Foto ein verletztes Kind sieht, empfindet normalerweise Mitgefühl. Nie zuvor jedoch gab es so vielfältige Möglichkeiten wie heute, Informationen aufzunehmen. Durch die Smartphone-Nutzung sind selbst Zeiten, in denen vorher Pause im Kopf war und unser Geist regenerieren konnte, entfallen. Die ‚leeren' Warteminuten beim Bäcker sind mit WhatsApp-Lesen verstopft, das Hemdenbügeln mit Podcast-Hören oder YouTube-Schauen. Durch diese vielen neuen Informationen gewöhnt sich unser äußerst lernfähiges Gehirn rasch daran, ständig mehr Input zu bekommen – und will immer noch mehr davon. Irgendwann kann man nichts mehr aufnehmen. Doch die Flut der eintreffenden Informationen lässt sich nicht einfach abstellen. So verstärkt sich das Überflutungsgefühl immer weiter – oft unbemerkt, im Laufe von Tagen, Wochen, Monaten, Jahren.

Bisher wird vor allem untersucht, welche Gefahren für Kinder und Jugendliche von den konsumierten Medien ausgehen, insbesondere bei Gewaltdarstellungen. Aber was bedeutet die Emotionalisierung der Informationen für Erwachsene? Welche Medieninhalte sind für die Rezipient:innen emotional relevant und werden aktiv gesucht und genutzt? Dies ist auch eine Frage, die in der Krisenberatung mit Frau Pfeiffer mitschwingt und die sie sich selbst beantwortet vor dem Hintergrund ihrer Biografie.

Jede Information, die einem immer neu begegnet, nimmt mehr Raum im eigenen Erleben ein. Plötzlich hört, liest, sieht man überall Meldungen und Meinungen darüber und achtet mehr darauf. Diese sogenannte Aufmerksamkeitsverzerrung – „Attentional Bias" – tritt besonders stark auf bei Menschen, die ohnehin zu Ängstlichkeit neigen. Sie verarbeiten bedrohliche Informationen, indem sie ihre Aufmerksamkeit verstärkt darauf richten und sich schlechter davon abwenden können.

Auf der emotionalen Ebene können Sie Klient:innen dabei helfen, Verletzlichkeit und emotionale Anfälligkeit zu erkennen und zu akzeptieren, indem sie einfühlsam mit sich selbst ihre Emotionen wahrnehmen. Man kann sich bei jeder Nachricht, bei der man ahnt, dass sie emotional nahegeht, fragen: Welche Gefühle löst das aus? Was sagt dies über mich aus? Will ich das wirklich emotional an mich heranlassen oder ist es sogar hilfreich, sich damit auseinanderzusetzen?

Helfen hilft

Gegenseitige Hilfe wirkt wissenschaftlich nachgewiesen extrem positiv, und zwar, wenn uns geholfen wird und wenn wir helfen. Wir erleben weniger Stress oder bewältigen ihn besser. Die Sozialpsychologin Elizabeth Dunn (et. al. 2008) hat mit ihren Forschungsarbeiten über Großzügigkeit und Freude nachgewiesen, dass es uns glücklich macht, wenn wir anderen helfen. Je mehr Freude wir beim Helfen empfinden, desto besser und langfristiger werden wir helfen.

Effekte von ehrenamtlicher Hilfe sind darüber hinaus, dass man sich mit anderen verbunden fühlt, es erhöht das Selbstbewusstsein, bekämpft Depression. Wir sind weniger einsam und auch vom Blickpunkt derjenigen aus, denen geholfen wird, wirkt ehrenamtliches Engagement anders als professionelle Hilfe, es ist persönlich und man fühlt die Verbundenheit viel tiefer. Dies zeigt sich auch beim „Peer-Involvement“ in der Psychiatrie, wo ehemals Betroffene als Expert:innen aus Erfahrungen Patient:innen unterstützen, hier als weitere Helfer:innen im Psychiatriealltag (Utschakowski 2012).

Es kommt jedoch auch darauf an, wie wir helfen. Eine größere Wirkung erleben wir, wenn wir mit der richtigen Haltung das Helfen nicht nur als moralische Verpflichtung sehen, sondern wenn wir uns darauf und darüber freuen, indem wir uns vorstellen oder erleben können, wie genau unsere Hilfe ankommt und einen Unterschied macht. Dann kann Helfen eine Quelle tiefer Freude sein (Scheuermann 2021b). Sie können Ratsuchende fragen, was diese meinen, was sie konkret tun können, um zu helfen, aber dabei möglichst, ruhig und psychisch stabil zu bleiben. Nicht alle Hilfeformen passen für jede:n. Sie sollten zur Persönlichkeit, zu den besonderen Fähigkeiten und Vorlieben passen, wie es auch bei Frau Pfeiffer deutlich wurde.

Drei Leitfragen für die Beratung können sein: Was kann ich gut? Was macht mir Freude? Was kann ich damit bewirken? Introvertierte Menschen etwa werden sich schwertun damit, auf einem überfüllten Bahnhof unzählige ankommende Flüchtlinge zu begrüßen und weiterzuleiten. Extravertierte Menschen, die gerne mit vielen Menschen in Kontakt treten, können das möglicherweise besonders gut. Und es macht ihnen Freude.

Wie sehr wir uns für eine Sache engagieren, hängt davon ab, wie sehr wir davon ausgehen, dass wir etwas in der Welt ändern können, dies wird als Wahrnehmung kollektiver Wirksamkeit bezeichnet. Je größer wir die kollektive Wirksamkeit einschätzen, desto wahrscheinlicher werden wir uns beispielsweise an kollektiven Handlungen wie Friedensdemonstrationen beteiligen. Wenn Hunderttausende in den Städten der Welt für Frieden demonstrieren, hat das eine wichtige und starke Wirkung (Haunss 2013).

Krisenintervention

Ratsuchende im *Umgang mit Unsicherheit und Sorgen* zu unterstützen – dazu folgen hier einige eher pragmatische Überlegungen:

- *Geduld üben:* Bei komplexen Problemen ist Geduld einem schnellen Schluss überlegen. Wir können Ratsuchende dabei unterstützen, Probleme nach und nach und überlegt zu lösen, anstatt alles auf einmal anzugehen oder aus einem Überforderungsgefühl gar nichts mehr zu tun.
- *Die Folgen vorschneller Entscheidungen vor Augen führen:* Eine bestimmte interessante Frage für die Krisenintervention kann dabei helfen, sich die Folgen des heutigen Handelns für die Zukunft vor Augen zu führen. Das ist unter anderem wichtig, wenn es um ein werteorientiertes Handeln und das eigene Gewissen geht. Sie lautet folgendermaßen: „Stellen Sie sich vor, Sie befinden sich an demselben Tag wie heute, nur ein Jahr weiter in der Zukunft. Wie sieht es jetzt aus? Müssen Sie sich etwas vorwerfen, zum Beispiel etwas unterlassen zu haben – oder umgekehrt, etwas getan zu haben, was Sie nun bereuen, weil es zum Beispiel negative Folgen hatte? Haben Sie jemandem Schaden zugefügt, obwohl sie es hätten vermeiden können? Ein solcher zeitlicher Perspektivenwechsel kann helfen, einen klareren inneren Kompass dafür zu entwickeln, was heute wichtig und richtig ist, und somit Unsicherheit reduzieren.
- *Das Grübeln stoppen:* Wenn Sie in der Beratung hören, dass die ratsuchende Person die Gedanken immer um dasselbe kreisen lässt, wirkt

das wie ein Strudel und hilft nicht weiter. Sie können den Gedankenstopp empfehlen, eine Technik, die aus der kognitiven Verhaltenstherapie stammt. Die Person sagt dabei – innerlich oder hörbar – „Stopp!" und unterbricht dadurch das Grübeln. Auch Ablenken hilft nachgewiesen: jemanden anrufen, arbeiten, spazieren gehen, Sport treiben, lesen, Musik hören, anderen helfen.

- *Meditation und Achtsamkeitsübungen:* Kate Sweeny (2018) hat untersucht, was Menschen das sogenannte Warten unter Unsicherheit erleichtert. Meditieren und Achtsamkeitsübungen scheinen Menschen zurück ins Hier und Jetzt zu bringen, belastende Gefühle werden schwächer oder verschwinden. Bei der Achtsamkeitsmeditation fokussiert man sich stark auf das Hier und Jetzt. Man nimmt dabei auch bewusst die Gefühle wahr, die aufkommen, und lernt, sie zu akzeptieren. Schon 15 Minuten Meditation pro Woche machte das Warten einer Gruppe von 150 Studierenden, die vier Monate lang auf die Ergebnisse ihres Abschluss-Examens gewartet haben, leichter. Wer mehr Achtsamkeit erlebt, ist beim Warten weniger gestresst und auch körperlich gesünder.
- *Flow-Erlebnisse, die negative Gefühle eindämmen können:* Man geht ganz in einer Tätigkeit auf – und vergisst dabei seine Sorgen. Solch einen Flow-Zustand erzeugt man am leichtesten, wenn man etwas macht, das einen herausfordert, aber nicht überfordert, das aber auch nicht langweilig ist, und bei dem immer wieder selbst messbare, kleine Erfolgserlebnisse auftauchen: ein Regal bauen, eine Excel-Tabelle erstellen oder einen Brief schreiben – die verschiedensten Tätigkeiten können einen Flow-Zustand erzeugen.
- *Sich auf das Naheliegende konzentrieren:* Alles, was im Alltag getan werden kann und muss, am besten an jedem Tag, und was kontrollierbar ist, hilft bei Unsicherheit. Dagegen schadet der Fokus auf das, was im Moment noch keiner wissen kann und was wir deshalb auch nicht kontrollieren können.
- *Tagebuch schreiben:* Schreiben ist eine sehr gute Möglichkeit, Sorgen zu bearbeiten oder sogar zu verarbeiten. Wenn man ungefiltert alles aufschreibt, was im Moment unsicher ist und Sorge bereitet, so hilft das nachweislich. Gedanken und Gefühle stehen auf dem Papier oder Bildschirm und es tritt ein Entlastungseffekt ein. Oft fehlt ein aufmerksamer Gesprächspartner, der einem hilft, sich emotional zu entlasten oder das Durcheinander von Gedanken zu klären. Etwas anderes ist fast immer

> greifbar und als nachgewiesen wirksamer Weg zu emotionaler Entlastung und Klärung: privates Schreiben. Klient:innen können das Schreiben als Denk- und Lernwerkzeug sowie als selbsttherapeutisches Werkzeug einsetzen. In Deutschland wird das Tagebuchschreiben oft belächelt. Es hat den Touch eines Hobbys ohne nennenswertes Ergebnis, praktiziert aus einer vorübergehenden Laune heraus; von Jugendlichen mit Liebeskummer oder auch von Rentnern mit zu viel Zeit. Zu Unrecht. Viele Studien der Schreibforschung belegen seit Jahrzehnten zweifelsfrei und beeindruckend: Schreiben hilft. Beim Denken, Ideen-Entwickeln und Lernen. Beim Sich-Konzentrieren und -Fokussieren. Beim Entlasten und Beruhigen. In anderen Ländern, allen voran den englischsprachigen, ist man mit dem privaten – also nicht für die Veröffentlichung und zur Kommunikation gedachten – Schreiben weiter. Hier wird das (Arbeits-)Tagebuchschreiben oder Journaling sowohl im Beruf und in der Wissenschaft wie auch im Privatleben als essenzielle Bereicherung für die Ideenentwicklung und -dokumentation wie auch für die emotionale Entlastung und psychische Klärung umfassend genutzt.

Grundlage dieser Entwicklung sind die Forschungsarbeiten des Psychologen James Pennebaker (2019) an der University of Texas in den 1980er Jahren. Er konnte belegen, dass expressives Schreiben, also Tagebuchschreiben, bei dem man seiner Gedanken- und Gefühlswelt Ausdruck verleiht, das Immunsystem stärkt und dabei hilft, Kummer zu verarbeiten und die Resilienz, also die psychische Widerstandskraft bei Krisen und anderen belastenden Lebensereignissen, zu stärken. Schreiben hilft, die psychische und physische Gesundheit zu fördern. Diese positive uns sogar selbsttherapeutische Wirkung wurde auch später in zahlreichen Studien bestätigt. Schreibdenken (Scheuermann 2021a), also die Form des Schreibens, bei der wir das Schreiben als Werkzeug für Denken und Lernen nutzen, hilft bei vielem: Gedanken klären, beruhigen, fokussieren auf das Wichtigste. Idee neu entwickeln und neue Denkwege einschlagen. Emotionen bewusst machen und verstehen, entlasten und zur Ruhe bringen.

Und auch beim Lernen: Jeder Lernprozess besteht aus zwei Komponenten: neue Informationen aufnehmen – Einatmen – und das Neue integrieren und anwenden – Ausatmen. Meist nehmen wir jedoch vor allem Neues auf: beim Lesen und Recherchieren, wenn wir uns durchs Internet klicken, beim Zuhören. Was fehlt, ist eben häufig das Integrieren. Ein Lernprozess ist erst komplett, wenn wir ein- und wieder ausgeatmet haben. Das gelingt zum

Beispiel, wenn man mit anderen darüber redet, konzentriert darüber nachdenkt oder neue Erkenntnisse gleich praktisch anwendet. Auch hier kommt der große Vorteil beim Schreibdenken zum Tragen: Es ist sofort und pragmatisch jederzeit möglich. Sie können Klient:innen empfehlen, zwei Wochen lang an jedem Tag ein paar Minuten zu schreiben, am besten zur immer gleichen Zeit, die ihnen liegt: morgens früh oder abends vor dem Schlafengehen sind zum Beispiel gute Zeiten. Bereits in einer Zeitspanne von zwei Wochen können Schreibende eine gewisse Routine entwickeln, vor allem, wenn sie es täglich tun.

Literatur

Aaron Antonovsky, A: (1997): Salutogenese. Zur Entmystifizierung der Gesundheit. Deutsche Herausgabe von Alexa Franke. dgvt-Verlag, Tübingen 1997.

Dunn, E. W./Aknin, L. B./Norton, M. I. (2008): Spending Money on Others Promotes Happiness. Science 319, Nr. 5870, 1687-1688.

Engel, F. (2022): Un-Gewissheit: Spätmoderne Grundlagen gemeindepsychologischen Handelns. In Behzadi, A./Lenz, A./Neumann, O./Schürmann, I./Seckinger, M.: Handbuch der Gemeindepsychologie. Tübingen: dgvt-Verlag. Im Druck.

Frenkel-Brunswik, E. (1949): Intolerance of Ambiguity as an Emotional and Perceptual Personality Variable. In Journal of Personality 18, 108-143.

Haunss, S. (2013): Conflicts in the Knowledge Society. The Contentious Politics of Intellectual Property. Cambridge: Cambridge University Press.

Hoffman, Y./Shira, A./Bocher, E./Cohen-Friedel, S./Grossman, S. (2016): The relationship between trauma exposure and PTSD symptoms is moderated by the mutuals effects of one's control over media control exposure in conjunction with external locus of control. Paper presented at the 37. STAR conference. Zagreb: Croatia.

Jerusalem, M./Schwarzer, R. (2002.): SWE. Skala zur Allgemeinen Selbstwirksamkeitserwartung. https://www.researchgate.net/profile/Ralf-Schwazer/publication/238580838_Skala_zur_Allgemeinen_Selbstwirksamkeitserwartung [23.3.2022]

Kruglanski, A. (2004): The psychology of closed-mindedness. New York: Psychology Press.

Maercker, A. (2017): Trauma und Traumafolgestörungen. München: C. H. Beck Wissen.

Maercker, A. (2022): Interview von Marlene Erhart mit Andras Maercker: Die Psyche nach der Pandemie. www.derstandard.at/story/20.Jänner 2022 [4.3.2022]

Müller-Christ, G./Weßling, G. (2007): Widerspruchsbewältigung, Ambivalenz- und Ambiguitätstoleranz. Eine modellhafte Verknüpfung. In Müller-Christ, G./Arndt, L./Ehnert, I. (Hrsg.): Nachhaltigkeit und Widersprüche. Lit-Verlag. Münster. S. 180-197.

Pennebaker, J. W. (2019): Heilung durch Schreiben: Ein Arbeitsbuch zur Selbsthilfe. Hogrefe.

Püttker, K./Thomsen, T./Bockmann, A.-K. (2015): Sekundäre Traumatisierung bei Traumatherapeutinnen. Online veröffentlicht: Dezember 11, 2015 https://doi.org/10.1026/1616-3443/a000332 [13.3.2022]

Roets, A. (2015): The motivated gatekeeper of our minds: new directions in need for closure theory and research. Advances in Experimental Social Psychology (52), 221-283.

Steven, T. (2020): Die Pandemie als psychologische Herausforderung: Ansätze für ein psychosoziales Krisenmanagement. Gießen: Psychosozial Verlag.

Scheuermann, U. (2021 a): Schreibdenken: Schreiben als Denk- und Lernwerkzeug nutzen und vermitteln: UTB/Budrich.

Scheuermann, U. (2021 b): Freunde machen gesund – Die Nummer 1 für ein langes Leben: deine Sozialkontakte. München: Knaur Balance.

Schwarzer, R./Jerusalem, M. (2002): Das Konzept der Selbstwirksamkeit und Motivationsprozesse in Bildungsinstitutionen. Zeitschrift f. Pädagogik, Beiheft 44, 28-53.

Schwarzer, R./Renner, B. (1997): Risikoeinschätzung und Optimismus. In R. Schwarzer (Hrsg.): Gesundheitspsychologie. Ein Lehrbuch (S.43-66). Göttingen: Hogrefe.

Sweeny, K. (2018): On the experience of awaiting uncertain news. Current Directions in Psychological Science, 27, 281-285.

Schäfer, A. (2020): Mut zur Unsicherheit. Psychologie Heute: https://www.psychologie-heute.de/leben/39121-mut-zur-unsicherheit.html#page [2.3.2022]

Utschakowski, J. (2012): EX-IN Ausbildungen: Experienced Involvement – Pro & Contra. Psychiatrische Praxis, 39, 202-203.

Theorien und Konzepte der Krisenintervention

Dieses Kapitel zur Theorie der Krisenintervention soll Ihnen nach den zwölf Lernfällen einen Überblick über die aktuellen Diskurse zum Thema Krise und Krisenintervention geben. Damit schließen wir unser Buch in der Hoffnung, viele Anregungen gegeben und Mut gemacht zu haben, dass Krisenintervention lernbar ist. Es kann Sie darin unterstützen, Ihre Arbeit in einen größeren Kontext einzuordnen, und zugleich können sich beim Lesen neue Ideen für Interventionen entwickeln. Theorie und Praxis zu verschränken ist im gesamten Buch unser Ansatz, und mit den folgenden Ausführungen können Sie dies – auch jenseits der zwölf Lernfälle – für das gesamte Gebiet der Krisenintervention verfolgen.

Krisenintervention als Hilfsangebot ist vielgestaltig: Es wird von vielen Diensten vorgehalten und wendet sich an die unterschiedlichsten Menschen, sofern sie in einer Krise sind. Krisenintervention hat daher auch mehrere Wurzeln. So nennen Häfner und Rössler (1987) die Notfallpsychiatrie mit der Betonung des Gefährdungsaspektes und sofortiger Hilfe, die Suizidprävention sowie die gemeindenahe Psychiatrie, hervorgegangen aus der Community-Mental-Health-Bewegung in den USA. Das Wellesley-Projekt ist in diesem Kontext zu verorten.

Historischer Rückblick: Lindemann und das Wellesley-Projekt

Dieses Projekt stellte einen wesentlichen Beitrag zur Entwicklung von Krisenintervention dar, entwickelt von Lindemann und Caplan (Caplan u. a. 1977). Es startete in einem Vorort von Boston (USA) im Jahre 1948 und lief 15 Jahre lang. Mit diesem Projekt verbinden sich Prävention (Vorbeugung und Früherkennung), Partizipation (durch Einbezug der Bürger in die Projektplanung) sowie multiprofessionelle Zusammenarbeit, alles Konzepte, die heute noch aktuell sind. Lindemann (1985) sah die Krise als kritisches Lebensereignis. Wichtig war das Ressourcenkonzept – hier auf die Gemeinde bezogen –, weiterhin die Idee der verletzlichen Persönlichkeit (als eine Bedingung für die Entstehung einer Krise oder psychischen Störung),

Notfallintervention (sofortige Hilfe) als eine Aufgabe dieses Projektes; die Einbindung von Krisenintervention in ein gemeindenahes Versorgungsmodell mit weitreichender Zielstellung, Vernetzung mit der Möglichkeit einer Weiterverweisung in eine langfristige Behandlung, die Betonung des systemischen Blickes (hier als Einbezug des sozialen Umfeldes thematisiert) sowie Aktionsforschung.

Lindemann, der Psychologie und Medizin in Deutschland studiert hatte (geboren 1900 in Witten im Rheinland), war schon vor Gründung des Wellesley-Projektes an der Frage interessiert, wie psychische Störungen rechtzeitig erkannt und behandelt werden können. Er suchte auf dem Hintergrund dieses Erkenntnisinteresses nach Ereignissen, die einschneidende Veränderungen der zwischenmenschlichen Beziehungen bewirken und dadurch möglicherweise zu emotionalen Störungen führen könnten. In diesem Zusammenhang beschäftigte er sich intensiv mit unangepassten Formen der Trauer, die zu Zustandsbildern führen, die nicht mehr von einer Erkrankung zu unterscheiden sind. In späteren Arbeiten weitete er seine Überlegungen auf verschiedene soziale Veränderungssituationen aus, indem er die Trauer als eine besondere Form des Rollenüberganges ansah. Er führte auch das Konstrukt des verletzlichen Individuums ein, bei dem der Übergang von einer Lebenslage zur anderen (z. B. bei Trennung) mit einer Krise verbunden sein kann. Gründe dafür können dessen (verletzliche) Persönlichkeit, frühere (z. B. traumatische) Erfahrungen, bestimmte Faktoren in der gegenwärtigen (z. B. belastenden) Situation sowie ein Mangel an Ressourcen (z. B. keine Freunde) sein, so dass die Belastungen nicht mehr aufgefangen werden können. Krisenintervention sieht er als eine Möglichkeit vorbeugender Intervention. Das Lebenskrisenkonzept sieht er als eine Art Linse, durch die die Unmenge der in einer Gemeinde auftretenden verwirrenden Ereignisse geordnet und sinnvoll interpretiert werden könnten. Krise wird damit für ihn zu einem Sammelbegriff, der all die Notlagen umfasst, mit denen Helfer:innen in der Gemeinde konfrontiert sehen.

In Wellesley richtete Lindemann einen gemeindenahen Gesundheitsdienst ein, wobei nur eine der fünf Aufgaben des Projektes die Errichtung einer Anlaufstelle für Notfälle bei seelischen Störungen war. Andere Aufgaben waren Forschung, Konsultationsangebote für andere Berufsgruppen, die mit Krisen zu tun hatten, Ausbildung, Beratung von Stadtplaner:innen und kommunalen Beamt:innen bei gesundheitsrelevanten kommunalen Planungsaufgaben. Die klinische Einrichtung sollte Familien und anderen sozialen Gruppen in Notsituationen helfen, geeignete Maßnahmen zur Überwindung der Krisen auf einem ihnen angemessenen Niveau zu entwickeln. Im Mittelpunkt stand die pathologische Beziehung, nicht die designierte Patient:in. Der Weg in eine langfristige Behandlung sollte geebnet werden. Das damalige Kriseninterventionskonzept für den Einzelnen kann wie folgt beschrieben werden (Caplan u. a. 1977, S. 61):

- *Engmaschige Betreuung* durch wiederholte Besuche in kurzen Abständen während der vier bis sechs Wochen der Dauer einer Krise.
- *Familienorientierung:* Es soll damit die Integrität der Familie erhalten bleiben und deren Unterstützungspotenzial genutzt werden.
- *Vermeidung von Abhängigkeit:* Diese soll durch die Orientierung auf die gegenwärtigen Probleme umgangen werden.
- *Bewältigung fördern:* Der Mensch in der Krise soll so unterstützt werden, dass er sich mit der Realität konfrontieren kann. Dabei ist besonders Information und die Aufrechterhaltung von Hoffnung wichtig.
- *Unterstützung von außen:* Der Mensch in der Krise muss ermutigt werden, sich möglichst viel Hilfe zu holen.
- *Ziele:* Angestrebt wird der effektive Umgang mit der Krise. Bevorzugt wird ein schrittweises Umgehen. Auch Laienhelfer können dies bei entsprechender Ausbildung tun.

Menschen in Krisen werden bei Caplan als gesunde Personen angesehen. Sein Krisenbegriff und seine Theorie hat in der Folge auch Kritik erfahren, ist aber sehr bestimmend für die weitere Ausarbeitung einer Krisentheorie geworden.

Krisenbegriff

Der Krisenbegriff ist inzwischen ein Alltagsbegriff geworden, also ein sehr weiter Begriff, der wissenschaftlich gesehen aber Probleme bereitet. Dies könnte auch in seinen Anfängen begründet sein, da ja schon Lindemann (s. o.) ihn als Sammelbegriff eingeführt hat.

Caplan hat versucht, den Krisenbegriff wissenschaftlich zu präzisieren und eine Krisentheorie zu entwickeln. Er versteht unter Krise eine akute Überforderung eines gewohnten Verhaltensrepertoires durch belastende äußere und innere Erlebnisse.

Das Belastungs-Bewältigungs-Paradigma bzw. die Coping-Theorie ist das heutige Bezugskonzept für diese Auffassung.

Ulich (1985) hat den Krisenbegriff enger gefasst und ihn zwischen Stress und Depression platziert. Für ihn ist eine Krise ein belastender, temporärer, in seinem Verlauf und seinen Folgen offener Veränderungsprozess der Person, der gekennzeichnet ist durch eine Unterbrechung der Kontinuität des Erlebens und Handeln, durch eine partielle Desintegration der Handlungsorganisation und eine Destabilisierung im emotionalen Bereich mit dem zentralen Merkmal des Selbstzweifels.

Stress grenzt er dadurch ab, dass er meint, dass Stress meist nur in einem Handlungsbereich (z. B. Leistung) auftritt, somit nur tendenziell Hilflosigkeit erlebt wird, während in der Krise Angst und Zweifel auf die ganze Person bezogen sind. In der Depression im Gegensatz zur Krise werden die Zweifel als Gewissheit erlebt, als keinen vorübergehenden Zustand mehr, während der Krisenbegriff einen bestimmten Verlauf des Erlebens und der Auseinandersetzung mit gegebenen Belastungen einschließt.

Ciompi (1993, S. 16) betont als Merkmale von Krise in Bezug auf die Chaostheorie, dass diese meist akut, überraschend mit dem Charakter des Bedrohlichen auftritt, sie eine Labilisierung mit sich bringt, mit einer erhöhten Suggestibilität verbunden ist und damit kleine Ursachen große Wirkungen haben können.

Wüllenweber (2001) versteht Krisen als Wendepunkte, als Herausforderung zu einer Entscheidung, einer Neuorientierung in entscheidungstheoretischer Konzeption gesehen.

Da Krisen belastend sind, können sie unterschiedlichste Symptomatiken aufweisen wie u. a. erhöhte Spannung, Unsicherheit, Angst, Hilflosigkeit, Irritation und Aggressivität, Verwirrtheit, Depersonalisations- und Derealisationserscheinungen, wahnhafte Projektionen und Halluzinationen sowie psychosomatische Beschwerden (Ciompi 1993, S. 17).

Das alltägliche Krisenverständnis unterscheidet sich nicht allzu sehr vom professionellen Verständnis (Bergold u. a. 2004). Beide – Laien und Krisenberater:innen – sehen Krisen als einen Prozess an, in dem belastende Bedingungen – innere wie äußere – eine Krise auslösen können. Während die Fachkräfte eher die inneren Bedingungen wie bestimmte Vulnerabilitäten und Ressourcenmängel betonen, sehen Laien äußere Notlagen und Katastrophen unterschiedlicher Art eher als Krisenursache. Krisenberater:innen verweisen noch auf einen zusätzlichen Faktor, auf die Gefährdung körperlichen Integrität (z. B. durch einen Unfall).

Nach Wampold (2001), einem amerikanischen bekannten Psychotherapieforscher, ist es jedoch wichtig, dass Klient:innen eine für sie plausible Erklärung ihrer Probleme bekommen. Insofern ist ein Passungsverhältnis im Krisenverständnis wichtig. Ein Passungsverhältnis im Verständnis einer Krise herzustellen, ist deshalb ein wichtiger Schritt im Kontext von Krisenintervention.

Krisentypen

Es gibt eine Reihe von Versuchen, Krisen zu klassifizieren, allerdings ohne dass diese Versuche einen stringenten theoretischen Bezug aufweisen können. In der Praxis haben sich einige Unterscheidungen durchgesetzt, die aber keiner eindeutigen Klassifikation folgen und wirklich alternativ gebraucht werden können. So spricht man von einer psychosozialen Krise in Abgrenzung von einer psychiatrischen Krise bzw. einem psychiatrischen Notfall, von einer traumatischen Krise bzw. Krisen in der Folge von unerwarteten und traumatischen Belastungen. Es gibt die suizidale Krise, die Reifungs- und Entwicklungskrise, Krisen bei erwartbaren Lebensveränderungen bzw. die Veränderungskrise, die Verlustkrise, Krisen in Zusammenhang mit psychischen Störungen, narzisstische Krisen (bei Persönlichkeitsstörungen), Krisen im Kontext von Flucht und Vertreibung (siehe Hülshoff 2017) usw. Es ist nicht möglich, mit bestimmten Krisentypen zwingend erfolgreiche Handlungsweisen und Interventionsformen zu verbinden, denn die subjektive Bedeutung, die jemand einer Krise gibt und die von vielen Faktoren abhängig ist, ist zu berücksichtigen. Dennoch bezieht sich auch dieses Buch auf bestimmte Krisentypen und stellt die damit verbundenen Diskurse dar, immer aber auch in Beachtung der Variabilität der Erscheinungsweisen von Krisen sowie im Wissen um die unterschiedlichen Bedeutungen, die diese für jeden Einzelnen haben können auf dem Hintergrund seiner biografischen Bezüge, seiner Lebenslage, sowie unter Berücksichtigung von vorhandenen Ressourcen und Bewältigungsmöglichkeiten.

Theoretische Bezüge

Es gibt keine wissenschaftlich verbindliche allgemeine Krisentheorie, die belastbare Aussagen zu Ursachen, Auslöser, Phasenverlauf, Dauer und Folgen von Krisen umfasst. Der Grund liegt darin, dass der Krisenbegriff zu umfassend, laut Lindemann auch ein Sammelbegriff ist. Dennoch: Es gibt eine Reihe von Erklärungsansätzen, die hilfreich zum Verständnis von Krisenereignissen sind. Einige davon sollen hier näher erläutert werden, da sie dabei helfen, die Hintergründe des Krisengeschehens besser zu verstehen.

Das Konzept ‚Kritische Lebensereignisse'

Das Konzept ‚Kritische Lebensereignisse' spielt beim Verständnis von Krisen eine Rolle. Kritische Lebensereignisse bzw. Lebenserfahrungen haben eine besondere affektive Tönung, die von der Person als Einschnitte, Übergänge oder Zäsuren im Lebenslauf betrachtet werden und erhebliche Anpassungsleistungen erfordern. Sie „werfen Menschen aus ihrem Alltag... Die Welt ist nicht mehr die, die sie mal war und dass die Betroffenen auch nicht mehr die sind, die sie einmal waren" (Filipp u. a. 2018, S. 27). Das Passungsgefüge zwischen der Welt und Person kommt ins Ungleichgewicht. Die Quelle dafür kann auch in uns selbst liegen, vielleicht weil wir eine Illusion verloren haben, z. B. uns in jemanden gründlich geirrt haben. Eine Krise oder ein krisenhafter Verlauf entsteht dann, wenn „alle Versuche der Reorganisation der Person-Umwelt-Passung zu misslingen scheinen und auch der damit einhergehende negative Affekt nicht reguliert werden kann" (ebd., S. 27). Es entsteht ein Teufelskreis zunehmender Handlungseinschränkungen und Problemlösefähigkeiten begleitet von emotionaler Destabilität. Wenn die Reorganisation gelingt, kann es auch zu einem Wachstum kommen und zu einem Zuwachs an Kompetenz und Wissen führen.

Kritische Lebensereignisse werden als starke Belastungen angesehen und schließen somit an die Stressforschung an, betonen aber vor allem das Passungsverhältnis zwischen Person und Umwelt. Was als ‚kritisch' zu betrachten ist, erschließt sich relational aus dem Passungsverhältnis zwischen Person und Umwelt. Jedes Ereignis erhält erst in dieser Passung – also zwischen einer Person mit ihren Verwundbarkeiten und Ressourcen und ihrem Lebenskontext – seine Bedeutung.

Unter kritischen Lebensereignissen versteht man z. B. Krankheit, Behinderung, Trennung, Partnerverlust, Wohnortwechsel, aber auch erwartbare Lebensereignisse wie Geburt des ersten Kindes, Unterbringung in einem Altenheim. Kritische Lebensereignisse können nach Filipp (1997) durch folgende Merkmale gekennzeichnet sein:

- *Neuanpassung/Wiederanpassung:* Ein Ereignis erfordert aufgrund von Lebensveränderungen eine grundlegende Wiederherstellung des Passungsgefüges zwischen Selbst und Außenwelt.
- *Ausmaß der Nicht-Vorhersehbarkeit des Ereignisses.*
- *Wirkungsgrad:* Das Ereignis berührt viele andere Lebensbereiche.
- *Selbstwertbedrohung:* Das Ereignis stellt den Selbstwert einer Person in Frage.
- *Selbstkonsistenz-Bedrohung:* Das Ereignis bedroht zentrale Überzeugungen, die die eigene Person betreffen.
- *Orientierungsverlust:* Das Ereignis bedroht grundlegende Überzeugungssysteme.
- *Zielblockade:* Das Ereignis interferiert mit zentralen Zielen und Anliegen der Person.
- *Retraumatisierung:* Das Ereignis aktiviert Erinnerungen an frühere, nicht bewältigte Ereignisse.

Je mehr dieser Merkmale vorliegen, desto höher ist nach Filipp die Gefahr einer Krise. Diese enge Verbindung von Krise und kritischem Lebensereignis macht dieses Konzept für Krisenintervention so interessant. Mit dem Konzept verbindet sich eine umfassende Forschung, die fragt, wie kritische Lebensereignisse individuell erlebt und in Verhalten transformiert werden und welche Formen der Auseinandersetzung und Bewältigung erkennbar sind (Filipp 1981). Eine weitere Frage bezieht sich darauf, wie belastend einzelne Lebensereignisse sind und ob sie mit körperlicher oder psychischer Krankheit in einem funktionalen Zusammenhang stehen. Ohne Frage können sie psychische und körperliche Probleme begünstigen, sie aber alleine als kausale Ursache anzusehen, ist eher unwahrscheinlich. Auch werden sie als auslösende Ereignisse im Kontext bestehender Vulnerabilitäten konzipiert wie etwa bei einer Depression.

Ereignislisten zur Messung von Belastungen weisen erhebliche methodische Probleme auf und befriedigende Antworten sind bisher noch nicht gegeben worden. Wichtiger ist zu fragen, wieweit kritische Lebensereignisse wichtige Ziele blockieren, welche Lebensbereiche sie tangieren, in welchen alltäglichen Widrigkeiten sich das Lebensereignis manifestiert (kann), wer alles davon betroffen ist, wie die Person ihre Bewältigungsschwierigkeiten bewertet, wem sie es zuschreibt (sich selbst oder anderen!), wie sie sich damit auseinandersetzt usw. (Filipp 1995).

Kritische Lebensereignisse sind eingebettet in einen individuellen lebensgeschichtlichen, aber auch historischen Kontext, innerhalb dessen zu klären ist, wie jedes einzelne Ereignis sein eigenes Gesicht hat und es große inter- und intrapsychische Unterschiede in dem Belastungsgrad und seiner Auseinandersetzung damit gibt.

Das Lebenslagenkonzept

Als „Lebenslage" wird die Gesamtheit der äußeren Bedingungen bezeichnet, durch die das Leben von Personen oder Gruppen beeinflusst wird (Engels 2008). Der Begriff bezieht sich auf mehrere Lebensbereiche und verhindert damit einfache Erklärungen. Gemeint sind nicht nur materielle Bedingungen, sondern auch immaterielle wie Gesundheit und Bildung. Schwierige Lebenslagen sind mit chronischen psychosozialen Belastungen verbunden und erhöhen das Auftreten von Krisen bzw. den inadäquaten Umgang mit diesen. Daher ist das Lebenslagenkonzept für das Verständnis von Krisen relevant. Hier soll beispielhaft auf Armut verwiesen werden (bereits im Lernfall ‚Arbeitslosigkeit und Überschuldung' thematisiert) sowie auf Faktoren chronisch psychosozialer Belastungen für Kinder und Jugendliche, die mit Krisen und psychischer Entwicklungsbehinderung in Zusammenhang stehen.

Chronische psychosoziale Belastungsfaktoren für Kinder und Jugendliche fasst Freitag (2000, S. 15) auf dem Hintergrund von Longitudinalstudien aus verschiedenen Ländern wie folgt zusammen:

- psychiatrische Erkrankung eines Elternteiles,
- Instabilität der Ehe, Scheidung der Eltern (verbunden mit chronischen Konflikten) und Wiederverheiratung (vor allem für Mädchen),
- häufiger Streit der Eltern, allgemeines Streitklima der Familie,
- Mutter und Vater jünger als 20 Jahre bei der Geburt des ersten Kindes,

- Instabilität der Wohnsituation mit häufigen Umzügen und Wohnungswechsel,
- mangelnde emotionale und materielle Unterstützung der Kinder, mangelhaftes Ausfüllen der Elternfunktion,
- finanzielle Abhängigkeit vom Staat,
- Haushaltsvorstand arbeitslos, ungelernte:r oder angelernte:r Arbeiter:in,
- niedriger Ausbildungsstand der Mutter und des Vaters,
- Überbelegung des Wohnraums.

Die Aufzählung enthält implizit die weite Definition von Armut, geht aber über diese noch hinaus, da sie als Zusatzpunkte auf die mangelnde emotionale Unterstützung und Belastungen durch Konflikte hinweist, die zwar häufig mit Armut verbunden sind, aber auch ohne Verarmung als Belastung auftreten können. Krisen sind bei vielfältigen chronischen psychosozialen Belastungen wahrscheinlicher.

Capability-Ansatz

Der neuere Capability-Ansatz von Amartya Sen (in Höfer u. a. 2017) lenkt den Fokus auf Entwicklungschancen, nicht auf schwierige Lebenslagen. Gleichwohl kann sich bei mangelnden Entwicklungschancen eine Krise einstellen. Sen stellt das Konstrukt Verwirklichungschancen (Gelegenheitsstrukturen erreichbarer Ziele, die Freiheit, etwas erreichen zu können) und Handlungsbefähigung in den Mittelpunkt seines Modelles. Handlungsbefähigung beruht auf der individuellen Aneignung von Ressourcen, eingebettet in den sozialen und persönlichen Kontext, und ermöglicht persönliche Entscheidungen, die in ein ‚gutes Leben' münden können. Das „capability set" meint den Vorrat an Verwirklichungschancen, den eine Person hat aufbauen können. Umgekehrt ist anzunehmen: Fehlende Ressourcen, behindernde soziale und persönliche Kontexte, mangelnde individuelle Aneignung von Ressourcen, geringe Handlungsbefähigung und wenige Verwirklichungschancen eröffnen keine gute Voraussetzung für gute Entscheidungen und ein ‚gutes Leben', sondern es ist eher eine krisenhafte Entwicklung anzunehmen.

Selbstwert

Ulich (1985) weist darauf hin, dass Krisen mit zentralen Merkmalen des Selbstzweifels verbunden sind, also mit einer negativ bewerteten Selbstbeschreibung. Außerdem: Eine Kriseneinrichtung, Beratung oder Psychotherapie in Anspruch zu nehmen, heißt i. d. R., dass man ein Problem hat und dies eine Kränkung des Selbstwertgefühls bedeuten kann. Man hat sein Leben nicht im Griff, muss von seinen Problemen berichten, was das Gegenteil einer Selbstwerterhöhung ist. Deshalb ist es gerade zu Anfang einer Hilfebeziehung so wichtig, dass die Betroffene sich auch in ihren positiven Seiten zeigen darf (Grawe 2000). Hinzu kommt noch, dass das Bedürfnis nach Selbstwerterhöhung nach Grawe (ebd.) zentral ist und zu eins der vier Grundbedürfnisse zählt (siehe Lernfall 12).

Das Selbstkonzept umfasst die beschreibenden Kognitionen einer Person über sich selbst (*Selbstkonzept*). Die Bewertung dieser Kognitionen macht das Selbstwertgefühl aus. Das Selbst umfasst beide Aspekte (Stangl 2021). Es ist also ein Konstrukt für die Summe der mehr oder weniger positiven Bewertungen, die eine Person über sich selbst abgibt. Quellen des Selbstwertgefühls sind die Selbstwahrnehmung, soziale Rückmeldung und soziale Vergleiche (ebd.). Die inhaltlichen Bereiche, auf die sich die Bewertungen beziehen, variieren nach Geschlecht, Persönlichkeit, Kultur und Alter u. a. In der Forschung (ebd., S. 65) werden Selbstakzeptanz (z. B. zu dem stehen, was ich tue), Erfolge und individuelle Fähigkeiten (z. B. kann gut tanzen), soziale Überlegenheit und Manipulationsfähigkeit (z. B. kann Menschen beeinflussen), soziale Kontaktfähigkeit (z. B. komme bei anderen an) und Eingebundensein in befriedigende soziale Beziehungen (z. B. führe eine glückliche Beziehung) genannt. Selbstwertveränderungen stehen in Zusammenhang mit Entwicklungsphasen (Jugend, Alter), mit familiären und schulischen Einflüssen, mit Lebensereignissen, Trauma und gesellschaftlichen Rahmenbedingungen. Bei kritischen Lebensereignissen, die zu einer Selbstwertbelastung werden können, werden z. B. Arbeitslosigkeit und Verwitwung genannt. Sexuelle und sonstige Misshandlungen, die Suchtkrankheit der Eltern, chronische Erkrankung haben z. B. traumatisierende Auswirkungen auf das Selbstwertgefühl. Bei einer Reihe von psychischen Störungen und Erkrankungen (Depression, Essstörungen, Psychosen, psychosomatische Erkrankungen, Verhaltensstörungen bei Kindern etc.) werden Selbstwertprobleme genannt und therapeutische Maßnahmen zu ihrer Veränderung empfohlen. Niedriges Selbstwertgefühl wird auch als Risikofaktor für Suizidalität diskutiert. Auf der anderen Seite wird Suchtverhalten als Versuch gewertet, ein beschädigtes Selbstwertgefühl zu stabilisieren. Hohes Selbstwertgefühl wird mit Zuversicht, hoher Leistung und Erwartung von Unterstützung in sozialen Beziehungen verbunden, niedriges Selbstwertgefühl wird hingegen als problematisch erachtet. Allerdings kann eine zu hohe Selbstbewertung auch mit aggressiver Abwertung anderer verbunden sein und sich wenig sozialverträglich gestalten.

Selbstwertbeeinträchtigend ist Selbst- und Fremdkritik, Abwertungen, Konflikte, Misserfolge, ausbleibende Anerkennung, Nichteinlösung eigener Ansprüche usw. Alle Situationen, die die Wahrnehmung der eigenen Person als sympathisch, liebenswert, kompetent, integer, wertvoll, attraktiv usw. in Frage stellen, können als Selbstwertbedrohungen gelten.

Diese kurzen Ausführungen zeigen schon die Wichtigkeit, bei Krisenintervention den Selbstwertaspekt sowie die von der Person eingesetzten Maßnahmen zur Selbstwertregulation zu beachten. Diese sind vielfältig, funktional aber auch dysfunktional[5]. Die Regulation des Selbstwertes kann ganz im Vordergrund von Bewältigungsintentionen stehen.

Das Belastungs-Bewältigungs-Paradigma

Da bereits im Lernfall ‚Arbeitslosigkeit und Überschuldung' in einem Abschnitt das Belastungs-Bewältigungs-Paradigma bzw. ‚Coping' thematisiert wurde, sollen hier nur noch einige Aspekte hinzugefügt werden.

Das Belastungs-Bewältigungs-Paradigma wurde in der Stressforschung entwickelt und ist zentral für die Erklärung des Krisenerlebens, den damit verbundenen Umgang (Coping) sowie für die Bedeutung von Ressourcen für die Bewältigung von Krisen. Das bekannteste Coping-Modell ist das von Lazarus (Lazarus u. a. 1984), ein transaktionales Modell, in dem Situation und Person in einer wechselseitigen und prozesshaften Beziehung stehen.

5 Sie können in folgenden Aspekten bestehen: ausschließliche Orientierung an eigenen Maßstäben, Selbstakzeptanz mit Fehlern und Schwächen, selbstwertdienliche Erklärungen von Misserfolgen, Schuldzuweisungen an andere, soziale Abwärtsvergleiche, Selbstaufwertungen auf Kosten anderer, defensive Selbstdarstellungen usw.

Bewältigungsprozesse haben im Modell von Lazarus zwei Zielrichtungen (ebd.): Die instrumentelle oder problemlösende Stressbewältigung richtet sich auf die Verbesserung der Situation selbst und mit ihr verbindet sich eine aktive Form der Bewältigung. Geht es aber primär um die Regulation der emotionalen Befindlichkeit, so spricht man von einer emotionalen oder pallativen Stressbewältigung. In der Regel tritt keine für sich allein auf, noch ist eine effektiver als die andere, sondern mehr oder weniger adäquat. So kann auch Vermeidung zeitweise notwendig werden, um einen Zusammenbruch zu umgehen. Es hat sich vielmehr herausgestellt, dass die Vielfältigkeit der Reaktionen und Ressourcen, die im Umgang mit belastenden Lebensumständen Anwendung finden, als Schutz vor emotionalen Belastungen von größerer Bedeutung ist als Art und Inhalt eines einzigen, wenn auch sehr effektiven Coping-Elements (Kahlenberg 1991).

Ressourcen und Krise

Im Lernfall ‚Trennung' konnten Sie bereits über das Interventionsprinzip ‚Ressourcenorientierung' einiges erfahren. Daher ergänzen wir hier nur einige Punkte.

Krisen sind durch Ressourcenbedrohungen bzw. Verluste von Ressourcen gekennzeichnet. So geht z. B. bei einer Trennung die Partner:in verloren, die trotz intensiver Konflikte oder Kritik oft die wichtigste Stütze in der Lebensbewältigung war, eine vielleicht (ehemals) enge Beziehung.

Krisen können auch dann auftreten, wenn der Einsatz von Ressourcen in keinem Verhältnis zum Ergebnis steht, wenn beispielsweise der Aufwand für eine Prüfung nicht durch die gegebene Note ausgeglichen wird.

Die Theorie der Ressourcenerhaltung von Hobfoll

Die Theorie der Ressourcenerhaltung oder COR-Theorie (Conservation of Resources Theory) ist eine Stresstheorie, die sowohl subjektive als auch objektive Faktoren in den Stressbewältigungsprozess einbezieht sowie die Betrachtung von Stress unter sozialen, kulturellen und kontextuellen Aspekten (Hobfoll u. a. 2004). Die Kurz-Beschreibung der COR-Theorie in diesem Abschnitt ist deshalb von Relevanz, da Hobfoll sich mit Ressourcenverlust- und Gewinnspiralen auseinandergesetzt hat, wobei Ressourcenverluste bzw. Ressourcenbedrohungen mit Stresserleben und Krisen einhergehen.

Nach seiner Auffassung streben Menschen danach, Ressourcen zu erhalten und zu mehren. Zur Erhaltung von Ressourcen nutzen Menschen vor allem ihre als wertvoll erachteten Schlüsselressourcen wie Gesundheit, Wohlbefinden sowie auch soziale Unterstützung. Laut COR-Theorie sind Ressourcenverluste bedeutsamer als Ressourcengewinne. Auch schon kleinere Widrigkeiten können Stress erzeugen, wenn Ressourcenverluste dabei drohen, oder dies dazu führt, dass keine neuen entwickelt und investiert werden können. Darüber hinaus müssen Menschen Ressourcen investieren, um sich vor Ressourcenverlusten zu schützen und um neue Ressourcen zu gewinnen. Menschen mit wenigen Ressourcen sind leichter verwundbar und können nur schwerlich neue Ressourcen sammeln, um eine Ressourcengewinnspirale in Gang zu setzen. Im Gegenteil: Es droht der Verlust weiterer Ressourcen und es wird eine Verlustspirale in Gang gesetzt. Diese Personen/Gruppen schotten sich eher ab, um nicht noch mehr zu verlieren, wollen keine Risiken mehr eingehen.

Eine Verlustspirale kann wie folgt aussehen: Mit einer Trennung geht nicht nur die Partner:in verloren, sondern vielleicht auch die Wohnung, Teile des sozialen Umfelds, Einkommensverluste mit der Folge von Einbußen von Wohlbefinden und Selbstwert.

Interessant ist ein weiteres Ressourcenprinzip: Dieses Prinzip besagt, dass für Menschen eine ansonsten eher schwache Wirkung von Ressourcengewinnen an Bedeutung zunimmt, wenn sie viele Ressourcenverluste vorher erlitten hatten. Bei hohen Ressourcenverlusten rufen Anstrengungen, auch wenn sie nur zu geringen Gewinnen führen, trotzdem positive Erwartungen und Hoffnung hervor und ermutigen zu weiteren zielgerichteten Anstrengungen. Insofern werden Ressourcengewinne, die unter weniger stressreichen Bedingungen als belanglos angesehen werden, plötzlich unter sehr stressreichen Bedingungen zum Rettungsanker für Überleben, Rehabilitation und Genesung (Buchwald u. a. 2013).

Schlüsselressourcen im Kontext von Krisenberatung

Die positive Hilfe-Beziehung

In wenigen ist sich die Psychotherapieforschung so einig, wie in der Bedeutung, die sie der Hilfe- Beziehung zuschreibt, nämlich als einen wesentlichen Faktor für Erfolg bzw. Misserfolg. Eine gute Helfer:in-Beziehung gilt als eine wesentliche Ressource im Prozess der heilenden Interaktion bzw.

bei einer dysfunktionalen Beziehung ist dies ein Grund zum Scheitern. So bezieht sich der bedeutende Psychotherapieforscher Orlinsky (2009) auf verschiedene Forschungsergebnisse anderer mit dem Hinweis, dass die Wahrnehmung durch die Klient:in von Kompetenz und Fürsorge bei der Therapeut:in in Zusammenhang mit positiven Psychotherapieergebnissen steht. Um diese Wahrnehmung bei dem oder der Klient:in zu erzeugen, muss die Helfende Interesse, Engagement und eine offene nicht defensive Haltung realisieren.

Schnyder u. a. (2005) haben sich mit der Beziehungsgestaltung im Kontext von Krisenintervention auseinandergesetzt. Sie haben festgestellt, dass aufgrund der krisenbedingten affektiven Labilisierung interaktive Prozesse zwischen Klient:in und Therapeut:in rascher und intensiver ablaufen. Daher ist es wichtig, eine richtige Balance zwischen Überinvolvierung und hilfloser Abwendung zu finden. Grundsätzlich gilt, dass die Berater:in mit einer positiven, optimistischen Erwartungshaltung auf die Klient:in zugehen und versuchen sollte, sie zur aktiven Kooperation zu gewinnen. Allerdings bei den Schilderungen interpersoneller Traumata wie Folter oder Vergewaltigung kann jede Therapeut:in an ihre persönlichen Grenzen stoßen. Sie kann sich unter Umständen der pathogenen Wirkung traumatischer Narrative nicht entziehen. Sie muss also auf sich selbst achten, um nicht sekundär traumatisiert zu werden.

Kohärenzsinn

Im Gesundheitsmodell von Antonovsky (1997) wird der Kohärenzsinn als wesentlich dafür angesehen, ob jemand die Herausforderungen seines Lebens meistert. Dazu gehört die Fähigkeit, die Welt zu verstehen, sie beeinflussen zu können und das eigene Handeln als sinnhaft zu sehen. Deutlich wird, dass in Krisen häufig anstelle von Klarheit Chaos erlebt wird, das eigene Handeln destruktiv oder unzureichend ist und alles eher sinnlos erscheint. Andererseits wird nach einer bewältigten Krise – selbst bei negativen Erlebnissen – der Krise ein Sinn gegeben. So kann man in Berichten von Krebskranken, die ihre schwere Erkrankung überstanden haben, oft lesen, wie wichtig diese Erfahrung für ihr weiteres Leben war.

Soziale Unterstützung

Thoits (1985) versteht unter sozialer Unterstützung das Ausmaß, in dem die grundlegenden sozialen Bedürfnisse einer Person durch die Interaktion mit anderen befriedigt werden, wie Zuneigung, Wertschätzung, Bestätigung, Zugehörigkeit, Sicherheit und Identität. Soziale Netzwerke und soziale Unterstützung geben emotionalen Rückhalt, geben praktische Unterstützung (instrumentelle Unterstützung), informative Hilfe (informative Unterstützung) zur Problembewältigung und erhöhen den Selbstwert eines Hilfesuchenden. Netzwerke sind in kulturellen, ökologischen und ökonomischen Kontexten verankert. Sie sind auf spezifische Rahmenbedingungen verwiesen, die diese fördern oder behindern können (Nestmann 2002).

Einige Ergebnisse aus der sozialen Unterstützungsforschung (siehe z. B. bei Röhrle 1994, Lenz 2007) sollen hier kurz referiert werden. Unterstützende Aspekte sind nur effektiv, wenn die dargeboten Unterstützungsformen genau den Coping-Anforderungen entsprechen bzw. der Art und Weise, wie der Betroffene mit der Krise umgeht. Bei einer Trennungskrise war es für die Frauen, die den Trennungsschmerz zuließen, erleichternd, wenn sie mit anderen darüber reden konnten. Betroffene jedoch, die solche Gefühle verdrängten, reagierten eher positiv auf Mitmenschen, die den früheren Partner verurteilten (Kahlenberg 1993). Für Angehörige und vor allem für die Partner:in besteht die normative Verpflichtung, bei belastenden Lebensereignissen entsprechend Unterstützung zu gewähren. Somit wird das Ausbleiben der Unterstützung als eine zusätzliche und womöglich sehr schmerzhafte Belastung erlebt. Bei geringer Selbstöffnungsbereitschaft bleiben die Unterstützungsbedürfnisse der Betroffenen der sozialen Umwelt oftmals verborgen. Somit besteht die Gefahr, dass sie nicht die Unterstützung erhalten, die sie wirklich brauchen. Das Angebot von Hilfe und Unterstützung kann für die Betroffenen auch mit selbstwertreduzierenden Kognitionen verbunden sein, somit ist es wichtig, vom der Klient:in zu erfahren, wie sie die Inanspruchnahme von Hilfe erlebt und diese Inanspruchnahme wertschätzt.

Ressourcen, die eine Organisation braucht und eine Gemeinde zur Verfügung hat bzw. haben sollte, werden in der Literatur eher selten thematisiert. Hier aber setzten z. B. Lindemann und Caplan an und sahen die Entwicklung von kommunalen Ressourcen und professioneller Kompetenz bei Berufsgruppen, die zwar mit Krisen zu tun haben, sich aber nicht als professionelle Krisenberater:innen verstehen, als eine vordringliche Aufgabe primärer Prävention. Interessant bei Hilfeprozessen ist die Frage, wie man die verschiedenen Hilfequellen bündeln kann und so einen Synergieeffekt erzeugt (vgl. z. B. Nestmann 1997).

Auf der Organisationsebene – bei der Kooperation unterschiedlicher Einrichtungen – bedarf es nach van Santen und Seckinger (2003, S. 424 f.) vieler Ressourcen auf unterschiedlichen Ebenen und in unterschiedlichen Stadien der Kooperation, wie z. B. Klarheit über notwendige Ressourcen, Vertrauen in die Kooperationspartner, personelle Kontinuität, klarer Zeithorizont usw., die zum Gelingen notwendig sind.

Interventionskonzepte

Krisenintervention als Versorgungsmodell

Krisenintervention wird in den unterschiedlichsten Einrichtungen durchgeführt. Diese haben differierende Aufträge und Selbstverständnisse. Welche Aufträge dies sind, bestimmen die Organisationen selbst bzw. ihre Finanziers und – nicht zuletzt – die Nutzer:innen über die Formulierung ihres Anliegens. Interessant in diesem Zusammenhang ist es, dass in der Publikation von Ortiz-Müller u. a. (2021) die dort versammelten Autor:innen aus der Perspektive unterschiedlicher Einrichtungen auf Krisenintervention blicken und somit auch neben Gemeinsamkeiten viel Spezielles beitragen. So nutzen Klient:innen des Sozialpsychiatrischen Dienstes in Berlin Charlottenburg auch den Berliner Krisendienst. Es gibt also gemeinsame Klient:innen, was auch so gewollt ist. Wie die Autorinnen Eichenbrenner und Gabel (2021) aber deutlich machen, unterscheiden sich die Vorgehensweisen bei Krisenintervention durchaus: im Sozialpsychiatrischen Dienst verbindliche Aktenführung, kürzere Gesprächsdauer, die Möglichkeit zu langfristigen Betreuungen bzw. Kontakten und Hoheitsbefugnisse. Im Berliner Krisendienst dagegen Anonymität, wenig limitierte Zuwendung, begrenzte Kontaktmöglichkeiten, eine bewusste Ablehnung von Hohheitsbefugnissen. Mit Krisenintervention als Versorgungsmodell verbinden sich also unterschiedliche Aufgaben und interdisziplinäre Zuständigkeiten, verschiedene thematisch orientierte Diskursgemeinschaften (psychosoziale versus medizinisch dominierte Auffassungen) und Haltungen (z. B. in Frauennotrufen eine parteiliche Zugewandtheit). Im Folgenden werden unterschiedliche

Aufgaben, die Kriseneinrichtungen haben können, beschrieben, wobei der Berliner Krisendienst einige dieser Aufgaben abdeckt:

Aufträge von Kriseneinrichtungen

Für Menschen in überwältigenden Krisensituationen kann die Inanspruchnahme von Hilfe bewirken, dass chronische Krisen oder eine Entwicklung von Störungen vermieden werden (vgl. Lernfall ‚Trennung').

- *Früherkennung und Information:* Häufig besteht eine Aufgabe darin, psychische Störungen zu erkennen und darüber zu informieren (vgl. Lernfall ‚Depression').
- *Gefährdungen auffangen:* Menschen in Krisen sind häufig gefährdet und es kommt darauf an, diese zu reduzieren (vgl. Lernfall ‚Suizidale Krise').
- *Motivieren, weiterführende Hilfe in Anspruch zu nehmen:* Nicht immer reicht die angebotene Krisenintervention aus und weiterführende Hilfe z. B. in einem spezialisierten Dienst wird dringend (vgl. Lernfall ‚Kind in der Krise').
- *Entlastung für Angehörige:* Diese brauchen häufig auch Entlastung und man kann ihnen helfen, ihre Hilfemöglichkeiten besser einzuschätzen (vgl. Lernfall ‚Angehörige in Sorge').
- *Defizite abdecken:* Einsame und sehr schwierige Menschen haben häufig keine Ansprechpartner und nehmen deshalb auch Kriseneinrichtungen in Anspruch. Hier bestehen sowohl bei den Menschen selbst als auch in der Versorgungslandschaft nicht genügende Angebote (vgl. Lernfall ‚Schwerwiegende Beziehungsstörung').
- *Entlastung durch Herausnahme aus dem Alltag:* Kriseneinrichtungen können – wenn sie Betten vorhalten – einen Menschen dadurch entlasten, dass er kurze Zeit aus seinem belastenden Kontext herausgenommen wird und in Ruhe neue Handlungsstrategien entwickeln kann (kein Fallbeispiel).
- *Unterbringung abwenden:* Menschen in Krisen werden ohne professionelle Hilfe im Vorfeld nicht selten in einer psychiatrischen Klinik untergebracht (vgl. Lernfall ‚Suizidale Krise').
- *Traumatisch erlebte Unterbringung vermeiden helfen:* Bei der Notwendigkeit einer Inanspruchnahme einer Unterbringungen in einer psychiatrischen Klinik sollte diese im Einverständnis gestaltet werden (vgl. Lernfall ‚Notfall').

- *Fachberatung und Fortbildung:* Auch Institutionen können in Krisen geraten bzw. haben Menschen in Krisen zu behandeln und können so von einer Fachberatung profitieren. Dies ist auch ein Anliegen dieses Buches.

Welche und wie viele dieser Aufträge und Aufgaben jeweils realisiert werden, hängt auch von dem Einrichtungstyp ab. Man unterscheidet zunächst zwischen ambulanten und stationären Einrichtungen sowie Telefondiensten, die nur per Telefon in Anspruch genommen werden können, wie z. B. ein Sorgentelefon für Kinder und Jugendliche oder die Telefonseelsorge, wobei es hier durchaus auch möglich ist, weiterführende Beratungsgespräche zu vereinbaren oder Gruppenangebote aufzunehmen. Ambulante Einrichtungen wie der Berliner Krisendienst können sowohl telefonisch als auch persönlich aufgesucht werden. Stationäre Einrichtungen halten Betten vor und haben die Möglichkeit, Krisenbegleitung zu praktizieren und möglicherweise eine Unterbringung in der Psychiatrie überflüssig werden zu lassen, indem sie suizidgefährdete Menschen aufnehmen. Bei mobilen Hilfen können Mitarbeiter vor Ort fahren und so in eskalierenden oder gefährlichen Situationen eingreifen. Hierbei ist es von Interesse, ob sie über psychiatrische Fachkräfte verfügen und mit Hoheitsrechten ausgestattet sind, d. h. eine Unterbringung selber durchführen können. Darin wird auch ein weiteres Merkmal der Einrichtungen deutlich, ihre Nähe oder Ferne zur Psychiatrie mit der Konsequenz unterschiedlicher Nutzung und Vernetzung. Es gibt spezialisierte Einrichtungen wie z. B. eine Anlaufstelle für vergewaltigte Frauen oder auch wenig spezialisierte Einrichtungen wie der Berliner Krisendienst, der offen für sehr unterschiedliche Gruppen von Nutzer:innen ist. Neben Krisenintervention können Kriseneinrichtungen auch Psychotherapie und Beratung sowie Fortbildung für andere Fachkräfte anbieten. Seit etwa 20 Jahren gibt es immer mehr Online-Beratungsangebote und Krisenintervention (Risau 2021).

Kriseneinrichtungen – dies dürfte deutlich geworden sein – können sehr vielfältig und unterschiedlich gestaltet sein. Gemeinsam sind ihnen aber bestimmte Struktur-Merkmale, wozu auch Merkmale des Konzepts gehören, die im Folgenden beschrieben werden (Schürmann 2001):

Konzeptionelle Bausteine

- *Niedrigschwelligkeit* soll einem potenziellen Nutzer den Zugang zu professioneller Hilfe erleichtern und bedeutet im Kontext von Krisenintervention kostenlose Hilfe, schnelle Erreichbarkeit z. B. durchs Telefon, sofortige Hilfe (auch nachts), Mobilität (z. B. Hausbesuche, Aufsuchen von Hilfe suchenden Institutionen), hoher Bekanntheitsgrad (durch Öffentlichkeitsarbeit und Vernetzung), auf Wunsch Anonymität, örtliche Nähe, keine Voranmeldung und nicht zuletzt das Definitionsrecht des Nutzers, der selbst entscheidet, ob er eine Krise hat.

- *Zeitliche Begrenztheit der Intervention und Weitervermittlung:* Kriseneinrichtungen halten ein zeitlich begrenztes Angebot vor, variierend zwischen Einmalkontakten und Hilfen mit mehreren Folgekontakten. Mit der zeitlichen Begrenztheit verbindet sich auf der Organisationsebene die Notwendigkeit von Weitervermittlung und Vernetzung mit anderen Einrichtungen. Bei der konkreten Arbeit mit den Klient:innenn ist dadurch auch eine Orientierung auf das „Hier und Jetzt" und auf realistische und schnell erreichbare Ziele notwendig. Zugleich wird eine Orientierung auf Ressourcen und häufig auch ein aktives Vorgehen notwendig sowie der Einbezug des sozialen Umfeldes.
- *Vernetzung:* Kriseneinrichtungen sind aufgrund ihrer zeitlichen Begrenzung der Klientenkontakte auf Vernetzung angewiesen, da viele ihrer Nutzer:innen eines umfangreicheren oder spezialisierteren Angebotes bedürfen. Gleichzeitig verstehen sie sich auch häufig als ergänzendes oder komplementäres Hilfeangebot für andere Einrichtungen. Sie haben zu Zeiten geöffnet, in denen die mit ihnen vernetzten Einrichtungen nicht zu erreichen sind.
- *Multiprofessionalität:* Aufgrund der Vielzahl unterschiedlichster Probleme und Anliegen der Nutzer werden die Stellen in Kriseneinrichtungen multiprofessionell besetzt. Vor allem für Telefonrufe werden für die Beratung auch (trainierte) Laien eingesetzt, wodurch mehr Alltagsnähe hergestellt und ein weniger asymmetrisch gestaltetes Beziehungsangebot verwirklicht werden soll.

Krisenintervention als Handlungsmodell

Allgemeine Handlungsmodelle

Nicht nur Kriseneinrichtungen führen Krisenintervention durch, sondern auch eine Vielzahl von psychosozialen und psychiatrischen Einrichtungen. Krisen sind der Ausgangspunkt von vielen Hilfeprozessen. Sie bedienen sich allgemeiner Vorstellungen zu dem Interventionstyp Krisenintervention.

Natürlich gibt es hier Überlappungen zu Beratung und Psychotherapie, dies wird schon darin sichtbar, dass viele Psychotherapieschulen ihren Beitrag zur Krisenintervention geleistet haben (Schürmann 2001) und einige Krisenmitarbeiter auch eher von Krisenbegleitung sprechen (Egidi u. a. 1996). Eine Reihe von Autoren (Ciompi 1993, Schnyder 1993, Egidi u. a. 1996, Aguilera 2000, Sonneck 2000) haben allgemeine Handlungsmodelle für Krisenintervention entwickelt, allen voran natürlich – wie oben bereits beschrieben – Caplan (1977). Die Autor:innen zeigen viele Gemeinsamkeiten auf wie im Folgenden nachvollzogen werden kann:

Ciompi (1993, S. 21) formuliert folgende Schritte für Krisenintervention, die auf eine Problembearbeitung fokussieren:

- *Den Krisenanlass verstehen*. Dabei ist die Konzentration auf die aktuelle Situation und deren wichtigste anamnestische Hintergründe wichtig.
- *Eine gemeinsame „Krisendefinition" erarbeiten*. Sie sollte gut verständlich und akzeptabel sein, fördert dadurch Vertrauen und Sicherheit.
- *Gefühle ausdrücken bzw. entlasten*. Das Ausdrucken von Gefühlen ermöglicht ihre distanzierende Verarbeitung.
- *Gewohnte Bewältigungsstrategien reaktivieren. Konfrontation mit der Realität*. Erstellen einer Prioritätenliste, selektives Anpacken dringlichster Aufgaben, eventuell Wiederaufnahme von unterbrochenen Kontakten zu wichtigen Bezugspersonen.
- *Nach neuen Lösungen suchen*. Tiefergehende Veränderungen wie z. B. eine Trennung sollten erst in Angriff genommen werden, wenn vorangehende Schritte keine Lösung gebracht haben.
- *Abschließender Rückblick und Bilanz*. Gedacht als Kontrolle, Festigung von Fortschritten sowie der Ermöglichung aus der Krise für die Zukunft zu lernen.

Im selben Buch erläutert Schnyder (1993) sein Vorgehen, das viele Gemeinsamkeiten mit Ciompi aufweist. Seine Darstellung ist recht ausführlich und wird an einem Fallbeispiel veranschaulicht.

- *Kontakt herstellen:* Kontaktherstellung und Klärung des Settings, was gerade bei jemandem, der in der Krise ist, also in Aufruhr, besonders wichtig ist, um die Voraussetzungen für ein konstruktives Gespräch zu schaffen. Dabei spielt auch die emotionale Entlastung am Anfang des Gesprächs eine Rolle.
- *Problemanalyse:* Sie umfasst den Krisenauslöser, die Einschätzung der Selbstwertbedrohung durch die Krise, das Kennenlernen der Lebens-

lage des Patienten, den Krisenhintergrund sowie die vorhandenen Ressourcen und Bewältigungsmöglichkeiten.

- *Problemdefinition:* Hierzu gehört auch das Kennenlernen bisheriger Lösungsversuche, die Einschätzung, ob es sich um eine akute oder ein chronisches Problem handelt. Die Krise sollte in verständliche Worte gefasst werden.
- *Zieldefinition:* Es geht um die Formulierung einer realisierbaren Perspektive, denn nur dann kann Hoffnung vermittelt werden.
- *Problembearbeitung:* Hier hebt er hervor, dass sich die Probleme im Laufe der Bearbeitung nochmals anders zeigen können. Weiterhin stellt er bestimmte Methoden vor wie distanzierende Techniken und supportive Techniken, Coping-Modifikation, zugrunde liegende Konflikte ansprechen, bei Bedarf Medikation und sozialarbeiterische Hilfe bzw. juristische Beratung und Unterstützung zwischen den Gesprächskontakten.
- *Termination:* Hier ist es wichtig, die Beendigung früh ins Auge zu fassen, damit sie nicht überraschend kommt. Wichtig ist auch die Antizipation weiterer Krisen.
- *Follow-up:* Standortbestimmung und Indikation für Psychotherapie prüfen.

Sonneck (2000, S. 96 ff.) hat mit BELLA ein gut erinnerbares und leicht verständliches Interventionskonzept entwickelt. BELLA steht für

B – Beziehung aufbauen
E – Erfassen der Situation
L – Linderung der Symptomatik
L – Leute einbeziehen, die unterstützen
A – Ansatz der Problembewältigung

Die ausführliche Beschreibung der einzelnen Elemente schließt konkrete Formulierungen ein, die sehr anschaulich die einzelnen Schritte beschreiben, z. B. bei der Strategie der Entlastung.[6] Sein Ansatz formuliert im Ge-

6 Sie haben erwähnt, dass es Ihnen nicht gutgeht, wie äußert es sich? (Eingehen auf die emotionale Situation)
Wie, glauben Sie, wird es weitergehen? (Suizidrisiko erhellen)
Wenn Ihnen zum Weinen zumute ist, tun Sie es? (Entlasten)
Welche Dinge sind Ihnen jetzt am wichtigsten? (Ordnen)
Wollen Sie versuchen, dieses Gefühl in einem Ton zu äußern? (Entspannen)

gensatz zu den vorangehenden Ablaufmodellen zentrale Interventionsaufgaben, die einerseits ein Ziel enthalten und andererseits in ihrer Ausführung methodische Anregungen geben.

Zum Schluss soll ein systemisch-konstruktivistischer Ansatz von Boxbücher u. a. (1996, S. 11 ff.) erwähnt werden, der besonders das Vorhandensein von Ressourcen der Klient:in betont, die derzeit nicht benutzt, aber zur Lösung aktiviert werden können. Anregende Fragen sollen auch helfen, eine festgefahrene „Weltsicht“ wieder aufzuweichen. So kann eine andere Sicht auf die Krise Impulse setzen, wenn diese als hypothetische Sicht angeboten wird, beispielsweise in folgender Form: „Angenommen, Sie würden sich dieser Sichtweise anschließen, was könnte das für Sie bedeuten?“ Hier herausgehoben werden soll die Gestaltung des Lösungsraumes mit einigen aus dem Text herausgegriffenen Fragen:

„Was würden Sie anders, was gleich machen, falls eine Veränderung über Nacht sich ereignen würde? Was würde das für andere bedeuten? Wer würde es am ehesten bemerken? Wo stehen Sie heute in Hinblick auf eine Lösung? Welche Lösungsschritte wurden bisher unternommen? Wie könnte ein Schritt in Richtung auf das gewünschte Ziel aussehen, welche Folgen hätte es? Welche Ihrer Fähigkeiten, mit schwierigen Situationen fertigzuwerden, könnten sich auch in dieser Krise als hilfreich erweisen?“

Was wünschen sich die Klient:innen aus Sicht der Mitarbeiter:innen? Der Bedarf der Klient:innen wurde aus den schriftlichen Aufzeichnungen der Mitarbeiter:innen des Berliner Krisendienstes erhoben (Bergold u. a. 2003, S. 42), wobei sich zeigte, dass die eben dargestellten Handlungsmodelle für die Krisenmitarbeiter:innen durchaus hilfreich sein können, allerdings müssen diese jeweils den Vorstellungen und Wünschen der Klient:innen angepasst werden, können nicht immer in der Abfolge realisiert werden:

- einfach jemanden brauchen (von sich erzählen),
- Entlastung (ihren Druck loswerden),
- Verständnis, Orientierung (Trost, Nähe, Sicherheit etc.),
- Rat, Vermittlung, professionelle Hilfe.

(Gesucht wird ein Ausweg, Situationsklärung, Lebenshilfe, Entscheidungshilfe etc., Vermittlung einer Therapie und andere Unterstützungen, Schutz vor sich selbst.)

Spezifische Handlungsansätze

Häufig werden in den Veröffentlichungen zu Krisenintervention zunächst allgemeine Handlungskonzepte erläutert sowie das Verständnis von Krise. Anschließend werden die unterschiedlichen Problemlagen bzw. Krisen mit den entsprechenden Handlungsempfehlungen beschrieben und begründet. Dross (2001), Sonneck (2000), Hülshoff (2017) sowie Ortiz-Müller u. a. (2021) und viele andere Autor:innen folgen dieser Logik.

Diese Denkweise ist schon in der Psychotherapie grundlegend. Dort werden die allgemeinen theoretischen Grundlagen und Vorgehensweisen der jeweiligen Störungsform angepasst. Das ist nicht unumstritten, da die therapeutischen Schulen völlig eigene Störungskonzepte vertreten und so unterschiedliche, manchmal sogar entgegengesetzten Handlungsanweisungen empfehlen.

Wir präferieren auch ein spezifisches Vorgehen bei dem Handlungstyp Krisenintervention, um dann anhand von „Handlungsprinzipien" und dem abschließenden Kapitel „Theorien und Konzepte der Krisenintervention" allgemeine Aspekte darzustellen. Der spezifische Zugriff ist u. E. deshalb vorzuziehen, da das Konzept ‚Krise' ein vages Konzept ist und Krisenintervention nur dann erfolgreich umgesetzt werden kann, wenn es sich flexibel den Einrichtungstypen, den dort Handelnden und ihren Klient:innen anpasst. Dies zu vermitteln, war auch das Anliegen dieses Buches.

Fazit zur Krisentheorie

Es gibt keine verbindliche Theorie, die Krisenereignisse erklären und Krisenintervention als Handlungsmodell stützt, sondern unterschiedliche theoretische Ansätze weisen einen Weg der Auseinandersetzung mit Krise und Krisenintervention. Für die praktische Tätigkeit können wir jeweils passende Ansätze auswählen, mit bereits erprobten praktischen Interventionen kombinieren und zum individuellen Fall passend in die Krisenintervention integrieren.

Literatur

Aguilera, D. C. (2000): Krisenintervention. Grundlagen – Methoden – Anwendung. Bern: Verlag Hans Huber.

Antonovsky, A. (1997): Salutogenese. Zur Entmystifizierung der Gesundheit. Tübingen: dgvt-Verlag.

Bergold, J./Zimmermann, R.-B. (2003): Wissenschaftliche Begleitforschung des Berliner Krisendienstes. Bd. 2. Blaue Reihe. Berliner Zentrum Public Health.

Buchwald, P./Hobfoll, S. E. (2013): Die Theorie der Ressourcenerhaltung: Implikationen für den Zusammenhang von Stress und Kultur. In Genkova, P./Ringeisen, T./Leong, F. T. (Hrsg.): Handbuch Stress und Kultur. Wiesbaden: Springer, 126-138.

Caplan, G./Grunebaum, H. (1977): Perspektiven Primärer Prävention:. In Sommer, G./v. Kardoff, E.: Fortschritte der Klinischen Psychologie 11 Gemeindepsychologie. München: Urban & Schwarzenberg 1977, 51-69.

Ciompi, L. (1993): Krisentheorie heute – eine Übersicht. In Schnyder, U./Sauvant, J.-D.: Krisenintervention in der Psychiatrie. Bern: Verlag Hans Huber, 13-26.

Dross, M. (2001): Krisenintervention. Göttingen: Hogrefe.

Egidi, K./Boxbücher, M. (1996): Von der Krisenintervention zur Krisenbegleitung – Eine systemisch-konstruktivistische Perspektive. In Egidi, K./Boxbücher, M. (Hrsg.): Systemische Krisenintervention. Tübingen: dgvt-Verlag, 11-44.

Eichenbrenner, I./Gabel, D. (2021): In: Ortiz-Müller, W./Gutwinski, S./Gahleitner, S. (Hrsg.): Praxis Krisenintervention. 3., überarbeitete Auflage. Stuttgart: Kohlhammer.

Engels, D. (2008): Lebenslagen. In Maelicke, B. (Hrsg.). Lexikon der Sozialwirtschaft. Baden-Baden: Nomos-Verlag, 643-664. https://www.isg-institut.de/download/Artikel%20Lebenslagen.pdf [11.12.2021]

Filipp, S.-H. (1995/1997/1981): Kritische Lebensereignisse. München: Urban & Schwarzenberg.

Filipp, S.-H./Aymann, P. (2018): Kritische Lebensereignisse und Lebenskrisen. Vom Umgang mit den Schattenseiten des Lebens. 2., aktualisierte Ausgabe. Stuttgart: Kohlhammer.

Freitag, C. M. (2000): Sozialstatus und Verhaltensstörungen. Ein Vergleich zwischen Jugendlichen aus deutschen und ausländischen Familien. Frankfurt a. M.: Verlag: Dietmar Klotz.

Grawe, K. (2000): Psychologische Psychotherapie. Göttingen: Hogrefe.

Hobfoll, S. E./Schumm, J. (2004): Die Theorie der Ressourcenerhaltung: Anwendung auf die öffentliche Gesundheitsförderung. In P. Buchwald/C. Schwarzer/S. E. Hobfoll (Hrsg.): Stress gemeinsam bewältigen. Ressourcenmanagement und multiaxiales Coping. Göttingen: Hogrefe, 91-120.

Höfer, R./Sievi, Y./Straus, F./Teuber, K. (2017): Verwirklichungschance Kinderdorf. Handlungsbefähigung und Wege in die Selbstständigkeit. Opladen: Barbara Budrich.

Hülshoff, T. (2017): Psychosoziale Intervention bei Krisen und Notfällen. München: Reinhardt Verlag.

Kahlenberg, E. (1993): Die Zeit allein heilt keine Wunden. Der Einfluss sozialer Unterstützung auf den Prozess der Trennungsbewältigung bei Frauen. Pfaffenweiler: Centaurus.

Lazarus, R. S./Folkman, S. (1984): Stress, appraisal and coping. New York: Springer.

Lenz, A. (2007): Freunde in Not. Die Bedeutung sozialer Netzwerke bei Krisenvorbeugung und Krisenbewältigung. Blätter der Wohlfahrtspflege (4), S. 130-132.

Nestmann, F. (1997): Beratung – Bausteine für eine interdisziplinäre Wissenschaft und Praxis. Tübingen: dgvt-Verlag.

Nestmann, F./Engel, F. (2002): Zukunft der Beratung. Tübingen: dgvt-Verlag.

Orlinsky, D. E. (2009): Die psychotherapeutische Beziehung, Soziale Unterstützung und die heilende Energie des Therapeuten: Eine Neo-Durkheimsche Perspektive. In Röhrle, B./Laireiter, A. R. (Hrsg.): Soziale Unterstützung und Psychotherapie. Fortschritte der Gemeindepsychologie und Gesundheitsförderung. Bd. 18. Tübingen: dgvt-Verlag, 47-76.

Ortiz-Müller, W./Gutwinski, S./Gahleitner, S. (Hrsg.): Praxis Krisenintervention. Stuttgart: Kohlhammer, 154-166.

Risau, P. (2021): Endlich traue ich mich – Chancen und Herausforderungen der Online-Beratung für Betroffene sexualisierter Gewalt. In Ortiz-Müller, W./Gutwinski, S./Gahleitner, S. (Hrsg.): Praxis Krisenintervention. Stuttgart: Kohlhammer, 240-252.

Röhrle, B. (1994): Soziale Netzwerke und Soziale Unterstützung. Weinheim: Beltz.

Röhrle, B. (Psychrembel Redaktion) (2016): Störungsspezifische Psychotherapie. https://www.pschyrembel.de/St%C3%B6rungsspezifische%20Psychotherapie/P044M [12.12.2021]

Schnyder, U. (1993): Ambulante Krisenintervention. In Schnyder, U./Sauvant, J.-D.: Krisenintervention in der Psychiatrie. Bern: Verlag Hans Huber, 55-74.

Schnyder, U./Hepp, U. (2005): Die therapeutische Beziehung in der Krisenintervention. In W. Rössler (Hrsg.): Die therapeutische Beziehung. Springer Berlin, 97-117.

Schürmann, I. (2001): Krisenintervention in der psychologischen Diskussion – Ein allgemeiner Überblick. In Wüllenweber, E./Theunissen (Hrsg.): Handbuch Krisenintervention. Hilfen für Menschen mit geistiger Behinderung. Theorie, Praxis, Vernetzung. Stuttgart: Kohlhammer.

Sonneck, G. (2000): Krisenintervention und Suizidverhütung. Wien: Facultas.

Stangl, W. (2021): Stichwort: ‚Selbstkonzept' – Online Lexikon für Psychologie und Pädagogik. https://lexikon.stangl.eu/4925/selbstkonzept (2021-12-14) [14.12.2021]

Thoits, P. A. (1985): Social support and psychological well-being. In Sarason, L. G./Sarason, B. R. (Eds.): Social support. Theory, research and applications. Dordrecht: Nifhoff, 51-72.

Ulich, D. (1985): Psychologie der Krisenbewältigung. Weinheim: Basel.

Volkert, J. (2004): Operationalisierung der Armuts- und Reichtumsmessung, Reihe Lebenslagen in Deutschland. Bonn: BMGS.

Wampold, B. E. (2001): The Great Psychotherapy Debate. Models, Methods and Findings. NK/London: Lawrence Earlbaum Associates.

Wüllenweber, E. (2001): Krise, Intervention, Krisenintervention: Schlüsselbegriffe der psychosozialen Versorgung. In Wüllenweber, E./Theunissen, G. (Hrsg.): Handbuch der Krisenintervention. Hilfen für Menschen mit geistiger Behinderung. Theorie, Praxis, Vernetzung. Stuttgart: Kohlhammer, 11-27.

Thomas Schmitt
Das soziale Gehirn
Eine Einführung in die Neurobiologie
für psychosoziale Berufe.
Mit Audio inside
2. Aufl. 2021, 282 Seiten, broschiert
ISBN: 978-3-7799-3171-3
Auch als E-BOOK erhältlich

Heute gehen wir selbstverständlich davon aus, dass seelische Prozesse mit der Funktion des Gehirns zusammenhängen. Jedoch entzieht sich die Komplexität des Dargestellten oft unserem Verständnishorizont. Nichtmediziner:innen fehlen die notwendigen Grundinformationen, um die Befunde und ihre Bedeutung auch für die Behandlung seelischer Krankheiten zu verstehen. Diese sind allerdings für alle helfenden Berufe wichtig, um z. B. die Entwicklungsmöglichkeiten eines Menschen einzuschätzen: Überforderung kann Frustration und verstärkte Symptombildung auslösen, gut gemeinte Hilfe zu Stagnation, Unselbständigkeit und Abhängigkeit führen. Hier können die aktuellen Erkenntnisse zu den wichtigsten psychischen Störungen eine Beurteilung und eine angemessene Hilfeplanung erleichtern. Dieses Buch vermittelt das nötige Fachwissen auf verständliche Weise und berücksichtigt die besonderen Anforderungen der Sozialen Arbeit.